dtv

W0044937

Wer kennt sie nicht, die Selbstbezichtigungen, Schuldgefühle oder das schlechte Gewissen, wenn wir etwas »Verbotenes« tun? Sei es, daß wir wieder einmal zu viel gegessen haben, gemein oder auch unehrlich zu jemandem gewesen sind, einen Job schlampig gemacht haben – was auch immer nicht in das Bild vom netten Mitmenschen paßt, ruft ihn auf den Plan, den inneren Zensor, der unser Denken und Verhalten nach einer Art »in«- und »out«-Liste bewertet. Diese Liste, ein aus Erziehung, Tradition und Konvention bestehender Regelkanon, tragen die meisten von uns als Last mit sich herum. Denn wer kann ihr schon immer genügen? Doch: Müssen wir das überhaupt? Wie steht es um unser Selbstbild? Wie können wir mit fremden, aber auch mit eigenen Erwartungshaltungen umgehen, selbstbewußt, vielleicht sogar fröhlich gegen sie verstoßend und doch verantwortungsvoll? Peter Uffelmann, Therapeut, Supervisor und Trainer, zeigt in diesem anschaulichen, temperamentvollen und aus reicher therapeutischer Praxiserfahrung schöpfenden Ritt durch die »Ins« und »Outs«, wie wir Schritt für Schritt den »bösen inneren Zensor« und unser Selbstbild miteinander versöhnen können.

Peter Uffelmann, geboren 1954, ist vom Gymnasiallehrer für Deutsch und Sport umgesattelt auf die Psychotherapie und war zunächst klinisch-therapeutisch tätig. Seit 1984 Psychotherapeut in freier Praxis. Daneben Lehrtherapeut am Düsseldorfer Fritz-Perls-Institut, Supervisor und Lehrsupervisor an der Europäischen Akademie für psychosoziale Gesundheit, Leiter von »Competto«, Training und Beratung in München, integrativer Gestalttherapeut und Supervisor. Zahlreiche Veröffentlichungen in der Fachpresse.

Peter Uffelmann

Verzeih dir selbst

Wege aus der Ich-Sabotage

Deutscher Taschenbuch Verlag

Competto – Training und Beratung:

»Verzeih dir selbst«-Seminare

Peter Uffelmann
Hauptstraße 16c
82266 Inning
Tel.: 08143/94463

Tobias von der Recke
Ohmstraße 20
80802 München
Tel./Fax: 089/393394

Internet: http://www.competto.de

Originalausgabe
Juli 2001
© Deutscher Taschenbuch Verlag GmbH & Co. KG,
München
www.dtv.de
Das Werk ist urheberrechtlich geschützt.
Sämtliche, auch auszugsweise Verwertungen bleiben vorbehalten.
Umschlagkonzept: Balk & Brumshagen
Umschlagfoto: © Howard Bjornson (Blasenkirsche)
Satz: Fotosatz Reinhard Amann, Aichstetten
Druck und Bindung: C. H. Beck'sche Buchdruckerei, Nördlingen
Gedruckt auf säurefreiem, chlorfrei gebleichtem Papier
Printed in Germany · ISBN 3-423-08553-3

Inhalt

Vorwort

Schluß mit den ewigen Selbstbezichtigungen, beenden Sie das schmerzhafte Gespräch mit Ihrem inneren Zensor: »Du hast zu viel gegessen! Schau dich nur im Spiegel an, wie du schon wieder aussiehst, deine Augenringe, dein dicker Bauch! Blick nicht so unverschämt auf die Beine der Nachbarin!« Und so weiter und so weiter. Sie kennen sicherlich diese Situationen, in denen eine innere Stimme kritisiert, lamentiert und trotz Ihrer aufrichtigen Bemühungen nie zufriedenzustellen ist. Sie fühlen sich grundlos schuldig, Ihr Selbstwertgefühl, Ihre Vitalität verwandeln sich in lähmende Ängstlichkeit, Ihr Kontrollbedürfnis wächst, und kein Ausweg ist in Sicht.

Es scheint, als stünden wir unter dauernder Beobachtung. Dieser miese kleine Zensor, der all unsere Handlungen bewertet und in Gut und Böse einteilt, läßt die schönsten Feste, die freudigsten und erfolgreichen Dinge des Lebens verblassen und degradiert uns zu Dilettanten, Versagern und kleinen Würstchen.

Wir alle tragen einen vollen Rucksack unzähliger Verhaltenserwartungen mit uns herum. Obwohl wir wissen, daß die meisten dieser Erwartungen unser Leben nicht glücklicher machen, wenn wir sie erfüllen, empfinden wir den Druck, dennoch zu gehorchen. Und obwohl der Verstoß gegen die Verhaltensgebote in den meisten Fällen keine weitreichenden Konsequenzen nach sich zieht, nagt ein kleines Schuldgefühl an unserem Ego. Da sitzen Sie zum Beispiel Samstag spätabends vor dem Fernseher und sehen sich einen Sexfilm an. Er ist billig gemacht, und dennoch sind Sie erregt. Sie schämen sich und sind froh, daß niemand sonst im Zimmer ist, und dennoch fühlen Sie sich wie ertappt: Eine imaginäre Kraft hält Sie von der Lust fern. Ein anderes Mal stürmen Sie an den Kühlschrank – etwas Süßes muß her, etwas, das die innere Leere vertreibt (sagt Ihr Psychotherapeut), etwas, das das Gefühl von Einsamkeit für einen

Moment vergessen läßt (sagt Ihre beste Freundin). Dabei haben Sie einfach Hunger, sehr großen Hunger. Ach, könnten Sie sich doch einmal die Gier und die Maßlosigkeit gönnen, ohne sich gleich tiefschürfende Gedanken über den erbärmlichen Zustand Ihrer Seele machen zu müssen! Einfach essen, weil der Hunger so groß ist. So essen Sie zwar trotzdem, aber Sie gönnen es sich nicht ...

An diesen Beispielen wird deutlich, daß Sie es selber sind, der sich behindert, verurteilt und einzwängt in dem Bemühen, das Richtige zu tun. Doch was ist das Richtige? Wer entscheidet darüber? Sie offenbar nicht! Sie machen sich lieber zum Handlanger von Spielregeln, die andere aufgestellt haben und die Sie treu befolgen. Sie haben gelernt, einen Teil Ihrer Wahrnehmungen und Verhaltensimpulse unter die Herrschaft eines »zweiten Ichs« zu bringen. Dieses »Ich über dem Ich« sorgt dafür, daß Sie sich schuldig fühlen, Angst vor Bestrafung empfinden oder voller Scham in den Boden versinken möchten. Und manchmal ist das »Ich über dem Ich« so streng, daß man versucht, es im Alkohol aufzulösen, weil man ihm wieder einmal nicht genügt hat.

Schluß damit! Doch wie aufhören? Ich zeige Ihnen Wege, die aus der Selbstsabotage herausführen können, kleine Übungen und Experimente, die Sie alleine oder mit anderen machen können, und gebe Ihnen Anregungen zur gedanklichen Auseinandersetzung mit Ihrem Selbstbild, die Ihnen Schritt für Schritt aus der Misere helfen. Wenn Sie allerdings weiterhin über den schrecklichen Zustand Ihres Lebens klagen wollen, sollten Sie das Buch nicht weiterlesen. Andernfalls gehen Sie das Risiko ein, für sich und Ihre Gefühle selbst verantwortlich zu sein, die Verantwortung dafür zu übernehmen, wer und wie Sie sind und sein wollen. Wenn Sie das Abenteuer nicht scheuen – und Lesen ist ein solches –, dann beginnen Sie damit auf der nächsten Seite und machen Sie sich auf den Weg!

Zum Gebrauch des Buches

Natürlich können Sie mit diesem Buch machen, was Sie wollen: Sie können es lesen, das Gelesene vergessen und das Buch im Regal vergilben lassen; Sie können es im Kamin verfeuern, falls Ihnen das Zeitungspapier zum Zündeln ausgegangen ist; Sie können das Buch verschenken, weil Sie glauben, das Geburtstagskind sei zu streng mit sich selbst; Sie können es vor sich legen und es beschimpfen; Sie können es sich gegenseitig vorlesen; Sie können die Seiten einzeln herausreißen und Papierflieger daraus bauen – Ihrer Kreativität sind keine Grenzen gesetzt, nur: Genießen Sie, was Sie tun, ich bin Ihnen auf keinen Fall böse, ganz im Gegenteil, ich freue mich mit Ihnen, wenn Sie etwas tun, was Ihnen gefällt und Ihnen einen schönen Tag beschert.

Wenn Sie sich mit dem Buch beschäftigen wollen, weil der Inhalt interessant für Sie ist, dann gebe ich Ihnen hier einige Tips und möchte auch meine Grundhaltung dokumentieren, mit der ich das Buch geschrieben habe: Es hat keinen logischen Aufbau in dem Sinne, daß Sie Kapitel nach Kapitel durchgehen sollten. Sie können jedes Kapitel für sich lesen und daraus Anregungen zum Weiterlesen und Selberdenken holen. Der »Exkurs zum Gewissen« sowie die Begriffsbestimmungen und Überlegungen zu *Ich, Ich über dem Ich* und *Selbst, Selbstbild, Selbstwert, Identität* etc. (im Kapitel »Zweiter Schritt«) sollen das Terrain abstecken (Entwicklungspsychologie, Sozialpsychologie, Psychotherapie), von dem mein Thema »abhebt« (schönster Jargon!) und sich abhebt (noch schöner!).

Das Buch hat keinen durchgängigen Sprachstil, mal ist es essayistisch, dann wieder theoretisch, um im nächsten Moment Geschichten erzählend dem Weg der Alltagserfahrungen zu folgen. Ich leiste mir kleine begriffliche Freiheiten, ich verfolge ja auch keinen wissenschaftlichen Anspruch. Die theoretischen Bausteine sind so weit wie möglich assoziativ eingewoben und an Alltagsgeschichten gebunden.

Ich habe versucht, eine gewisse Leichtigkeit in Wortwahl und Sprachgestaltung zu bringen, weil Selbstreflexionen häufig eine Schwere und Ernsthaftigkeit besitzen, die der Lust und dem Vergnügen, sich selbst zu erforschen, entgegenstehen. Ich erhebe nicht den Anspruch, mit meinen Erkenntnissen etwas weltbewegend Neues zu schaffen und weiterzugeben, sondern ein Thema aufzugreifen, das in einer Zeit der superlativen Anforderungen an Menschen und Gruppen daran erinnern soll, daß nicht alles machbar, erreichbar und wandelbar ist, was die moderne Psycho-Industrie als erstrebenswert erklärt: Der Mensch (Mitarbeiter, Partner, Freund etc.) der Zukunft soll nicht nur gut aussehen, er soll sportlich fit sein, viel für seine Gesundheit tun, im Beruf erfolgreich seinen Mann/seine Frau stehen. Dazu ausgestattet mit genügend emotionaler, sozialer und sonstiger »Erfolgsintelligenz«, liebes- und hingabefähig, offen für spirituelle Erfahrungen, Besitzer von gutem Selbstmanagement und genügend Geld, das er für die Erreichung dieser Ziele ausgeben kann …

Ist das nicht ein furchtbarer Gedanke!? Also, wenn Sie mit mir einen etwas anderen Weg gehen wollen, nicht um sich faul in die Ecke zu legen und zu warten, bis die Erlösung kommt – nein, um etwas vergnüglicher, selbstverzeihlicher dem Treiben des Lebens beizuwohnen, ohne sich mit Haut und Haaren dem Terror der Meßlatten anheimzugeben, dann freue ich mich auf meine neuen Begleiterinnen (Männer inbegriffen). Es gibt vieles zu entdecken, wenn man nicht einfach die Hürde überspringt, sondern sich vorher fragt, wofür oder für wen das gut sein soll.

Wenn Sie wollen, können Sie mit dem Buch in der Weise arbeiten, daß Sie die Übungen in der Reihenfolge der Kapitel durchführen. Dafür brauchen Sie Stifte und Papier, weil die Übungen zum Schreiben und Malen anregen. Ich hoffe, dies ist kein zu großer Aufwand für Sie, und wenn doch, können Sie die Übungen nach Ihren Bedürfnissen umgestalten, so wie es Ihnen gefällt.

Verzeih dir selbst ist eine Lebenshaltung, die fünfe auch mal gerade sein läßt, bei der die Welt nicht gleich untergeht, wenn etwas mißlingt, die Fehler verzeiht, weil man bekanntlich aus diesen lernt.

Verzeih dir selbst ist eine Strategie, wie man sich selber besser akzeptieren kann, eine Strategie, die dabei hilft, die strengen Maßstäbe des »inneren Zensors« zugunsten von mehr Selbstfürsorge aufzugeben.

Verzeih dir selbst ist eine Vision, die der Beschleunigung der Ereignisse und dem Druck des schnellen Wandels Nischen der Besinnung und des Innehaltens zugesellt. Was ist wirklich wichtig für mich, ist die Leitfrage.

Alles in die Wiege gelegt?

Betritt das Menschenkind die Welt, kennt es wenig Unterscheidungen. Wachen, Schlafen, Essen, Trinken, Ruhen und die gemütliche Wärme eines liebenden Körpers. Es riecht die Mutter und den Vater (falls sie präsent sind), es hört ihre Stimmen und weiß intuitiv, daß es sich um jene handelt, die die elementaren Bedürfnisse befriedigen können. Das Menschenkind erlebt diffuse Zustände leiblicher Befindlichkeiten und signalisiert der Umgebung: »Tut etwas, damit ich mich zufrieden fühlen kann.«

Die Säuglingsforscher nennen diese Kommunikation zwischen Säugling und seiner pflegenden Umgebung »intuitives Beeltern«. Dieses Beeltern ist weitgehend genetisch programmiert und geschieht eben »intuitiv« – es sei denn, die Eltern trauen aufgrund eigener traumatischer Erfahrungen dieser Intuition nicht mehr. Der Säugling verhält sich in diesem Geschehen keineswegs passiv als Empfänger fürsorgender oder auch strafender Pflegehandlungen, sondern aktiviert elterliches Verhalten durch Schreien, Lächeln oder Schluchzen. Können sich die Eltern auf solche Signale angemessen einstellen, erlebt der Säugling regulative Hilfe im Ausbalancieren seiner Spannungen, die mit physiologischen Bedürfnissen einhergehen.

Dieses Einstimmen der Eltern spielt eine äußerst wichtige Rolle für die weitere Entwicklung des Selbstgefühls. Gelingen die Einstimmungsversuche (im Englischen »attunement«), so gewinnt der Säugling ein Gefühl von Sicherheit, Geborgenheit und Zuversicht. Mißlingt es dagegen, so kann es zu erheblichen Irritationen kommen, die den Säugling zu einer vermehrten gestischen und vokalen Aktivität führen. Bleiben auch dann Resonanzen aus, versickern die Bemühungen, und es kommt zu Apathie und Rückzug, unter Umständen mit starken körperlichen Symptomen wie Erbrechen, Schreien oder ständigem Schlafen.

In dieser Zeit spielt die Gewissensbildung noch keine Rolle, doch werden auf einer physiologischen, unmittelbar körperlichen Ebene Erfahrungen gespeichert, die von Pessimismus, Ängstlichkeit, Verzweiflung und Mißtrauen geprägt sind. Die aktive und kompetente Hinwendung des Säuglings zur Welt erreicht nie den Status einer Liebesbeziehung, sondern führt entweder zu einer Erhöhung der körperlichen Aktivitäten (Schreien, motorische Unruhe) oder zum Erlahmen.

An dieser Stelle muß man allerdings betonen, daß solch frühe negative Erfahrungen nicht zwangsläufig dazu führen, daß die weitere Entwicklung einen pathologischen Verlauf nimmt. Forscher konnten beobachten, daß es eine Reihe von Säuglingen gibt, die durchaus in der Lage sind, mit erheblichen Belastungen zurechtzukommen – unter der Voraussetzung, daß ausgleichende Erfahrungen im weiteren Leben möglich sind. Säuglinge sind wesentlich widerstandsfähiger als bisher angenommen; sie sind sozusagen »Bewältigungsgenies«, deren Kreativität im Umgang mit der harten Wirklichkeit unerschöpflich ist. Dagegen erscheinen die meisten Erwachsenen wie Mimosen, die beim geringsten Gegenwind erschüttert sind und zudem noch von ihrer Umgebung erwarten, sie von ihrem Leiden zu erlösen oder gar Wiedergutmachungsleistungen zu zahlen.

Die ausführliche Beschreibung dieser Phänomene ist für unser Thema insofern wichtig, als frühe Prägungen für die Persönlichkeitsentwicklung einerseits zwar von Bedeutung sind, andererseits aber manche Psychotherapeuten ihren Patienten einen Floh ins Ohr setzen und mit einer schlechten Kindheit alles Unglück im Erwachsenenleben erklären wollen. Es gibt Menschen, die ihre Unfähigkeit, mit anderen Menschen genußvoll zu kommunizieren, darauf zurückführen, in ihrer Kindheit schlecht behandelt worden zu sein, und damit die Mühen einer Verbesserung ihrer zwischenmenschlichen Beziehungen von sich abwenden. Auch wenn Eltern kritisch, ablehnend oder gar feindselig gegenüber ihren Kindern gestimmt waren, so haben sie getan, was sie tun konnten. Das allein verdient Respekt.

Selbstverständlich sind die Lebenserfahrungen während der Kindheit prägend für ein stabiles oder verletzliches Selbst, allerdings nicht in dem Umfang, wie es lange Zeit vor allem die Psychoanalyse vertrat.

Besonders die traditionelle Sichtweise der Entwicklung von Moralvorstellungen müssen nach dem Stand der Forschung korrigiert werden. Lange Zeit hat man geglaubt, daß die Moralentwicklung des Kindes aus der Übernahme elterlicher Gebote und Verbote bestand. Neuere Forschungen belegen, daß diese Annahme nur zum Teil richtig ist. Ohne Frage erkennen Kinder ihre Unterordnung gegenüber Eltern und anderen Erwachsenen an. Youniss (1976) stellte beispielsweise fest, daß Kinder aller Altersstufen zwischen sechs und dreizehn Jahren der Meinung waren, daß Kind-Erwachsenen-Beziehungen durch Gehorsam gekennzeichnet sind; zwar änderte sich die Art gehorsamer Handlungen mit dem Alter, aber alle Kinder fanden Gehorsam in der einen oder anderen Form wichtig. Allerdings wurde gleichzeitig festgestellt, daß im Denken von Kindern zwischen vier und zehn Jahren moralische Prinzipien zu Tage treten, die wenig mit Gehorsam gegenüber Autoritäten zu tun haben. Von den schlichten Äußerungen des Eigennutzes bei den jüngsten Kindern bis zu den differenzierteren Prinzipien von Gerechtigkeit wie Gleichheit, Verdienst, Bedürftigkeit und Kompromißbereitschaft bei älteren Kindern wurde eine Entwicklung im Gerechtigkeitsdenken wahrgenommen, bei der allem Anschein nach eine bloße Unterordnung unter die moralischen Vorgaben einer Autorität vermieden wird. Die Kinder in dieser Untersuchung handelten auf der Basis von Gerechtigkeitsprinzipien, die zum Teil von den elterlichen moralischen Überzeugungen deutlich abwichen.

Kinder scheinen sich im Laufe ihrer Entwicklung eigene moralische Grundüberzeugungen aufzubauen, die außerhalb des familiären Bezugsrahmens in Interaktion mit Freunden, Lehrern oder auf der Straße erworben werden. Das Kind macht sich einen eigenen Reim auf die Wirklichkeit, und es entwickelt eigene Kategorien, diese Wirklichkeit auszulegen und zu bewerten. Dabei spielen die Erfahrungen in Gruppen von Gleichaltrigen (peer groups) eine zentrale, bisher unterschätzte Rolle. Wenn die Hauptfunktion von Moraliät darin besteht, gerechte Beziehungen herzustellen, dann geht es nicht so sehr um die Auswirkungen von Vergehen, Ungehorsam und Strafe, sondern um die unmittelbare, alltägliche Auseinandersetzung mit dem Problem der Gerechtigkeit. Um seine Moralität zu entwickeln, braucht das Kind nicht in erster Linie zu erfahren, welche Folgen Ungehorsam und Vergehen haben, sondern es braucht die Erfahrung alltäglicher Gerechtigkeitsprobleme. Aus diesem Blickwinkel ist Autorität nur eine von vielen sozialen Beziehungen, mit denen das Kind umgehen muß, und nicht, wie viele vermuten, der Ausgangspunkt für den Erwerb aller sozial-moralischer Prinzipien.

Moralisches Denken und Handeln gründen demgemäß auf kommunikativen Aushandlungsprozessen, wie über ein bestimmtes Ereignis geurteilt werden kann. Im Laufe der kognitiven Entwicklung kommt es mehr und mehr dazu, daß Kinder die Mehrdeutigkeit der Welt erleben und im sozialen Austausch mit anderen Bewertungen, Interpretationen und Meinungen mitteilen – sich im wahrsten Sinne des Wortes gemeinsame Sichtweisen erarbeiten. Deshalb ist die Zugehörigkeit zu einer Freundschaftsgruppe für die moralische Entwicklung so wichtig, weil dort unterschiedliche Einstellungen aufeinandertreffen, die dann konsensfähig abgearbeitet werden. Demnach scheint der innere Zensor, um den es in diesem Buch geht, keinen sonstwie gearteten, verinnerlichten, von Eltern, Lehrern etc. vorgefertigten Aufpasser darzustellen, der über die Einhaltung bestimmter Gebote und Verbote wacht. Sondern er ist eine selbstkonstruierte Instanz, der es nicht nur um die Vermeidung von Strafen oder anderen unangenehmen Folgen geht. Zwar werden Normen und Werte vom sozialen Umfeld an das Kind herangetragen, doch müssen diese Normen einen persönlichen Filter durchlaufen, sie müssen akzeptiert und in das eigene Moralsystem eingebaut werden. Wie oft setzen wir uns über unsere eigenen moralischen Maßstäbe hinweg, weil die Situation es erfordert! Wie der Pazifist, der in der U-Bahn erlebt, wie ein farbiger Student von einem Skinhead zusammengeschlagen wird, und der von einer solchen Wut ergriffen wird, daß er auf den Skin zurennt und ihn mit einer aggressiven Kraft, die ihn selber überrascht, zurückhält. Moralisch zu denken und situativ angemessen zu handeln, sind offenbar zwei verschiedene Prozesse. Die Verinnerlichung von Normen meint dabei mehr als das bloße Wissen darum. Denn oft werden Delikte trotz Kenntnis der sozialen Norm, die dagegensteht, zur Erreichung eigener Ziele begangen. Wie sonst wäre technischer, kultureller und wissenschaftlicher Fortschritt möglich gewesen, wenn sich Menschen nicht über Konventionen, Verhaltensstandards und Sozialnormen hinweggesetzt hätten? Auch wenn die Überwindung dieser gesellschaftlichen Grenzsetzungen mit Ächtung und Strafe verbunden waren – die Treue zur eigenen Überzeugung war letztendlich stärker als die Bedrohung durch Verfolgung und Strafe. Wie lange hat man beispielsweise daran geglaubt, daß die Erde eine Scheibe sei, und welche Schmach hat Galilei erleiden müssen, weil er diesen Glauben in Frage stellte.

Lawrence Kohlberg (1997) hat ein Schema der moralischen Orientierung entwickelt, die uns im folgenden als Deutungsfolie hilfreich sein wird.

Niveau 1:
Auf der vormoralischen Stufe 1 und 2 orientiert sich das Kind an drohenden Strafen, Machtverhältnissen und eigenen Bedürfnissen.
Niveau 2:
Auf Stufe 3 und 4, der Moral der konventionellen Rollenkonformität, orientiert sich das Kind an wichtigen Personen der Primärgruppe (Familie). Es handelt sich hierbei um die Moral »des guten Kindes«, das freundschaftliche Beziehungen aufrechterhält und die Anerkennung der anderen sucht. Das Kind respektiert und achtet Autoritäten.
Niveau 3:
Auf den Stufen 5 und 6 geht es um selbst akzeptierte moralische Prinzipien. Hier lernt das Kind Vereinbarungen zu treffen und Verträge zu schließen. Es weiß um seine individuellen Rechte. Seine moralischen Entscheidungen trifft das Kind aufgrund individueller Gewissensprinzipien.

Dieser paarweisen Stufenfolge auf drei Niveaus entsprechen nach Kohlberg bestimmte Verhaltensregeln:
Stufe 1: Befolge Regeln, um Strafe zu vermeiden.
Stufe 2: Verhalte dich konform, um Belohnungen zu bekommen, erwidere Gefälligkeiten.

Stufe 3: Verhalte dich konform, um die Mißbilligung und Abneigung der anderen zu vermeiden.

Stufe 4: Verhalte dich konform, um Kritik durch legitime Autoritäten und daraus folgende Schuldgefühle zu vermeiden.

Stufe 5: Entsprche den Regeln (Prinzipien), um die Achtung des unvoreingenommenen Zuschauers zu bewahren, der im Sinne des allgemeinen Wohlergehens urteilt.

Stufe 6: Entsprche den Regeln (Prinzipien), mit denen du einverstanden sein kannst, um Selbstverurteilung zu vermeiden.

Die Entwicklung eines moralischen Selbst – ich werde im Verlauf des Buches noch eingehender darauf zu sprechen kommen – unterliegt mehreren Einflüssen. Einerseits geht es um die Auseinandersetzung mit den Vorstellungen idealer Lebensentwürfe von Lehrern, Eltern und Freunden, die nie als bloßes Abbild in die Selbststruktur des Kindes übernommen werden. Aber frühe Wertfestlegungen können lebenslang verbindlich bleiben, wenn nicht starke moralische Erschütterungen die Wertvorstellungen in Zweifel ziehen. Dabei spielen Identifikationen mit den Moral- und Werthaltungen der emotional wichtigen Erwachsenen eine bestimmende Rolle. Ich denke an eine Mutter, die ihrer pubertierenden Tochter einbleut, daß Männer gefährliche Monster seien, die immer nur das »eine« wollen. Wird das Urteil der Mutter durch reale Erfahrungen unterstützt, wird das Mädchen diese Haltung unter Umständen übernehmen und bei Kontakten mit Männern äußerst vorsichtig handeln.

Andererseits gelten die von idealisierten Erwachsenen aufgenommenen Werthaltungen nur solange, bis sie in Konflikt geraten mit Erfahrungen, die nicht in das vorgegebene Muster passen oder durch den Austausch mit Gleichaltrigen korrigiert werden. Dem Austausch moralischer Prinzipien mit Gleichaltrigen kommt insofern eine zentrale Stellung zu, als es eine persönliche Integrationsleistung erfordert, widerstreitende Werthaltungen zu ertragen und für die eigene Person fruchtbar zu machen.

Persönliche und moralische Ziele werden zunehmend ununterscheidbar mit Selbstinteressen verknüpft. Moralische Identität entwickelt sich somit als Produkt einer Ko-Konstruktion mit bedeutsamen Bezugspersonen in der älteren Kindheit und Jugendzeit, und zwar vor allem in Freundschaftsbeziehungen. Normverletzungen innerhalb einer Peer-Group, die zu einer negativen Bewertung führen, sind dann nicht minder schlimm als die Normverletzungen gegenüber den familiären Spielregeln. Betrachtet man die Strenge moralischer Handlungsprinzipien beispielsweise in Kinder-Gangs, in denen Stehlen, Mutproben oder gewalttätige Übergriffe zur Norm erhoben sind und damit zu sozialer Anerkennung führen, und gleichzeitig die familiären Handlungsprinzipien, bei denen Stehlen, Gewalt und riskantes Verhalten geahndet wird, ist der innere Konflikt von Kindern, die beiden Gruppen angehören, verständlich. Interessanterweise konnte bei Interaktionen zwischen Kindern festgestellt werden, daß Erfahrungen von Selbstbedrohung insbesondere in engen Freundschaftsbeziehungen sehr häufig auftreten und oft bewußt inszeniert werden (Krappmann 1993). In diesen konflikthaften Auseinandersetzungen lernen Kinder Begründungen zu erarbeiten und Regeln und Standards zu entwickeln, die ihrer moralischen Vorstellung über Gleichberechtigung der Interaktionspartner entsprechen.

Damit wird deutlich, daß die Entwicklung eines moralischen Selbst an die Fähigkeit und Erlaubnis des Kindes geknüpft ist, moralische Leitlinien des Handelns im Kontakt mit anderen zu vertreten, auszuhandeln und in Frage zu stellen. Es braucht Kompetenzen, um genau darüber mit Eltern, Freunden, Lehrern etc. zu sprechen, und ein relativ stabiles Selbstwertgefühl, um die widersprüchlichen moralischen Haltungen zu bewerten und sich für eine eigene Haltung entscheiden zu können. Kinder, die diese Spielräume des Aushandelns nicht kennen, neigen dazu, sich extrem konform und angepaßt zu verhalten. Sie sind schüchtern und ängstlich, weil ihnen die innere Erlaubnis fehlt, in einen aktiven, konflikthaften Austausch zu gehen. Oder sie sind aufsässig, trotzig und beanspruchen für sich sehr rigide moralische Normen, ohne daß sie diesen im eigenen Handeln entsprechen.

Denken Sie apropos »Aushandeln« und »Kompetenz« an Ihre Kinder: wenn der Fünfjährige, der um halb acht ins Bett muß, mit der Mutter darum ringt, warum er schon so früh schlafen muß und sein sechs Jahre älterer Bruder noch nicht. Viele Eltern kennen die Endlosdiskussionen um eine gerechte Entscheidung bei Erziehungsfragen, und in der Tat scheinen die Kinder genau diese Auseinandersetzungen auch zu brauchen. Und sie sind dabei sehr phantasievoll in der Gestaltung ihrer Argumentation. Wenngleich viele Eltern genervt sind von den ewigen Warum-Fragen, sind diese doch eine notwendige Voraussetzung dafür, daß Kinder über plausible Begründungen verfügen können, warum sie das eine tun dürfen und das andere nicht. Dabei erarbeitet sich das Kind eine Unterscheidungsfähigkeit dafür, was *universelle moralische Prinzipien* wie Achtung vor Andersdenkenden oder Gewaltverzicht bei Konflikten etc. sind, was *soziale Konventionen* wie feste Essenszeiten in der Familie, Bitte-und-danke-Sagen sind und was *moralische Grundsätze* sind, die in den Bereich persönlicher Entscheidungsfreiheit fallen.

Gerade der letzte Punkt, die »freie« Moral, ist für unser Thema sehr wichtig, weil die persönliche moralische Entscheidung, auch wenn sie gegen tradierte Grundsätze oder Konventionen verstößt, eine große Stabilität und Autonomie voraussetzt. Die Autonomie, die Frankfurt (1993) als »moralische Selbstbindung« bezeichnet, ermöglicht der Person, positiv wertend zu ihren spontanen Impulsen und Bedürfnissen oder natürlich gegebenen Merkmalen Stellung zu nehmen: sich mit einigen zu identifizieren und andere kritisch zu betrachten, ohne in Selbstbezichtigung zu verfallen. Die Person bestimmt sich durch das, was ihr wichtig ist: »Sie tut, was sie tut, weil sie eine bestimmte Person sein will und nicht, weil sie Produkt einer kausal wirksamen Sozialisationsgeschichte oder Spielball augenblicklicher Impulse, Neigungen oder Gefühle ist« (Edelstein, Nummer-Winkler 1993, S. 17).

Viele Frauen kennen die seltsamen Ausreden ihrer Männer, die einen Seitensprung gestehen (wenn es nicht über andere Kanäle herauskommt). Da wird davon gesprochen, alkoholisiert gewesen zu sein, der Verführung zum Opfer gefallen zu sein, sich nicht unter Kontrolle gehabt zu haben oder gar es nicht gewollt zu haben. All diese Ausreden sind dadurch gekennzeichnet, daß die Verantwortung für das eigene Tun anderen Kräften zugesprochen wird, anstatt mit aller Souveränität nicht nur zu der Handlung, sondern auch zu den wahrscheinlichen Lüsten zu stehen, die den Seitensprung ermöglicht haben. Wenn dann noch Diskussionen in Gang kommen (bei Psychologen, Lehrern oder Sozialpädagogen häufig), in denen die Neigung des Mannes, fremdzugehen, auf die verführerische Mutter zurückgeführt wird, dann kann ich den beteiligten Männern und Frauen nur raten, die Diskussion sofort abzubrechen und eine andere Versöhnungsstrategie zu wählen.

Wenn Sie weiterhin daran festhalten wollen, daß an Ihrem Seitensprung Ihre Mutter, an Ihrem Unglück Ihre Eltern oder Ihre Lebensgeschichte oder Ihr Ehemann oder der Chef »schuld« seien; daß Sie ein moralisch gefestigter Mensch sein könnten, der immer alles richtig macht; daß Ihre Unzufriedenheit nicht zu verändern sei, dann wünsche ich Ihnen viel Erfolg bei dem Versuch, sich im Leiden einzunisten.

In einer Sufi-Geschichte spricht der Meister davon, warum so viele Menschen unglücklich sind. Er meint, daß diese Menschen eine erstaunliche, aber offensichtliche Befriedigung aus ihrem Leiden gewinnen. Dann berichtet er weiter, wie er einmal auf einer Bahnfahrt im oberen Bett eines Liegewagens die Nacht verbrachte. Es war ihm unmöglich einzuschlafen, weil von unten ein ständiges Stöhnen und Wehklagen an sein Ohr drang: »Ach, bin ich durstig ... ach, bin ich durstig ...!« Da das Stöhnen und Wehklagen kein Ende nahm, sondern im Gegenteil immer lauter wurde, kletterte der Meister schließlich die Leiter hinunter, ging durch den ganzen Zug zum Speisewagen, kaufte zwei Becher Bier, ging den langen Weg zu seinem Abteil zurück und reichte dem geplagten Mitreisenden die beiden Becher.

»Hier ist etwas zu trinken!«

»Wunderbar, Gott sei Dank!«

Der Meister stieg die Leiter hinauf und streckte sich mit einem Seufzer aus. Kaum hatte er die Augen geschlossen, hörte er es von unten stöhnen: »Ach Gott, war ich durstig ... oh weh, oh weh, war ich durstig!«

Dem Zensor einen Namen geben

»Menschen, Dingen, Ereignissen einen Namen geben heißt, die Angst vor ihnen zu verlieren.«

Lisa, eine sehr mütterliche, fürsorgende Frau um die Fünfzig, litt unter ihrer Unfähigkeit, genügend für die eigenen Bedürfnisse zu sorgen. Ihr Leben lief gleichsam nach einem Drehbuch ab, in dem ihr die Rolle derjenigen zugedacht war, die vor allem auf die Bedürfnisse der anderen achtet und mit aller Hingabe danach trachtet, sie zu befriedigen. Diese Rolle erfüllte Lisa gut. Sie war verheiratet und hatte zwei fast erwachsene Söhne, die kurz davor standen, das Elternhaus zu verlassen und sich auf eigene Füße zu stellen. Lisas Mann war ein erfolgreicher Geschäftsmann, der sich mindestens zehn Stunden am Tag abmühte, den relativ hohen Lebensstandard der Familie zu sichern. Alle Aufgaben im Haushalt oblagen Lisa inklusive der zunehmenden Auseinandersetzungen mit den Söhnen, die einerseits nicht auf die von der Mutter liebevoll gekochten Speisen verzichten wollten und sich andererseits jegliche Einmischung in ihre Privatsphäre mit aller Heftigkeit verbaten. Noch mit im Haushalt lebten die Eltern ihres Mannes, wobei der Schwiegervater pflegebedürftig war und Lisa sich verpflichtet fühlte, ihre Schwiegermutter zu entlasten.

Lisa war also eingedeckt mit Erwartungshaltungen, daß sie »ihre Aufgaben« erfüllt: Ihr innerer Zensor gab keine Ruhe. Von den Söhnen kam permanent die kritische Anmerkung, sie mische sich zu sehr in deren Angelegenheiten; ihr Mann, der abends abgeschafft nach Hause kam, wollte von ihren Sorgen und Auseinandersetzungen mit der Schwiegermutter nichts wissen; der Schwiegervater, ein klassischer Patriarch, fühlte sich von seiner Schwiegertochter als kleines Kind behandelt. All diese Anwürfe trafen bei Lisa auf einen dankbaren Zensor, der sie noch zusätzlich damit belastete, sie selbst für die Schwierigkeiten verantwortlich zu machen.

Lisas Fähigkeit zur Selbstaufopferung hatte gute Vorbilder: Ihre Mutter war Schneiderin und konnte ausgezeichnet zuhören, während sie an ihrer Nähmaschine saß und für die Familien des Dorfes abgerissene Knöpfe annähte oder ein Brautkleid kreierte. Auch Lisas Mutter war im Grunde aber überfordert, zumal ihr Mann, der durch seinen Alkoholismus arbeitslos wurde, mit ernährt werden mußte. Da Lisa als älteste Tochter im Haushalt kräftig mitarbeiten mußte, lernte sie früh, für andere dazusein und ihre eigenen Wünsche und Sehnsüchte zurückzustellen oder gar ganz aufzugeben. Für Lisas Freundlichkeit gab es Süßigkeiten von Mutters Kundschaft, und die Mutter war voller Stolz auf die tüchtige Tochter.

So entwickelte Lisa ein Selbstkonzept, das eine zentrale Botschaft enthielt: Ich bin nur dann gut, wenn ich mich um die Belange anderer Menschen kümmere und dafür sorge, daß es ihnen gutgeht. Mit diesem »Engagement« wäre Lisa die ideale Mitarbeiterin einer Dienstleistungsfirma, die perfekten Service als zentrale Unternehmensphilosophie auf ihre Fahnen schreibt. – Von wegen, Deutschland sei eine Servicewüste! Nimmt man Menschen wie Lisa, gäbe es genügend Arbeitskräfte, die den Dienstleistungsgedanken ernst nehmen. Nur verkümmern diese – und in der Regel sind es Frauen – in einem Mehrgenerationenhaushalt, wo sie sich in Beziehungsverwicklungen verausgaben und letztlich, nach dem Zusammenbruch, der Allgemeinheit, sprich den Krankenkassen, zur Last fallen. Arme Lisa!

Diese Geschichte ist typisch für Menschen mit einer hohen Anfälligkeit für Erwartungen, die andere an sie stellen. Doch eigentlich sind es nicht die Erwartungen der anderen, die uns zwingen, deren Willen zu befolgen, sondern es gibt eine Art inneres Entgegenkommen, einen dankbaren Adressaten, der sich mit den Erwartungen identifiziert: einen Zensor. Wie ist nun dieser Zensor in unser Inneres geraten und kann dort seine Macht entfalten? Oder ist er schon immer dagewesen? Vielleicht bauen wir diesen inneren Zensor selbst, weil wir eine Instanz brauchen, die uns sagt, was richtig oder falsch ist? Aber warum leiden dann so viele Menschen darunter, Anforderungen nicht zu genügen und alles falsch zu machen? Warum ist es so schwer, sich selbst zu lieben, wenn dieser Tyrann hinter oder über dem Ich zu sprechen beginnt?

In der Entwicklungspsychologie hat man lange geglaubt, dieser Zensor sei ausschließlich Resultat elterlicher Erwartungen und Normen, die sich dem Kind von Geburt an mitteilen. Gewissensbildung war demzufolge eine Art Dressur, die auf Angst vor Zurückweisung beruhte: Um den elterlichen Strafen zu entgehen, identifiziert sich das Kind mit dem »Aggressor«, übernimmt seine Verhaltensstandards und verinnerlicht sie als überindividuelle Normen.

Diese Vorstellung ist nach dem heutigen Stand der psychologischen Forschung nur bedingt richtig. Zwar sind einjährige Kinder schon in der Lage, elterliche Gebote und Verbote zu befolgen, doch wie dauerhaft diese Erfahrung sich in konformem Verhalten niederschlägt, ist nicht vorherzusagen. Der erhobene Zeigefinger bei Regelverletzungen, das »Nein, nein«, begleitet von einem Kopfschütteln, wirkt bei Kindern zwar verhaltenssteuernd, dennoch wird das Kind in einer ähnlichen Situation nicht zwangsweise das gleiche tun. Es scheint, so legen es neuere Forschungsergebnisse nahe, eine Moralentwicklung zu geben, die relativ unabhängig von den elterlichen Verhaltensvorschriften existiert.

Sozialpsychologen (vgl. Kruse 1991) ließen 36 Monate alte Kinder Geschichten zu Ende erzählen, in denen es um moralische Entscheidungen geht. Die angefangenen Erzählungen weiterzuerzählen erforderte prosoziales, einfühlendes Verhalten und ein Regelverständnis über gerechte Kommunikation. In der Geschichte beschuldigt die Mutter ärgerlich den Vater, ihre Autoschlüssel verloren zu haben; der Vater bestreitet dies. Die überwiegende Mehrzahl der Kinder produzierten Antworten, in denen sie beide Seiten des Konfliktes versöhnlich zu Wort kommen ließen, obwohl diese Kinder aus Elternhäusern kamen, die sehr unterschiedliche Erziehungspraktiken anwendeten. Das bedeutet, daß schon dreijährige Kinder die Fähigkeit besitzen, aus den Perspektiven der Rollen von Vater und Mutter moralische Dilemmata aufzulösen.

Dies gilt ebenso für antisoziales Verhalten. Untersuchungen von

Hartshorne und May (1928) zeigen, daß beispielsweise Ehrlichkeit kein unbedingt in allen Lebenssituationen ausgeprägter Charakterzug ist. Sie fanden, daß die einflußreichsten Faktoren, die den Widerstand gegen eine Versuchung, zu mogeln oder ungehorsam zu sein, wecken, eher situationsgebunden sind und daß kein signifikanter Zusammenhang zu elterlicher Strenge oder Nachsicht herzustellen ist. Aus dem Mogeln in der einen Situation konnte nicht auf das Mogeln in einer anderen Situation geschlossen werden. Auch gab es keine Möglichkeit, die untersuchten Kinder in zwei Gruppen aufzuteilen, die der »ehrlichen« und die der »Betrüger«. Meist waren es Nützlichkeitserwägungen, die das Mogeln begünstigten oder verhinderten. Diese hingen vom Grad des Risikos ab, ertappt zu werden. Kinder, die unter riskanten Bedingungen betrogen, mogelten auch in weniger riskanten Situationen. Wer nicht betrog, tat dies mehr aus Vorsicht denn aus Ehrlichkeit. Ein weiteres Ergebnis war die verblüffende Tatsache, daß moralisches Wissen oder das Bekenntnis zu bestimmten moralischen Werten wenig sichtbaren Einfluß auf das moralische Handeln hatte.

Zurück zu Lisa. Lisa hatte gute Gründe, die Rolle der fürsorgenden und verzichtenden Tochter einzunehmen. Zum einen, um die Mutter im Kampf gegen den Ruin zu unterstützen, und zum anderen konnte sie dadurch ein positives Selbstwertgefühl entwickeln. Der Stolz der Mutter wirkte wie eine Insel der Glückseligkeit inmitten der dumpfen Trostlosigkeit, die der Vater in ihrem Zuhause verbreitete. Der Preis war jedoch entsprechend hoch. Sie entwickelte eine Anfälligkeit für altruistisches Verhalten, wodurch sie versuchte, ihr Selbstgefühl zu stabilisieren. Aber keiner in ihrer jetzigen Familie dankt es ihr. Jetzt steht sie vor einem großen Dilemma. Fordert sie plötzlich von den Söhnen Mitarbeit im Haushalt, muß sie damit rechnen, noch mehr kritisiert und bekämpft zu werden. Erfüllt sie alle Ansprüche, wird sie zwar in Ruhe gelassen, die emotionale Belohnung in Form von Dank bleibt dennoch aus. Geht sie ihrer eigenen Wege, trifft sich mit Freundinnen oder gar einem Freund, muß sie die Mißbilligung ihres Mannes in Kauf nehmen und einen Ehekrach riskieren. Also kein Ausweg in Sicht?

Doch! Lisa könnte beginnen, die Verantwortung für ihre Bedürfnisse zu übernehmen und die Anfeindungen ihrer Familie durchzustehen. Dies setzt voraus, daß sie ein stabiles Selbstwertgefühl entwickelt, das es ihr ermöglicht, Feindseligkeiten zu ertragen. Vielleicht muß sie manches heimlich tun, ein wenig mogeln, um die Aggressionen erträglich zu halten. Auf Dauer, wenn wirkliche Zuneigung und Liebe vorhanden sind, lernen auch Söhne und Ehemänner, die persönlichen Neigungen ihrer Mütter und Ehefrauen zu respektieren – nach dem Motto: »Steter Tropfen höhlt das Schwein ...«

In Lisas Geschichte wird deutlich, daß die biographischen Prägungen im Hinblick auf Selbstbewertungen einen Lebensstil begünstigen, der zwar das System Familie stabilisiert, aber wirkliche Entwicklungen in Richtung Autonomie verhindert. Ich plädiere in diesem Zusammenhang nicht für die Auflösung der Familie, ganz im Gegenteil, ich plädiere dafür, sich mit den Belastungen in konstruktiver Weise auseinanderzusetzen.

Die Aussage »weil du so bist, geht es mir schlecht« scheint hierfür kein guter Weg zu sein, weil sie die Verantwortung dafür, daß es einem besser geht – daß also die Situation sich ändert –, auf die Seite der anderen verlegt. Damit macht man sich abhängig von den Handlungen anderer und beschneidet die eigene Wirkmacht.

Also bleibt die Seelensuche. Eine Möglichkeit, die ich Ihnen hier vorschlagen will, ist, die Selbstbewertungen zu erforschen, die mit Einschränkung, Angst und Widerstand einhergehen, und Bewertungsmuster zu installieren, die eine gewisse Großzügigkeit und Selbstbelohnung enthalten.

Was ich Ihnen vor allem vorschlagen möchte: Lassen Sie sich bei dieser Beschäftigung mit den inneren Hemmnissen nicht von Psychotherapeuten verführen, die Ursache ihrer Unfähigkeit, genußvoll zu leben, auf irgendwelche Verletzungen oder Traumatisierungen in der Kindheit zu verlegen. Sie selber sind es, der Ihrem »Ich über dem Ich« Paroli bieten kann. Schwächen Sie sich nicht mit einer Vergangenheit, auf die Sie keinen Einfluß mehr haben! Nicht alles Unglück im Erwachsenenleben ist mit einer schlechten Kindheit zu erklären.

Natürlich ist es schmerzvoll zu sehen, daß einem das Schicksal nicht die Eltern beschert hat, die man sich wünschte. Natürlich sind andere bessergestellt, hatten es leichter im Leben, und alles ist ihnen zugefallen. Aber kann das ein Grund sein, liegenzubleiben und über sein Schicksal zu klagen? Und wenn Sie es denn tun: Klagen Sie, aber mit Genuß, mit Wirkung! Klagen Sie, wenn Sie hinterher wieder lachen können. Klagen Sie, wenn es wirklich jemanden gibt, der Sie erlösen kann!

Immerhin haben Sie bis jetzt überlebt. Sie haben dazu einen Berufsabschluß, sind weitgehend gesund und verfügen über so viel Geld, daß Sie sich zweimal im Jahr einen Urlaub gönnen können? Wunderbar, klagen Sie in Dankbarkeit! Wenn auch noch auf Sie zutrifft, daß Sie in einer Partnerschaft oder sogar Familie leben, werden Sie vielleicht einwenden, daß Sie sich unglücklich fühlen mit Ihrem Partner, daß die Kinder Ihnen Sorgen machen, daß Ihre Geliebte zu viel Druck macht, daß Sie sich eigentlich ein anderes Leben erträumt haben … Es gibt viel mehr Gründe, unzufrieden zu sein als zufrieden, natürlich.

Möglicherweise leben Sie schon nach dem Motto: »Ich leide, also bin ich.« Sie kennen die endlosen Telefonate mit Ihren Freundinnen, das Lamento über den egoistischen Alten zu Hause, der sich nicht um die Kinder kümmert oder gar im Haushalt hilft. Sie kennen die guten Ratschläge, doch mal etwas für sich zu tun, in den Urlaub zu fahren, vom Partner mehr zu fordern oder sich einfach einen Liebhaber anzuschaffen. Und Sie wissen nach jedem Telefonat, daß sich doch nichts ändern wird, weil *die anderen* sich weigern – sie weigern sich, für Ihre Glückseligkeit zu sorgen!

Dieser Anspruch auf Versorgung, auf Wiedergutmachung, zieht Sie in einen Strudel des Selbstmitleids, aus dem es mit eigener Kraft scheinbar kein Entrinnen gibt. Dann sind Sie ungenießbar, und das Schlimme daran ist, Sie wissen es und können doch nichts daran ändern. Wieder und wieder beschäftigen Sie sich mit Selbstbezichtigungen, daß sie Ihren eigenen Ansprüchen und denen Ihrer Umgebung nicht genügen können. Immerhin beweisen Sie damit Ihrem Zensor, daß Sie brav Ihre Lektionen wiederholen und sich unterwürfig damit beschäftigen, was alles falsch an Ihnen ist. Vielleicht mögen Sie sich in der folgenden Übung einmal auf andere Weise damit beschäftigen, was falsch an Ihnen ist oder eben nicht falsch, sondern ganz richtig – für *Sie* richtig.

Der erste Schritt auf dem Weg, ein Selbstwertgefühl zu entwickeln, mit dem Sie dem inneren Zensor die Stirn bieten können, ist die Analyse der Einredungen, die uns das Gefühl des Nichtgenügens, der Insuffizienz, geben.

Übung 1

Suchen Sie sich einen bequemen Platz, wo Sie die nächsten 15 Minuten ungestört sein können. Sorgen Sie dafür, daß kein Telefon klingelt oder Freunde und Familie wieder einmal etwas von Ihnen wollen. Wenn die anderen Fragen stellen, sagen Sie einfach, Sie müssen sich ein wenig ausruhen.

So, die Tür ist zu, und Sie sind allein mit sich. Vielleicht ist es schon eine Weile her, daß Sie sich bewußt Zeit genommen haben, sich mit sich selbst zu beschäftigen. Ich gratuliere Ihnen zu diesem Schritt und gönne Ihnen noch viele Stunden, in denen Sie das tun können.

Wenn Sie sich jetzt auf Ihrem Platz niederlassen, versuchen Sie wahrzunehmen, wie Sie dies tun. Lassen Sie sich wie sonst erschöpft und angespannt in den Sessel fallen? Oder sitzen Sie in Hab-Acht-Stellung auf einem harten Stuhl? – Probieren Sie etwas Neues aus, indem Sie ganz langsam und vorsichtig Ihr Körpergewicht auf den Stuhl, Sessel oder das Bett abgeben und sich einmal tragen lassen.

Ich weiß, sich tragen zu lassen ist nicht leicht, wenn man den ganzen Tag andere trägt und dabei vergißt, daß man selber auch ein Gewicht herumträgt. Ich gehe davon aus, daß es Ihnen bis hierher gut gelingt, eine entspannte oder zumindest leidlich entspannte Haltung einzunehmen. Wenn nicht, dann versuchen Sie es morgen noch einmal oder nächste Woche. Mir ist es wichtig, daß Sie sich mit den Übungen nicht einem Druck aussetzen, der dem Druck Ihres Lebensalltags entspricht.

So, jetzt wird es gemütlicher. Sie haben das Licht abgedunkelt, vielleicht eine Kerze aufgestellt, und Sie sitzen oder liegen auf einem beque-

men Untergrund. Versuchen Sie, eine interessierte, neugierige Grundstimmung zu entwickeln, indem Sie die Augenbrauen etwas anheben
und, auch wenn es Ihnen künstlich erscheint, ein vorsichtiges, weiches
Lächeln aufsetzen.

Sie werden merken, daß Ihr Atem prompt darauf reagiert. Seufzen,
Gähnen, alle Impulse sind erlaubt. Wenn es Ihnen gefällt, wiederholen
Sie die unmittelbaren Regungen Ihres Körpers und genießen Sie den
Augenblick. Sie schauen sich im Zimmer um, der Kerzenschein tut das
seine, Sie in einen schläfrig-wachen Zustand zu versetzen.

Wenn Sie wollen, können Sie Ihre Aufmerksamkeit auf Ihren Atem
lenken, der ganz von selbst Ihre Brust und Ihren Bauch ausdehnt, um
sie im nächsten Moment zurückzusenken. Wenn Sie Ihren Atem genau
beobachten, dann werden Sie feststellen, daß er von selber geht und
nicht danach fragt, ob er etwas Gutes oder Böses tut.

Stellen Sie sich vor, daß mit jedem Einatmen Ihr Atem in Ihre Vergangenheit greift und Bilder und Szenen hervorholt, in denen Sie angewiesen wurden, bestimmte Dinge zu fühlen, zu denken, zu tun und
bestimmte andere Dinge eben gerade nicht. Sie befinden sich in der
Kindheit, im Elternhaus, in der Schule, oder mit Ihrem Partner, am Arbeitsplatz. Sie hören Menschen sagen: »Du bist zu verletzlich; du küm-
merst dich nur um dich selbst, sei kein Egoist; werde erst mal groß,
dann siehst du alles anders; so geht das nicht; sei immer höflich; gib nie
klein bei« und so weiter und weiter. Sie werden Ihre eigenen Erfahrungen haben und sich an die dazugehörigen Sätze erinnern.

Nehmen Sie wahr, wie Ihr Körper darauf reagiert, und lassen Sie die
Bilder kommen und gehen, ohne sie anzuhalten. Wenn Sie an einer
Stelle hängenbleiben, weil Sie Groll oder Enttäuschung spüren, richten
Sie Ihre Aufmerksamkeit einfach auf das Kommen und Gehen Ihres
Atems und lassen Sie die Erinnerungen weiterlaufen. Strengen Sie sich
dabei nicht an. Es gibt keinen Grund, sich Streß zu machen – es sei
denn, Sie wollen unbedingt und sofort den Übungsanweisungen entsprechen. Damit machen Sie niemanden glücklich, am wenigsten sich
selbst.

Wenn Sie positive Resonanzen fühlen, weil die Einredungen Ihnen
im Leben geholfen haben, weil es Menschen gab, von denen Sie sich unterstützt und getragen fühlten, genießen Sie das und geben Sie diesen

besonders viel Raum: Nicht alle Bewertungen und Handlungsricht-
linien, die uns mitgegeben wurden, sind nur negativ und einengend.
Viele von ihnen gaben uns in der Kindheit Halt und Orientierung.

Wenn Sie genug von dieser Übung haben, so beginnen Sie ganz
langsam damit, sich zu räkeln, ohne Hektik und Eile. Atmen Sie noch
ein paar Mal tief ein und aus und sagen zu sich selbst: »Ich freue mich,
daß es dich gibt. Ich liebe dich.« Ich weiß, daß möglicherweise sofort der
Zweifel auftaucht und eine skeptische Stimme Sie davon abhalten will,
solche Sätze zu sagen. Aber Sie bestehen darauf. Im übrigen ist nachher
genügend Zeit für Kritik und Lamento, auch darüber, daß dieser ganze
»Psycho-Scheiß« doch nichts nützt. Geben Sie sich eine Chance, und sei
es für eine Minute. Ich weiß das zu schätzen und viele Ihrer Freunde
auch.

Wenn Sie sich dann mit Bedacht und Sorgfalt erheben, suchen Sie
sich einen Stift und ein Blatt Papier und schreiben Sie alle Sätze, die
Ihnen während der Übung in den Sinn gekommen sind, auf. Es kann
sein, daß Ihnen beim Schreiben noch mehr Sätze einfallen – schenken
Sie denen ebenso Ihre Aufmerksamkeit, und notieren Sie sie auf Ihrem
Blatt.

Bevor Sie jetzt den Raum verlassen und die Übung damit beenden,
überlegen Sie sich einen Platz, wo Sie das Blatt aufbewahren können,
bis Sie weitergelesen haben und zur zweiten Übung kommen. Verstauen
Sie es gut, sofern Sie nicht das Bedürfnis haben, neugierige Fragen et-
waiger Mitbewohner – Kinder, Mann, Schwiegermutter – abzuwehren
oder gar zu beantworten. Auch wenn es eine Heimlichkeit ist und Sie
ein schlechtes Gewissen haben, buchstäblich etwas »zu verstecken« und
für sich zu behalten: tun Sie es. Betrachten Sie es einfach als Neben-
sinn der Übung, Ihr schlechtes Gewissen auszuhalten – auch das will
geübt sein.

Das Ich über dem Ich

> *»Sind wir nicht auch mit dem Gewissen verheiratet,*
> *da wir es oft gerne los sein möchten, weil es unbeque-*
> *mer ist, als uns je ein Mann oder eine Frau werden*
> *könnte?«*
>
> *Goethe*

Der Mensch ist das einzige Lebewesen, das sich selbst in den Blick nehmen kann. Der Mensch kann sich selbst zum Objekt von Betrachtungen und Bewertungen machen. Sein Denken ist reflexiv. Und das Gewissen spielt hierbei eine entscheidende Rolle.

Im etymologischen Sinne bedeutet Gewissen das Vermögen eines Menschen, sein Verhalten sittlich einzuschätzen. Er weiß sich dem Anspruch unterstellt, das Gute zu tun. Im Gewissen ist eine sittliche Erfahrung ausgedrückt, in der das Wissen von einer Norm verbunden ist mit einem Gefühl der Unlust oder des Schmerzes als Folge einer Abweichung von dieser Norm, den Regeln der Gemeinschaft. Verlagert sich der Akzent vom Empfinden einer »öffentlichen Schande« auf eine innerlich gefühlte Schuld, so tritt die Verurteilung auch dann in Kraft, wenn andere von der Tat niemals etwas erfahren werden.

In der lateinischen Herkunft des Wortes »Gewissen«, conscientia, wird von einem Mit-Wissen ausgegangen. Es geht hier um die Vorstellung, daß es für alle Handlungen einen göttlichen »Mitwisser« gibt, der über Gut und Böse wacht. Dieser göttliche Mitwisser ist im Laufe der Zivilisation zu einem »inneren Mitwisser« geworden, sozusagen zu einem zweiten Ich, das den äußeren Mitwisser, den Zensor, nicht mehr braucht. Was ursprünglich einer strafenden Gottheit zugerechnet wurde, sitzt nun in der eigenen Seele. Der antike und der frühchristliche Mensch hatten noch kein reflektiertes Selbst, das den Blick auf die eigenen Vergehen richten konnte. Er kannte noch nicht diese innere Stimme, die ihm einredete, dieses oder jenes zu tun oder zu lassen. Das Gewissen war demzufolge keine Stimme des Inneren, sondern eine Stimme zum Inneren: Gott spricht, der Mensch soll hören.

Das Gewissen ist konzipiert als eine Anlage der Menschennatur. Diese Anlage soll nicht von außen mitgegeben sein, sondern als strukturgebender Grundplan und als permanente Grundordnung im Inneren des Menschen liegen (Rudin 1958). Bereits Seneca sprach vom »heiligen Geist«, der in uns wohnt als der Beobachter von Gut und Böse. Erst die Aufklärung löste die göttlichen Träger der gesellschaftlichen Ordnung ab – die Götter, die zunehmend fehlbar wurden. Die Menschen entdeckten sich selbst als den Ursprung der sittlichen Gesetzgebung, obwohl die Kirche bis zum heutigen Tag bemüht ist, das Gewissen an die Satzungen und Vorschriften der Religion zu binden. Allmählich galt das Gewissen nicht mehr nur als eine festgelegte und verpflichtende Anlage der Menschennatur, sondern manifestierte sich als personale Entscheidung im Gewissensurteil. Die persönliche Gewissensentscheidung war es, die nunmehr handlungsbindend wurde.

Während in früheren Zeiten beispielsweise der Gewitterdonner als Zeichen göttlichen Zorns interpretiert wurde, der Riten und Gebete zur Besänftigung zur Folge hatte, wird heute kein Mensch auf die Idee kommen, Blitz und Donner seien strafende Zeichen für ein Vergehen. Kulturgeschichtlich gibt es hier einen interessanten Übergang: In der Reformationszeit galt derjenige als ein guter Christ, dem im Gewitter das Gewissen schlägt. In der Spätaufklärung ist derjenige ein guter Bürger, der das Gewitter nicht fürchtet, weil er über ein gutes Gewissen immer schon verfügt und es nicht durch Götterdonner erst wachrufen muß.

Die technische Entzauberung des Gewitters führt zu einer Purifizierung der Religion; sie wird zu einer Sache des Gemüts, der inneren Gestimmtheit – zumindest nach dem Willen der normsetzenden Schichten. Die im 18. Jahrhundert sich durchsetzende Mechanisierung des Weltbildes verändert das Gewissen radikal: Gott ist nicht mehr ein Gott der Strafen und Plagen, der seine ungehorsamen Kinder züchtigt mit Krieg, Krankheiten und schlimmen Wettern, sondern einer, gegen den man rationale Vorkehrungen treffen kann. Die Erfindung des Blitzableiters schiebt eine technische Apparatur zwischen Gott und den »Sünder«, die nun auf ihre Weise erledigt, was ehedem dem Wettergebet zugeschrieben wurde. Ein gutes Gewissen haben bedeutet dann, die entsprechenden technischen Vorkehrungen getroffen zu haben.

Das Gewissen wurde somit mehr und mehr in die persönliche Verantwortung übertragen. Gewissenhaftes Handeln heißt nicht nur, göttliche Strafen abzuwehren, sondern kraft des Verstandes das eigene Verhalten positiv sittlich auszurichten. »Der ideale Bürger der Aufklärung naht sich Gott nicht mehr als unveränderlicher Sünder, der passiv die rechtfertigende Gnade empfängt, an Stelle des erlösenden Opfers Christi bringt er das mit sich selbst versöhnende Opfer in eigener Person.« (Kittsteiner 1995) Er schränkt seine Lüste ein, er zähmt seine Impulse und unterbindet seine Neigungen. Durch diese Leistung, einen Triumph der Selbstzähmung, verleiht er sich selbst Würde. Er muß sich nicht mehr einem fremden Wesen zitternd anheimgeben und auf dessen Gnade hoffen. Alle Aktivitäten des Gewissens, die ehemals zwischen Gott und Mensch aufgespannt waren, sind nun reflexiv an den Menschen zurückgebunden. Wo früher göttliche Gnade stand, ist nun ein zweites Ich errichtet, nach Kant ein »doppeltes Selbst«, das die vormaligen Funktionen Gottes wahrnimmt.

Mit der Verdoppelung des Ich geht einher, daß der Mensch zunehmend die Fähigkeit erwirbt, sich selbst aus dem Blickwinkel anderer Menschen wahrzunehmen. Hier geht es um die Hereinnahme des fremden Blicks, der auf dem Menschen ruht und als Kontrollinstanz dem Tadel zuvorkommt. Wenn ich mich bemühe, mein eigenes Verhalten in dieser Weise zu überprüfen, indem ich die Reaktionen anderer Menschen vorwegnehme, teile ich mich gleichsam in zwei Personen. Die erste Person im Ich ist der Zuschauer, die zweite Person ist der Handelnde. Somit wird das Gewissen letztlich aus sozialer Angst abgeleitet, aus dem Versuch, Mißbilligung zu vermeiden und Lob statt Tadel zu erwerben. »Komme deinem Ankläger zuvor!« ist jetzt von der religiösen Sphäre auf die profane der Gesellschaft übertragen. Dabei kann dieser andere Blick einer wirklichen Person gehören oder aber einer, welche die Vernunft sich selber schafft, wie Kant es postulierte. Die Erlösung einer Schuld hängt nunmehr nicht von Gottes Gunst ab, sondern spielt sich zwischen den beiden Instanzen des Ich ab. Das Ich spricht sich seine Gnade selbst aus. Der Mensch setzt sich über seine sittliche Unvollkommenheit hinweg, indem er sein Verlangen zügelt und dadurch Würde erlangt.

Allerdings wird dieser Gewissensbegriff von den privilegierten gebildeten Schichten verwaltet, die ein berechtigtes Interesse daran haben, daß sich Fremdzwänge in Selbstzwänge verwandeln. Als »innere Mission« moraltheologisch verkleidet, schreitet die Sozialdisziplinierung voran und mündet letztlich in die »Zucht und Ordnung-Strategie« des preußischen Staates.

Spätestens seit Kants kategorischem Imperativ, daß der Mensch nach einer Maxime handeln soll, welche zugleich als allgemeines Gesetz gelten kann, gilt der Mensch als ein vernunftgesteuertes Wesen. Er ist sich selbst sozusagen sein eigener innerer Gerichtshof, vor welchem er seine Gedanken und Handlungen einander verklagen lassen oder entschuldigen kann. Damit ist die Gottbezogenheit des Gewissens aufgelöst und der Verantwortung des »mündigen Bürgers« übertragen. Die Folge ist ein Paradox: Die Ausübung des Gewissens ist »ein Geschäft des Menschen mit sich selbst«, das er dennoch auf Geheiß einer anderen Person zu betreiben genötigt ist. Diese andere Person ist nun eine wirkliche oder bloß idealistische Person, die sich die Vernunft selber schafft. Somit scheint der Mensch mit einem »doppelten Selbst« ausgestattet zu sein, diesem »Ich über dem Ich«, das die vormalige Funktion Gottes wahrnimmt.

Im Übergang der Reformation zur Aufklärung zeigt sich die radikale Veränderung des Gewissensbegriffs. Ein Gewissen, das sich vor Gott und dem Teufel fürchtet und vor Himmel und Hölle, ist etwas anderes als ein Gewissen, das seine Antriebskraft aus Autonomie und Selbstbilligung bezieht. Als handlungsleitende Instanz im Menschen verändert es sich jedoch mit jedem neuen Weltbild, das eine Gesellschaft von sich ausbildet.

Norbert Elias (1978) hat in seiner Theorie zur Entwicklung der Zivilisation herausgearbeitet, daß es in der kulturellen Entwicklung des Abendlandes zu einer Verinnerlichung äußerer Kontrollen kam.

Alles was im Mittelalter noch einer göttlichen Macht zugewiesen wurde, ist mit dem Beginn der Industrialisierung zunehmend in die Hände des »bürgerlichen Individuums« gelegt worden. Durch die Bevölkerungsexplosion und die soziale Nähe vor allem in städtischen Gebieten waren die Menschen gezwungen, ihre Emotionen und ihre expressiven Bedürfnisse zu kontrollieren. Der Fremdzwang durch feudalistische oder klerikale Herrschaft verwandelte sich zusehends in Selbstzwang. Die spontanen Regungen des Leibes mußten unter die Herrschaft des Individuums gebracht werden: Aggressivität, sexuelles Begehren, Trauer – alle großen Gefühle. Es wurde damit eine Affektkontrolle erreicht, die ein gesichertes Zusammenleben erst ermöglichte. Statt göttliche Fügung oder Strafe tritt jetzt die Selbstverantwortung des Subjekts. Hätte man dem mittelalterlichen Menschen einen Softporno gezeigt, wären die Menschen wahrscheinlich beim Zusehen lustig übereinander hergefallen.

An die Stelle des ungehemmten Auslebens von Bedürfnissen traten geregelte Formen der Bedürfnisbefriedigung – man denke an die Ausbildung von Tischsitten. Noch im 16. Jahrhundert wurde zu Tisch gerülpst und gefurzt, ohne daß sich jemand darüber aufregte, im Gegenteil, es wurde als Anerkennung für eine gute Küche gewertet. Sinnliche Erfahrungen wurden in ritualisierten Formen des sozialen Umgangs gebunden. In diesem »Prozeß der Zivilisation«, wie Elias ihn an der Herausbildung der höfischen Kultur im absolutistischen Frankreich zeigt, haben die Menschen innere Strukturen aufgebaut – in der Freudschen Begrifflichkeit das »Über-Ich« –, die als Verhaltensregulativ die Macht göttlicher, dann feudalistischer Gnade und Ungnade ersetzten. Die spontanen Regungen des Leibes wurden nun nicht mehr von außen unterdrückt, sondern durch eine »Selbstzwangsapparatur« abgesichert, die es ermöglichte, spontanes Handeln in strategisches Handeln umzuwandeln. Das Horten von guten Getreideerträgen, um in Zeiten der Hungersnot Geschäfte machen zu können, fällt in diese Übergangszeit. Durch die Fähigkeit, Bedürfnisse aufzuschieben und zukünftige Ereignisse planend vorwegzunehmen, versetzte sich der Mensch in die Lage, »innengeleitet« zu handeln, ohne die Strafe Gottes fürchten zu müssen.

Die äußeren Kontrollen in den Prozessen der Sozialisation, die sich beispielsweise in einer rigiden Sauberkeitserziehung niederschlagen, wurden immer früher im Lebensalter durch innere normative Leitsysteme ersetzt, in denen Regulationsmechanismen wie Peinlichkeit, Scham, Schuldgefühl, Verlegenheit, aber auch Pflicht, Verantwortung, Vernunft und Rationalität zunehmend größere Bedeutung erhielten.

Wir leben heute in einer Zeit, in der dieser Zivilisationsprozeß einen Kulminationspunkt erreicht hat, wo der innengeleitete Sozialcharakter zum Menschentypus europäischer Modernität geworden ist. Die moderne Zeit braucht diesen Sozialcharakter, der in affektiver Neutralität die ihm gestellten Aufgaben zweckrational, kostengünstig und problemlos erfüllt. Die mechanisierten Abläufe des Alltags, die vorgegebenen Rhythmen von Maschinen, öffentlichen Verkehrsmitteln, Sollvorgaben in Arbeitszusammenhängen oder einfach die zeitliche Koordination eines vierköpfigen Familienhaushaltes können nur funktionieren, weil die beteiligten Menschen sich unter Kontrolle haben, weil sie sich selber steuern können und ihre sinnlichen Vergnügungen diesen Rhythmen anzupassen wissen.

Beim Übergang vom »Fremdzwang« zum »Selbstzwang« ist damit neben die Ausrichtung des Verhaltens an anderen die verinnerlichte Bedrohung von außen getreten. Im Zuge der Verinnerlichung von sozialen Normen und vor allem der Schuldzuweisung für begangenes Fehlverhalten sieht sich der Mensch nicht mehr von außen gefährdet – in die Ungnade Gottes fallen! –, sondern nimmt die Bedrohung durch Introjektion nach innen. Das Begehren und der unmittelbare Ausdruck von Impulsen und Strebungen ist nunmehr durch ein inneres Regulationssystem gefiltert, das den strafenden, bewertenden Blick der anderen vorwegnimmt. Wir betrachten sozusagen unsere Handlungen durch die Augen unserer Mitmenschen oder jener Institutionen, denen wir die Macht sozialer Kontrolle zuweisen. Die Anwesenheit einer Ordnungsmacht (z. B. ein vorbeifahrendes Polizeifahrzeug) provoziert sofort eine Verlangsamung der Fahrt sowie den Gedanken, möglicherweise etwas getan zu haben, das die Verkehrsregeln verletzt. Ein solches Verhalten wäre noch im Mittelalter undenkbar gewesen.

Die Menschen hatten zu dieser Zeit noch kein »doppeltes Selbst«, sie hatten noch kein Gefühl der vollen Verantwortlichkeit für ihr Handeln. Böses kam nicht etwa aus dem eigenen Inneren, sondern es war von außen – vom Teufel – eingegeben.

Diese kleine Geschichte des Gewissens macht deutlich, in welch kurzer Zeitspanne, nämlich in den nur 300 Jahren seit der Aufklärung, die industrialisierten Länder einen Sozialcharakter hervorbrachten, der fähig wurde, nach seinem »eigenen Gewissen« zu handeln, mehr noch: Er ist sogar dazu verpflichtet, wenn er sich in der modernen Welt zurechtfinden will. Das Gewissen, das als Verlängerung der weltlichen und kirchlichen Obrigkeit in den Untertan konzipiert und verstanden wurde, hat zunehmend ausgedient. Die Pastoralmacht als oberste Instanz der Freisprechung von Schuld durch die Beichte und Sühne hat an Geltung verloren. Den Kirchen laufen die Mitglieder davon. Die moralische Integrität der normsetzenden Schichten (Politiker, Geistliche, Wissenschaftler, Unternehmer) hat ihre Wirkkraft eingebüßt, weil die Rede und die Tat nicht mehr zusammenpassen. Korruption, Bestechung und eine Vielzahl von Skandalen bewirken den Verlust an Glaubwürdigkeit und Vertrauen. Möglicherweise ist dieser Prozeß des Wertezerfalls eine notwendige Voraussetzung dafür, in neue moralische Diskurse einzutreten, die keinem sonstwie gearteten Dogma unterworfen sind, weil sie Wirklichkeit nicht danach beurteilen, wie sie sein soll, sondern, wie sie ist.

Sich einem Erlösungsgedanken hinzugeben oder gar eine moralisch gefestigte Gesellschaft kraft der darin lebenden Menschen anzustreben erscheint »gewissenlos«. Die Vielfalt und der dauernde Wandel der Verhältnisse bringt ebenso vielfältige und wandelbare moralische Überzeugungen hervor. Die Hoffnungen auf einen der Würde des Menschen gemäßen Verlauf der Geschichte werden sich nicht erfüllen. Das Gewissen der Menschen bleibt somit ohne letzte Leitinstanz und verändert sich mit den Strömungen des Zeitgeistes. Es entfaltet seine Kraft erst im Diskurs zwischen Menschen, die nach Konsens streben. Als »höchstes Gut« hat es allemal ausgedient und wird in den Binnenraum persönlicher »Gewissensentscheidungen«

verbannt. Wir kommen nicht umhin, in diesem Binnenraum nach Lebensmodellen zu suchen, sie mit anderen abzugleichen, um sie im nächsten Moment wieder zu verwerfen, weil ein langfristiger Geltungsanspruch nicht einzulösen ist. Man kann heutzutage kaum einem Menschen mehr nahelegen, den Lohn des Triebverzichts auf »ein Leben danach« auszurichten, weil die befreiende Kraft der »Selbstbilligung« bei geleistetem Triebverzicht sowieso nicht eintritt. Das Schuldgefühl bleibt und die Wünsche und Sehnsüchte auch. Das Projekt der »letztendlichen Werte« muss aufgegeben werden zugunsten der Liebe zur Welt, die die Liebe zu Gott ersetzen könnte. Gerade weil der moderne Mensch so unter seiner Weltfremdheit leidet, weil er sich im Strudel seiner Selbstbesessenheit verfangen hat, geht es nicht so sehr um die Frage: Wie komme ich zu mir selbst? sondern: Wie komme ich zur Welt? Diese Liebe zur Welt schließt die Liebe zu sich selber ein, und das eine wird ohne das andere nicht zu machen sein. Dafür wird es keine normativen Handlungsanweisungen geben, sondern allenfalls ein durchaus mühevolles, schmerzliches, lustbetontes, vergnügliches Ringen um gute Lösungen, die darauf verzichten, allgemeingültige, letztendliche Aussagen zu machen.

Das Gewissen wird nicht aussterben, ganz im Gegenteil, es wird nur an normativer Gewalt verlieren und im kommunikativen (Aus-)Handeln von moralischen Überzeugungen zwischen Menschen und Institutionen sich immer wieder neu formulieren. Anstelle der Starrheit und Endgültigkeit von Normen und Werten tritt etwas Fließendes, das, so hoffe ich, in der Lage sein wird, sich an die Gegebenheiten anzuschmiegen, anstatt renitent sein Betonbett zu fordern: zu fordern, wie Menschen und Gemeinschaften zu sein haben und welchen Weg sie nehmen. Das ist die größte Herausforderung der Zukunft. Das Leben ist nicht mehr nachbuchstabierbar, so wenig wie Lehrpläne, die am grünen Tisch entworfen wurden, den Bildungsbedürfnissen des modernen Lebens entsprechen. Es geht vielmehr darum, aus der Vielfalt und dem scheinbar chaotischen Durcheinander der Lebens- und Arbeitsstile vorläufige Sinnkonstruktionen herauszuarbeiten, deren Gültigkeit stets wieder überprüft werden kann. Sinn ist hierbei immer als Mit-

Sinn, als Konsens, gedacht, der an soziale Zugehörigkeit und sozialen Austausch geknüpft ist. Der Mensch ist »zur Welt« konzipiert: »Être au monde«, sagt der französische Philosoph Merleau-Ponty. Welche Rolle dabei Gott und das Jenseits spielen werden, ist eine offene Frage.

Persönliche Souveränität[*]

Das Leiden an der eigenen Unvollkommenheit ist neben den erlittenen Schicksalsschlägen das größte Hindernis für ein erfülltes Leben. Das Fatale daran ist: Dieses Leiden ist selbstgemacht; es ist der stete Kampf zwischen dem, wie ich mich erlebe, und dem, wie ich sein möchte oder glaube, sein zu müssen, weil es von mir erwartet wird. Natürlich gibt es die Momente, in denen ich mich eins mit mir fühle und kein innerer und äußerer Antreiber mich zu Höchstleistungen hetzt. Diese Momente sind meist gekennzeichnet durch ein Kompetenzgefühl, das keine Vergleiche braucht, weil ich in der Situation oder in der Aufgabe, die mir gestellt ist oder die ich mir selber stelle, vollkommen aufgehe: ein Problem erfolgreich bewältigt haben, sich am Anblick eines schönen Kunstwerks erfreuen oder einfach gedankenlos den Weg der Wolken am Himmel verfolgen, sich treiben lassen von den Impulsen des Momentes, beim Wandern vergessen, welche Strecke ich zurückgelegt habe, welche Strecke vor mir liegt und welches Ziel ich ins Auge gefaßt hatte.

Vor allem in Situationen, die meine ganze Kraft und Aufmerksamkeit erfordern und die ich erfolgreich bewältige, ist der innere Zensor für eine gewisse Zeit außer Kraft gesetzt. Er würde auch nur hinderlich sein, wenn er jede Handlung, jeden Gedanken kommentierte und gar eine abschließende kritische Bemerkung verfaßte. Man denke an einen Stürmer beim Fußballspielen, der, allein vor dem Torwart, lange darüber nachdenkt, ob er den Ball auch geschickt genug aufgenommen hat, seine Schußtechnik den neuesten bewegungsmechanischen Erkenntnissen entspricht, oder der sich Sorgen macht über die Konsequenzen, wenn er das Tor nicht erzielt. Im Handlungsvollzug wären diese Gedanken extrem störend, und manche Sportler, die sich in einem Leistungstief befinden, berichten von solchen Gedanken während ihrer sportlichen Tätigkeit. Bei die-

---

[*] Das Konzept der Persönlichen Souveränität wurde an der Europäischen Akademie für Psychosoziale Gesundheit von Prof. Dr. Hilarion Petzold entwickelt.

sen Gelegenheiten schreibt die Presse von mentalen Problemen, die der jeweilige Sportler zu überwinden hätte. In der Tat handelt es sich hierbei um ein mentales Problem, weil die Gedanken, die das Handeln begleiten, für den Erfolg der Handlung dysfunktional sind. Dennoch machen wir alle die alltägliche Erfahrung, daß sich unsere Gedanken nicht dort befinden, wo sich die Handlung aufhält. Wir sind sozusagen an zwei Plätzen gleichzeitig.

So liege ich morgens um elf Uhr noch im Bett, denke aber daran, daß ich eigentlich schon vor dem Computer sitzen müßte, um mein Buch weiterzuschreiben ... Ein anderes Mal sitze ich mit Freunden im Lokal. Mir ist langweilig, und längst kann und will ich den Gesprächen nicht mehr folgen. Gedanklich beschäftige ich mich mit meinem Bett und der Müdigkeit. Weil ich glaube, höflich sein zu müssen, und man sich ohnehin so selten trifft, bleibe ich und nehme den Kampf zwischen den beiden Bedürfnissen in Kauf. Allerdings hat niemand etwas davon.

Eine Freundin berichtet von einer noch schwierigeren Begebenheit: Sie verabredet sich mit Freunden und Familienangehörigen, obwohl sie weiß, daß sie dazu keine Lust hat und unter Schuldgefühlen diesen Termin kurzfristig wieder absagen wird. Sie sagt, es sei wie ein Automatismus, die Dramaturgie dieser Absagen seien im vorhinein festgelegt und sie könne sich nicht dagegen wehren. Ein starkes Pflichtgefühl zwinge sie dazu, diese Termine zu vereinbaren, ohne sich selbst zu fragen, ob es ihrem Bedürfnis entspricht, dies tun zu wollen.

Bei vielen Menschen führt diese Art »Zwangsverhalten« zu einer Aushöhlung der Lebensfreude, weil sie denken, sie seien nur noch funktionierende Sozialmaschinen, die die Bedürfnisse der anderen zu erfüllen hätten. Andere, die diesen Mechanismus durchschaut und verändert haben, berichten von wundersamen Befreiungserfahrungen, diesem Pflichtgefühl nicht mehr zu genügen.

Gegen alle Erwartungen sind nämlich erfahrungsgemäß weder Freunde noch Familienangehörige über die Maßen enttäuscht, wenn man, den eigenen Bedürfnissen folgend, einmal nicht Weihnachten bei der Familie verbringt oder nicht wie jedes Jahr mit den besten Freunden in den Urlaub fährt. Hier haben sich die Gedanken und Handlungen nach dem gerichtet, was die Betreffenden – die »Absager« – spüren und für sich selbst wollen. Vor allem haben sie selbst eine Entscheidung getroffen und nehmen damit unter Umständen negative Konsequenzen in Kauf.

Folgen wir diesen Geschichten, so stellt sich die Frage, wie die Gedanken und Gefühle und die daraus resultierenden Handlungen an einen gemeinsamen Ort gebracht werden können. Auch wenn die Gedanken sich scheinbar beim anderen aufhalten und die Angst besteht, vom Gegenüber zurückgewiesen zu werden, wenn man sich selber treu bleibt, ist der Ort, an dem sie stattfinden, das eigene Ich. Dieses Ich kann stark oder schwach sein. Es kann seine Größe dadurch erlangen, indem es von anderen dauernd Bestätigung erhält. Und es kann sich selber erniedrigen, indem es sich erbarmungslos an einem Ideal orientiert, das es nie erreichen wird. Dieses Ich ist aber auch in der Lage, sein eigener Souverän zu sein und zugleich seine Kontrollmacht abzugeben, wenn es darum geht, den größtmöglichen Genuß zu erzeugen. Dies setzt voraus, daß dieses Ich von sich selber weiß, daß es mit sich selbst identisch ist.

Diese Unterscheidung zwischen Ich und Selbst hat Forscher wie M. Mead und W. James und in Folge Damon und Hart (1982) dazu veranlaßt, im Rahmen ihrer Identitätskonzepte eine begriffliche Differenzierung vorzunehmen. Die Identität einer Person ist psychologisch weniger als Zustand denn als beständiger Prozeß zu begreifen, in dem Ich und Selbst (als Summe aller physiologischen und psychologischen Vorgänge) sich verbinden und wieder voneinander entfernen.

Genaugenommen bezeichnet Identität eine Idealnorm, die nie wirklich erreicht wird, sondern ein stetes Streben nach Annäherung an diese Norm bedeutet. Folgende Dimensionen werden hierfür genannt (nach Habermas 1996):

1. Einzigartigkeit versus Zugehörigkeit
Identität findet sich im Eigennamen ebenso wie in dem, was durch den »Identitätsausweis«, den Personalausweis (auf englisch »identity card«), noch bezeichnet wird. Damit ist unsere Identität – was

die Staatsinteressen angeht – hinreichend von derjenigen der Mitmenschen abgegrenzt. Aber es gibt ein menschliches Bestreben, sich von anderen durch Kleidung, Interessen und andere persönliche Gegenstände zusätzlich zu unterscheiden. Einem anderen »zum Verwechseln ähnlich« zu sein ruft nur in Ausnahmefällen – wobei der Ausnahmefall immer der andere ist – kein Unbehagen hervor. Gerade der moderne Mensch ist gezwungen, kein Double zu sein, sondern seine Identität zu finden und demgemäß zu leben. Die Einzigartigkeit des Menschen ist eines der erstrebenswertesten Ziele unserer Zeit. Der eigene Lebensentwurf und Lebensstil, die Verantwortlichkeit für eigene Lebensentscheidungen und die scheinbare Freiheit, soziale Abhängigkeiten selber wählen zu können, kennzeichnen die modernen Anforderungen an die Identität des Menschen.

Es gilt, sich jenseits von sozialen Verpflichtungen als zugehörig zu einer Gemeinschaft, einer Idee oder nur einer Modeströmung auszuweisen. Das Zerbrechen ursprünglicher identitätsstiftender sozialer Ordnungen wie Familie, Dorfgemeinschaft u.ä. erfordert einen hohen persönlichen Einsatz, um andere, neue soziale Orientierungen zu suchen. Zugehörigkeit kann partiell sein, zeitlich befristet (Stichworte Trennungsfamilien, Mobilität der Arbeitswelt etc.) und den (post-)modernen Menschen dazu verpflichten, sich in den verschiedensten sozialen Gruppierungen sicher zu bewegen und ein großes Arsenal an Rollen zur Verfügung zu haben. Diesen Prozeß kann man auf folgenden Nenner bringen: »Ich komme aus mir selbst, und ich entscheide, mit welchem Du oder Ihr ich verkehren möchte.«

2. Zeitweise (diachrone) Selbstgleichheit
Durch den Wegfall der normierenden Kraft des Kollektivs und das Entstehen einer großen Rollenvielfalt brauchen Menschen ein Gefühl der Kontinuität, einen Klebstoff, der durch alle Rollenerwartungen hindurch die Sicherheit vermittelt, das bin ich, unverwechselbar, ich erkenne mich in dem, was ich tue, fühle und denke. Dies erfordert neben einer ständigen Veränderung immer wieder ein Innehalten, immer wieder zu sich selber zu kommen; es erfordert Momente, in denen ich mich inmitten der Turbulenzen des Lebens meiner selbst vergewissern kann.

3. Situative (synchrone) Selbstgleichheit

Selbstgleichheit meint Gleichheit in verschiedenen kognitiven, sozialen und affektiven Situationen. Dies verweist auf die Unteilbarkeit der Person in ihrer Abgegrenztheit und inneren Konsistenz. Dementsprechend spricht die Persönlichkeitsforschung von emotionalen, kommunikativen und kognitiven Stilen, die höchst individuell, stabil und relativ unabhängig von Umgebungsbedingungen funktionieren. Man könnte auch sagen, sie sind die psychologischen Fingerabdrücke eines Menschen.

4. Autonomie versus Abhängigkeit

Autonomie zählt zu den zentralen Begriffen von Identität. Hier geht es um die Quelle von Handlungen: um die Fähigkeit, Absichten zu formen und wahrzunehmen sowie die eigenen Handlungen zielgerichtet zu lenken. Da sich der Mensch jedoch nicht gänzlich selbst zu erzeugen vermag, ist die Autonomie für die Herausbildung von Identität auf die Umwelt angewiesen. Denn Autonomie entsteht nicht in einem einsamen Entscheidungsprozeß, sondern wird durch die Einflüsse der Umgebung angeregt. Die Wahlfreiheit, die Menschen haben in bezug auf materielle Dinge, Ausbildung, Sozialpartner etc., macht deutlich, daß es sich um eine *begrenzte* Wahlfreiheit handelt: eine Auswahl aus Möglichkeiten, die die Umwelt zur Verfügung stellt.

Diese Auswahl zu treffen stellt hohe Anforderungen an die Differenzierungsfähigkeit. Wir müssen die Vielfalt der Informationen sortieren und auf unsere persönlichen Belange abstimmen. Und ebenfalls gehört dazu, Handlungen zu initiieren und erfolgreich auf die Umwelt einzuwirken, um nicht den Umweltvorgaben ausgeliefert zu sein. – Ein siebzigjähriger Rentner erzählte mir kürzlich von seiner Sorge, ob er jetzt auch einen Computer brauche, um seine monatliche Rente von der Bank zu bekommen. Ich konnte ihm die Frage nicht zufriedenstellend beantworten.

5. Der Körper als Basis der Identität

Nach Hilarion Petzold ist der Mensch »Leibsubjekt« (Petzold 1993), konstituiert durch Körper, Psyche, Geist: durch den Körper als die

Gesamtheit aller physiologischen bzw. organismischen Prozesse (Bewegung, Wahrnehmung, Tonusregulation etc.), durch die Psyche als die Gesamtheit aller Prozesse des Empfindens, Fühlens, Wollens und durch den Geist als die Gesamtheit aller kognitiven, reflexiven, imaginativen, wertenden und spirituellen Prozesse.

Kein Gedanke, kein Gefühl, kein Wunsch wäre möglich, ohne daß körperliche Vorgänge daran beteiligt sind. Sich in seinem Körper zu Hause zu fühlen, seine existentiellen Bedürfnisse adäquat wahrzunehmen, seinen biologischen Rhythmen zu folgen sowie sich der motorischen Ausdrucksmöglichkeiten zu bedienen, das alles konstituiert Identität. Jeder Mensch hat eine für ihn typische Art und Weise zu gehen, zu stehen, seine Stimme zu intonieren, im Gespräch zu gestikulieren, seinen Gefühlen mimisch Ausdruck zu verleihen. Diese Ausdrucksmuster machen ihn für seine Umgebung als Individuum erkennbar. »Schau, das ist der Lutz, seinen Schlendergang erkennt man schon auf hundert Meter.«

6. *Selbstbewertung*
Zur Identität gehört die Wertschätzung seiner selbst. Die Wertschätzung bezieht sich auf mehrere Aspekte: auf das Aussehen, die Leistungsfähigkeit, das Können und Wissen, auf die Ausstrahlung, aber auch auf die Stellung innerhalb der sozialen Gemeinschaften, in denen sich ein Mensch bewegt. Ein wertvoller Mensch zu sein heißt, wertvoll für sich selbst und für andere. Der Selbstwert korrespondiert mit dem Selbstwertgefühl, das einhergeht mit Stolz, Zufriedenheit und Optimismus. Menschen mit einem geringen Selbstwertgefühl wirken ängstlich und unsicher. Menschen mit einem übersteigerten Selbstwertgefühl wirken überheblich und herablassend. Für die Identitätsentwicklung ist ein stabiler Selbstwert die Grundlage dafür, daß auch in Zeiten der Enttäuschungen und Niederlagen eine Restmenge Selbstwertgefühl übrigbleibt.

7. *Soziale und ökologische Identität*
Der Mensch ist grundsätzlich eingebunden in soziale (Familie, Arbeitsplatz etc.) und ökologische Lebensräume (Dorf, Stadt, Wohnsilo, Einfamilienhaus etc.). Durch die Identifikation mit diesen Le-

bensräumen – »das ist mein Lieblingsplatz, das war meine Grundschule, der auf der gegenüberliegenden Straßenseite, das ist mein Nachbar« – sowie die Identifizierung durch andere als derjenige, der ich bin, wird Identität auch sozial konstruiert. Soziale Identität heißt, mich durch die Augen der anderen betrachten zu können, die Identitätszuweisungen anderer zu verstehen und zu antizipieren.

Nachdem ich diese sieben Dimensionen des Identitätsbegriffs vorgestellt habe, möchte ich noch einmal auf die Begriffe Ich und Selbst zurückkommen. Wenn ich sage, ich erkenne mich selbst, so ist dieser Vorgang des Erkennens auf ein Objekt gerichtet, in diesem Falle auf das Selbst. Wir haben damit eine Unterscheidung getroffen zwischen einem erkennenden Ich, das aktiv und reflexiv auf ein eher passives Selbst gerichtet ist und es in Augenschein nimmt. Selbstbewußtsein bedeutet in diesem Sinne das Bewußtsein seiner selbst. Ich sehe mich im Spiegel, ich werde mir meiner selbst bewußt. In der Unterscheidung zwischen Selbst und Ich – im Englischen »I« und »me« – wird zudem ein bewußtseinsfähiges Ich konstatiert, das ein nicht reflexives Selbst durch Bewußtseinsprozesse einfängt: Dieses Selbst ist zunächst unbewußt und wird erst durch die Leistungen des Ich bewußtseinsfähig. Entwicklungspsychologisch geht das Ich aus dem Selbst hervor. Mit der Ausbildung mnestischer, d.h. das Gedächtnis betreffender Fähigkeiten, und kognitiver Fähigkeiten im Kleinkindalter gewinnt das Kind allmählich ein Bewußtsein von sich selbst. Wenn kleine Kinder vor dem Spiegel stehen und diese Fähigkeiten noch nicht erworben haben, betrachten sie ihr Spiegelbild als das eines fremden Menschen; sie haben noch kein reflexives Bild von sich selbst.

Das Wichtige daran, vor allem im Hinblick auf eine stabile Identitätsentwicklung, ist die Tatsache, daß ein Selbst-Bewußtsein erst entstehen kann durch die Reaktionen und Resonanzen aus der Umgebung – ob es nun der liebevolle Blick der Mutter ist, welcher das Kind in seinen Handlungen bestärkt, oder die tiefe, strenge Stimme des Lehrers, der wieder einmal die mangelnde Mitarbeit des Schülers beklagt.

Das Angewiesensein auf die Reaktionen der Umgebung besteht ein Leben lang. Ohne die kritischen und wohlwollenden Rückmeldungen wären wir nicht in der Lage, ein realistisches Selbstbild zu entwickeln. Das Selbstbild wiederum setzt sich daraus zusammen, wie ich mich selber sehe, wie die anderen mich sehen und wie ich glaube, daß die anderen mich sehen.

Daraus resultieren selbstbezogene Gefühle, die sich auf einem Kontinuum zwischen Selbstzufriedenheit, Selbstunzufriedenheit und Selbsterniedrigung befinden: Stolz, Einbildung, Eitelkeit, Überheblichkeit, Bescheidenheit, Demut, Scham, Kränkung, Reue und Verzweiflung. Ausgelöst werden solche Gefühle meist durch Erfolg und Mißerfolg.

Jeder Mensch verfügt über eine Theorie, über ein Konzept von sich selbst. Dies wird von den Forschern »Selbstkonzept« oder auch »Selbstbild« genannt. Das Selbstkonzept umfaßt alle Informationen, die ein Mensch im Laufe seines Lebens über sich selbst erworben hat: über seinen Körper *(Körperselbst)*, über seine Fähigkeiten, Kenntnisse und Verhaltensmuster *(aktives Selbst)*, über die persönlichen Charakteristika im Rahmen der Kommunikation *(soziales Selbst)*. Und es umfaßt Vorstellungen über eigene Motive, Gedanken und die persönliche Lebensphilosophie *(psychologisches Selbst)*.

James (1890) differenziert die auf die eigene Person bezogenen Handlungen in materielle, soziale und geistige Selbsterhaltung oder Selbstsucht: der physischen Selbsterhaltung dienende Handlungen, das fundamentale Streben nach Anerkennung sowie das Streben nach Selbstperfektionierung.

Er gliedert sodann die Konstituenten des Selbst, die ich an dieser Stelle kurz vorstelle (weiter unten stelle ich darauf basierende neuere Differenzierungen vor):

Das *materielle Selbst* besteht hauptsächlich aus dem Körper, dann den Kleidern, die wir uns aneignen und mit denen wir uns identifizieren. Zum *sozialen Selbst* gehört die Familie: Wenn ein Familienmitglied stirbt, ist uns, als stürbe ein Teil von uns selbst; begeht es einen Fehler, schämen wir uns; und wird es beleidigt, ärgern wir uns nicht minder, so als wären wir selbst das Opfer. Hinzu kommen das eigene Heim, Zimmer, Wohnung oder Haus. Wir vergeben einem Fremden nur schwer, der sich über die Einrichtung mokiert, und bei dem Verlust von Besitz schrumpft unsere Person zusammen, ein Teil von uns verwandelt sich in nichts, und wir fühlen uns persönlich vernichtet. Der Ausspruch »haste was, biste was« bekommt hier eine tiefere Wendung. Das soziale Selbst besteht aus der Anerkennung, die andere Personen uns zollen, aber auch aus den »Antworten« von Dingen und Orten. Der Mensch verfügt über so viele soziale Selbstaspekte, wie es Personen und Gruppen gibt, die ihn anerkennen.

Das *geistige Selbst* sodann umfaßt nach James alle kognitiven, reflexiven und evaluativen Fähigkeiten der Person.

Interessant hierbei ist, daß die selbstbezogenen Gefühle sich nicht ausschließlich auf den Binnenraum der Person beziehen, sondern auch auf Dinge und andere Menschen. Wer ein Kind hat verzweifelt weinen sehen, weil sein Spielzeug kaputtgegangen ist, weiß, wovon die Rede ist. Das bedeutet, daß nur dann selbstbezogene Gefühle ausgelöst werden können, wenn eine Person Ansprüche gegenüber einem Objekt hegt. Alle engherzigen Menschen verschanzen sich, indem sie ihr Selbst von all dem zurückziehen, was sie nicht ganz sicher besitzen können. Hingegen öffnen weitherzige Menschen ihr Selbst und schließen fast alles in ihr Selbst ein, so daß dessen Grenze unscharf wird.

Wir können also festhalten, das *Selbst* als Potential zu definieren, sich auszudehnen und sich als Gesamtsumme dessen zu sehen, was eine Person ihr eigen nennen kann. Das *Ich* hingegen ist definiert als Funktion des Selbst, mit dessen Hilfe das Selbst aktiv handeln kann. Wir sagen ja auch nicht »Selbst entscheidet«, sondern »ich entscheide« – obwohl kleine Kinder in einer bestimmten Phase ihrer Entwicklung häufig die Redewendung haben »selber machen«. Allenfalls die Formulierung »ich selbst werde dies oder jenes tun« unterstreicht den Alleinanspruch auf die Handlung.

Die oben aufgeführten Gedanken legen es nahe, das Selbst räumlich zu konzipieren, mit den Begriffen »Ausdehnung« und »Begrenzung«. Das Selbst kann sich ausdehnen und zusammenziehen, sich Menschen und Orten zugehörig fühlen sowie sich mit Wissen anfüllen und Gegenstände besitzen, die von Bedeutung sind. Es kann deutliche, prägnante oder auch schwächere, durchlässige Grenzen haben und durch das wahrnehmende Ich sich all dessen vergewissern. Verlieren wir die Errungenschaften des Selbst, führt es zu einem »Schrumpfen« der Person mit unmittelbaren Auswirkungen auf das Selbstwertgefühl. Eine körperliche Krankheit, der Verlust des Arbeitsplatzes, das vom Hagel ramponierte Auto, all das verursacht negative selbstbezogene Gefühle, die sich von Irritationen bis hin zu großer Verzweiflung erstrecken können.

In Anlehnung an James' Differenzierung des Selbst, die ich oben vorgestellt habe, wurde später von Hart ein *subjektives Selbst* und ein *definitorisches Selbst* unterschieden.

Das subjektive Selbst (im Englischen »I«) beinhaltet Aspekte des Selbstempfindens und der Selbstgewißheit, wie sie schon bei Kindern in den ersten zwei Lebensjahren beobachtet werden können. Das subjektive Selbst hat drei Dimensionen:

1. Ich bin eigenbestimmt im Hinblick auf mein Wollen und meine Kontrolle.
2. Ich bin abgegrenzt von anderen Personen und Dingen.
3. Ich bin einheitlich trotz unterschiedlicher Gefühlslagen.

Das definitorische Selbst (im Englischen »me«) macht das Selbst zum Objekt eigener Überlegungen, Betrachtungen und Bewertungen. Hier finden sich die vier Kategorien des Selbst nach James wieder, bei Hart sind es Kategorien des *definitorischen* Selbst, die ich an dieser Stelle ausführlicher vorstelle:

1. Körperselbst

Das Körperselbst entwickelt sich aus den Informationen wie Größe, Alter, Geschlecht und Aussehen. Darüber hinaus wird es durch körperliche Fähigkeiten und Fertigkeiten bestimmt, die durch das Echo im sozialen Kontext bestätigt, unterstützt oder korrigiert werden. Vor allem in der Adoleszenz kommt es dazu, daß körperliche Attribute wie Attraktivität, Leistungsfähigkeit etc. nach eigenen Idealvorstellungen, nach persönlichen und moralischen Standards beurteilt und definiert werden.

An diesem Punkt sind wir offenbar besonders verletzlich: wenn unser Körper entweder der eigenen oder einer gesellschaftlichen Norm nicht (mehr) entspricht. Die Speckfalte an der Hüfte, die aufgequollenen Augenlider nach einer durchzechten Nacht, die Atemlosigkeit beim Treppensteigen, die Steifheit beim Tanzen – all diese Erfahrungen verweisen auf das Gefälle zwischen einem Körperideal und der Körperrealität. Meist glauben wir und sichern es unseren Mitmenschen auch zu, demnächst mehr für die Gesundheit, für das Aussehen und die Fitneß zu tun.

Allerdings bleibt es meistens bei den guten Vorsätzen, nicht weil die Entschlußkraft fehlt, sondern weil wir uns wohler fühlen, wenn wir dauernd etwas an uns auszusetzen haben. Das befriedigt den Zensor und legitimiert seinen Job. Wie stark die Übernahme bestimmter Idealvorstellungen körperliche Attraktivität betreffend Menschen in Not bringen kann, zeigt die wachsende Zahl von eßgestörten Frauen und Männern.

Allerdings kann ich Sie beruhigen, wenn es darum geht, einen Sexualpartner zu gewinnen, denn hier spielen Geruchsreize eine wesentlich wichtigere Rolle! Es macht eben einen Unterschied, ob ich sage, ich bin schlank und attraktiv, aber mich kann keiner riechen, oder ich bin dick und sympathisch. Schwierig wird es, wenn Sie dick sind und einen schlechten Geruch haben. Wer soll Sie dann noch mögen? Hier empfehle ich eine radikale und offene Aussprache mit guten Freunden, denn daran kann man wirklich etwas ändern, es sei denn, Sie haben sich in Ihren Selbstvorwürfen häuslich niedergelassen. Nur, Ihre Freunde werden Ihnen bald nicht mehr zuhören, wenn Sie sich dauernd über den schlechten Zustand Ihres Körpers beschweren müssen.

2. Das aktive Selbst

Das Selbst, das sich aus aktiven Handlungen heraus definiert, wird im Kindesalter durch das bestätigende oder kritisierende Echo der sozialen Umgebung bestimmt. Vor allem Normvorgaben im Hinblick auf schulische Leistungen, die dem Kind Erfolgserlebnisse verschaffen können, fördern ein stabiles aktives Selbst. Bei Erwachsenen, die sich auf ihre Inkompetenz versteift haben, »das kann ich nicht«, »das ist zu schwer«, kann ein negatives Konzept über das aktive Selbst verhindern, sich weiterzuentwickeln und auch einmal Dinge auszuprobieren, die man sich zunächst nicht zutraut.

Gerade bei älteren Menschen fällt auf, daß der Umgang beispielsweise mit Computern aufgrund solch negativer Selbstzuschreibungen verhindert wird. Wenn dann noch hinzukommt, daß Verwandte und Freunde ihrer Skepsis Ausdruck verleihen, ist der beste Rat, sich zunächst einmal mit anderen Menschen zu umgeben und sich dann klar auszudrücken: »ich kann nicht« oder eigentlich »ich will nicht«? Im ersteren Fall gäbe es durchaus Hilfestellungen – neunjährige Enkel sind ganz besonders geeignet dafür –, im letzteren: Ihr gutes Recht!

3. Das soziale Selbst

Das soziale Selbst formiert sich zunächst aus der Zugehörigkeit zu bestimmten sozialen Gruppierungen (z. B. Familie, Gleichaltrigengruppe, Klassenverband, Sportverein etc.). Hier geht es vor allem um die Wirkungen, die ich auf andere Menschen habe. Das soziale Selbst bezieht sich dabei im wesentlichen auf die sozialen Fertigkeiten, die ich mir selber zuschreibe, um diese Zugehörigkeit zu erlangen.

Die Zunahme sogenannter sozialer Phobien scheint einen Trend anzukündigen: Immer mehr Menschen trauen sich nicht zu, der Komplexität ihrer verschiedenen sozialen Rollen gerecht zu werden. Die Folge ist Rückzug und Isolation. Erschwerend kommt hinzu, daß die Rollenanforderungen speziell im Hinblick auf Mann und Frau, Vater und Mutter, Arbeitskollege und -kollegin enorm am Ansteigen sind. Allerdings – niemand zwingt Sie, diesen gesteigerten Rollenerwartungen zu entsprechen. Im Sinne der persönlichen Souveränität sind allein Sie es, der entscheidet, an welchen Rollenspielen Sie in welcher Weise teilhaben wollen.

Dazu wünsche ich Ihnen vor allem am Arbeitsplatz ein festes Rückgrat, denn hier sind die Erwartungen an die sozialen Fertigkeiten der Mitarbeiter nicht zuletzt durch moderne Managementkonzepte deutlich in die Höhe gegangen: Teamfähigkeit, Konfliktfähigkeit, Rollenflexibilität, Einfühlungsvermögen usw. usw. heißen die Schlagwörter, die Ihnen den Zugang zur Arbeitswelt erleichtern sollen. Und natürlich sollten Sie auch über die fachlichen Fähigkeiten und Fertigkeiten verfügen, um Ihren spezifischen Aufgaben entsprechen zu können.

Ich glaube, daß das wichtigste Kapital, das Sie mitbringen können, darin besteht, das Herz auf dem rechten Fleck zu haben. Letztlich gehen alle sozialen Probleme in Unternehmen auf Herzensangelegenheiten zurück! Eitelkeit, Machtbesessenheit, Kränkungen, Mobbing etc. – diese Phänomene sind nicht durch gute Vorsätze aus der Welt zu schaffen oder durch ausgeklügelte Trainingskonzepte, sondern dadurch, daß Menschen miteinander reden und ihre Unterschiede aushalten können. Es gibt also wenig Grund, an Ihren sozialen Fähigkeiten zu zweifeln, wenn Sie hinreichend in einem Gefühl der Würde und Achtsamkeit für Sie selbst und Ihre Mitmenschen gründen. Wer allerdings nie erlebt hat, was Respekt und Würde heißt, wird es schwerlich in der Praxis umsetzen können.

4. Das psychologische Selbst

Hier geht es einerseits um Vorlieben, Interessen, Wertvorstellungen und andererseits um den Umgang mit Gefühlen und Empfindungen. Das Wissen um eigene Motive und Ziele und die dazugehörigen Gefühle und Bewertungen bestimmen das psychologische Selbst. Kinder, denen nicht erlaubt wurde, Trauer, Schmerz, Freude, Lust und Ekel zu spüren und auszudrücken, haben es schwer, solche Gefühle in ihr Selbstkonzept zu integrieren. Bestimmte Wahrnehmungsbereiche bleiben dann dem Bewußtsein verborgen und sind nicht Teile des eigenen Selbst. Gefühle basieren auf der Bewertung von Empfindungen: das Kribbeln im Bauch, der Kloß im Hals, der Druck im Magen oder die schlottrigen Knie beim ersten Rendezvous, all dies muß erst gespürt werden, damit sich im Verbund mit kognitiven Prozessen ein Gefühl ausbildet.

Man sagt von Menschen, sie seien reich an Gefühlen, wenn sie sensibel wahrnehmen können, Atmosphären erfassen und diese differenziert ausdrücken können. Und es ist in der Tat eine Form, reich zu sein, viele Gefühle wahrnehmen zu können, sie in der Tiefe zu kosten, ohne sich von ihnen irritieren zu lassen, weil sie den intimsten und unmittelbarsten Besitz darstellen, über den wir verfügen. Meine Gefühle helfen mir, meine Bedürfnisse genau wahrzunehmen und mich im Kontakt zu anderen zu orientieren, weil der emotionale Zustand eines anderen Menschen direkt über seine Mimik transportiert wird. Ich glaube nicht, daß es gefühlsarme oder gefühlskalte Menschen gibt, weil sie »ihrem Wesen nach« nun mal so sind; sie hatten nur noch nicht die Gelegenheit, Gefühle in ihrer Breite und Tiefe zu erleben. Dazu braucht es ein oder mehrere Gegenüber, die durch ihre Resonanzen Gefühlszustände spiegeln können.

Häufig bewerten wir eigene Gefühle wie Trauer, Schmerz und Wut negativ, weil sie nicht in unser Bild von uns selbst passen. Wenn ich glaube, ich sei ein ausgeglichener Mensch, edel, hilfreich und gut, so versteht es sich von selbst, daß es negative Gefühle nicht geben darf. Nur, ich muß ja meinen Nachbarn auch nicht gleich erschlagen, weil ich mich darüber aufrege, daß er zum wiederholten Male samstags um sieben Uhr in der Früh seinen Rasen mäht. Das Fühlen eines Impulses, den anderen erwürgen zu können, bedeutet noch lange nicht, es gleich zu tun. Wenn ich allerdings nicht gelernt habe, mit mächtigen Gefühlen umzugehen, stellen sie eine latente Bedrohung für die Stabilität des Selbstgefühls dar, die mich veranlaßt, alle Situationen zu meiden, in denen diese Gefühle zum Vorschein kommen könnten.

Das Selbstempfinden, die Ich-Stärke und eine stabile Identität werden normalerweise als gegeben wahrgenommen. Es gibt bei einem hinreichend positiven Lebensgefühl auch keinen Grund, sich darauf zu besinnen. Erst wenn es zu Störungen der Selbstverständlichkeiten kommt, wenn das vorreflexive Selbstgefühl erschüttert wird, versucht das Ich wieder Boden unter die Füße zu bekommen.

Im Sinne des Buchtitels »Verzeih dir selbst« und im Sinne der Ausführungen zur Identität, zum Selbst und Ich gilt es trotz der Verunsicherungen, die von außen oder von innen auf das Ich einwirken,

Strategien zu kennen, die die Aufrechterhaltung eines stabilen Selbstgefühles sicherstellen. Ein zentraler Aspekt der im doppelten Sinne »verzeihlichen Fähigkeit« – es gibt tatsächlich Menschen, die auch das Verzeihungsvermögen anderer unter ihre moralische Knute nehmen! –, ein zentraler Aspekt also ist die Erfahrung, aktiv auf die Umwelt und sich selbst einwirken zu können. Wissenschaftlich ausgedrückt, handelt es sich bei dieser Erfahrung um *Selbstwirksamkeit, Kompetenzerwartung* und *Kompetenzmotivation.*

Um dem Zensor Paroli bieten zu können, brauchen Sie die Überzeugung, daß Sie die Fähigkeit besitzen, dies auch tun zu können. Haben Sie eine schwach ausgeprägte Selbstwirksamkeitsüberzeugung, werden Sie Situationen und Handlungen vermeiden, in denen Sie befürchten müssen, bei aller Freude des Moments dann doch in Selbstanklage zu verfallen, weil Ihr Zensor Ihnen die Freude verbietet.

Susanne, seit dreißig Jahren verheiratet, ihrem Mann treu geblieben, noch nie alleine oder mit Freundin in den Urlaub gefahren, lebt in einem goldenen Käfig. Während der Woche ist ihr Mann geschäftlich unterwegs, so daß sich das Paar nur am Wochenende treffen kann. Susanne könnte die Wochentage damit verbringen, es sich wirklich gutgehen zu lassen, zumal es keinen Mangel an materiellen Dingen zu beklagen gibt: ein schönes Haus, erwachsene Kinder, ein gutes Gehalt des Mannes, nette Freunde. Doch statt das Leben satt zu genießen, beugt sich Susanne der Vorstellung, sie müsse weiterhin für die Familie sorgen, die Töchter entlasten und unterstützen und vor allem dem Ehemann ein wundervolles Heim gestalten. Das hat zur Folge, daß der Terminkalender ausgebucht ist, kaum Zeit dafür bleibt, sich mit Freundinnen zu treffen oder eventuell spontan ein paar Tage wegzufahren.

Susanne fühlt sich zunehmend überfordert und beginnt, sich von ihrem Mann emotional zu entfernen, zumal dieser für ihr Engagement in Haus und Garten, für Kinder und Enkel keine wohlwollenden Worte übrig hat, geschweige denn, daß er sich an den verbleibenden Wochenenden liebevoll um seine Frau kümmert. Statt dessen beansprucht er stillschweigend eine Rundumversorgung, ohne sich klarzumachen, welche Bedürfnisse seiner Frau auf der Strecke bleiben. Dieses Leben hat mindestens fünfzehn Jahre gut funktioniert, und keiner der beiden fühlte Entbehrungen. Auch Susanne erfüllte stillschweigend das, was sie für ihre Rolle hielt. Beider Identität als Individuen und als Paar waren durch den beruflichen Erfolg des Mannes geprägt sowie durch einen gewissen Reichtum, den sie sich erarbeitet hatten. Geschäftspartner sind Freunde, und Freunde sind Geschäftspartner. Susannes Selbstwert ist sehr stark durch ihr Engagement für die Familie geprägt, sie hatte nicht gelernt, und es paßt auch nicht in ihre Norm, sich selbst an die erste Stelle zu setzen. Ihr Mann hingegen definierte seinen Selbstwert über die Exklusivität seines Jobs und hatte enge Vorstellungen über die Rolle und Funktion einer Ehefrau.

Susanne kommt zunehmend in einen Konflikt zwischen ihren familiären Normen und ihren aufkeimenden Bedürfnissen nach Autonomie und anderen Männern. So souverän sie Haus, Garten und Familie managt, so unsicher ist sie, wenn es darum geht, Wohlfühlentscheidungen für sich selbst zu treffen. Ihre Selbstwirksamkeit erstreckt sich auf ihr unmittelbares Umfeld, aber nicht auf die Veränderung ihrer persönlichen Lebenssituation.

Hier wird deutlich, daß die Identifikation mit familiären Normen und ihrer identitätsstiftenden Funktion sowie die gewohnheitsmäßige Einbettung in das soziale Umfeld zwar eine gewisse Selbststabilität verleiht, doch bei genauerem Hinsehen höhlt ein unterschwelliger Konflikt das Selbstbewußtsein aus. Manchmal kann es stabilisierender sein, eine Leidensgeschichte aufrechtzuerhalten, weil das Risiko, die Identität zu schwächen, ihre gewohnheitsmäßigen Stützpfeiler abzureißen, zu groß erscheint. Die psychischen Einbrüche und Verletzungen, die durch Arbeitslosigkeit verursacht werden können, weil die Identifikation mit dem Arbeitsplatz, mit den Kollegen und der Firma so groß geworden ist, machen die Gefahr deutlich, wenn neue Identifikationen notwendig werden. Vor allem, wenn Menschen nicht gelernt haben, flexible und reichhaltige Identifikationen auszubilden, auf die sie zurückgreifen können, wenn andere nicht mehr da sind.

Legen wir den Selbstbegriff zugrunde als die Fähigkeit der Person, neben Dingen, Personen, Orten und Wissen sich selbst in den Besitz zu nehmen, so gilt dies auch für Wünsche, für Phantasien und andere Begehrlichkeiten. Allerdings scheinen die Normen und Werte, die das eigene Handeln bestimmen, die größte Hürde für Veränderungen darzustellen. Um risikofreudig zu werden, identifikatorisch sozusagen zu expandieren und die Selbstgrenzen auszudehnen, braucht der Mensch positive Erfahrungen damit und ein hohes Maß an persönlicher Souveränität, um Phasen von Irritation und Verunsicherung auszuhalten. Aber ich versichere Ihnen, es lohnt sich.

Eine kleine Geschichte soll diesen Prozeß der Selbstwerdung, der Identifikation, die sich auf äußeren Besitz bezieht, dokumentieren:

Im letzten Jahrhundert besuchte ein Tourist aus den Vereinigten Staaten den berühmten polnischen Rabbi Hafez Hayyim.

Der Tourist war erstaunt, daß das Haus des Rabbi nur aus einem einfachen, mit Bücherregalen gesäumten Zimmer bestand. Das einzige Mobiliar war ein Tisch und eine Bank.

»Rabbi, wo sind deine Möbel?« fragte der Tourist.

»Wo sind deine?« entgegnete Hafez.

»Meine?« sagte der Tourist. »Ich bin doch nur auf der Durchreise.«

»Das bin ich auch«, sagte der Rabbi.

Damit der Zensor an Macht verliert, wird es notwendig sein, persönliche Souveränität aufzubauen. Souveränität gründet zum einen in der Freiheit, sich mit dem zu identifizieren, was mir wirklich nützt, und zum anderen darin, die Entscheidung darüber zu verantworten, in welche Abhängigkeiten ich mich wie begeben möchte. Das Konzept der persönlichen Souveränität wurde an der Europäischen Akademie für psychosoziale Gesundheit von Hilarion Petzold entwickelt und ausgearbeitet. Es schließt Konzepte wie Selbstwertgefühl, Selbstsicherheit und Selbstbewußtsein ein und unterlegt eine Vorstellung von Freiheit (nicht unbedingte Freiheit), die sich durch die Exzentrizität, das heißt durch einen distanzierten Überblick über die Prägungen der eigenen Biographie, der Sozialisation und Kultureinflüsse, konstituiert. Erst durch das reflexive Erschließen meiner historischen und aktuellen Lebensbedingungen bin ich in der Lage, gleichsam als Zuschauer meines Lebens Ereignisse anders wahrzunehmen, zu bewerten und mich für ein anderes, zweckmäßigeres Verhalten zu entscheiden. So gilt die Selbstsuche (in unserer Begrifflichkeit müßten wir »Ich« und »Identität« hinzunehmen) und die Selbsterkenntnis als der existentielle Grund der Freiheit – eine Freiheit, die mir nicht gegeben wird, sondern eine Freiheit, die ich mir erarbeite. Als Souverän meiner selbst, in Analogie zur Staatssouveränität als von keiner anderen Gewalt abhängigen Entscheidungsmacht, übernehme ich die Verfügungsgewalt über mich selbst und über die von mir bestimmten Freiräume, Handlungsräume und Spielräume.

Sie werden jetzt sicher einwenden, daß dazu gewisse materielle und persönliche Ressourcen notwendig sind und daß Handlungsspielraum immer auch von äußeren Bedingungen abhängig ist. Ich stimme Ihnen vollkommen zu, denn Souveränität ist immer *ausgehandelte* Souveränität, ausgehandelt in einem Prozeß des Austauschs und der Auseinandersetzung. Nur – im Falle von Susanne hat diese Auseinandersetzung nie stattgefunden. Anstelle des Gesprächs beschränkte sich das Paar darauf, sich gegenseitig Vorhaltungen zu machen mit dem heimlichen Wunsch, der andere solle gefälligst für die Freiräume des Partners sorgen.

Ich denke, daß es so nicht funktioniert, sich Freiräume zu verschaffen, weil die Mühen des Aushandelns, unter Umständen des Kämpfens um Territorien nicht auf sich genommen werden. Da ähneln wir häufig kleinen Kindern, die sich nach dem Muster durchsetzen: Mama – Hunger = Schrei. Persönliche Souveränität zu erlangen erspart uns den Konflikt eben nicht und auch nicht die Beschäftigung mit den eigenen Gefühlen, Strebungen und Willensakten. Wenn wir sagen, jemand hat eine souveräne Leistung erbracht, ein blendendes Konzept wurde mit absoluter Souveränität vorgetragen, die Mutter von fünf Kinder managt ihren Haushalt souverän, so ist dies an Vorleistungen derer geknüpft, die sich das Kompliment verdient haben. Diese Menschen haben die Fähigkeit, ihre Wunschvorstellungen zu kennen und zu kontrollieren, ihre Gefühle zu handhaben, sich Ziele zu setzen und sie zu erreichen. Von nichts kommt nichts.

Viele philosophische und spirituelle Schulen haben die Beherrschung des inneren Wesens verfolgt und unterrichtet, doch meist in eine pervertierte Richtung der asketischen oder moralistischen Selbstunterdrückung. Die Meisterschaft über sich selbst schließt aber die Sorge um sich selbst und die Sorge um die Dinge und die Welt ein, weil sie unseren Lebensraum darstellen und Souveränität letztlich erst ermöglichen. Sorge und Verantwortung für sich selbst bedeutet nun nicht, in Selbstanklage zu verfallen und den vergangenen Chancen nachzutrauern, sondern die Bedürfnisse und Wünsche ernst zu nehmen, sie als einen Besitz zu betrachten, solange Aussicht besteht, daß sie sich erfüllen können. Selbstbesitz ist somit das höchste Gut, oder wie Foucault (1992, S. 527ff.) es formuliert: »Und das Selbsterleben, das sich in diesem Selbstbesitz bildet, ist nicht einfach das einer beherrschenden Kraft oder eine Souveränität über eine aufrührerische Macht (z. B. der Triebe), es ist die Erfahrung einer Freude, die man an sich selber hat. Wer es vermocht hat, endlich Zugang zu sich selber zu finden, ist für sich ein Gegenstand der Freude.«

Freude an sich selber haben zu können ist nicht gleichbedeutend mit Egoismus oder sozialer Ignoranz, ganz im Gegenteil: Sie ist die Grundlage dafür, das Fremde, das Andersartige wertzuschätzen und ihm mit Interesse zu begegnen. Es sind eher jene Menschen intolerant und egozentrisch, die sich bei sich selber nicht auskennen, die das Fremde in sich selber ablehnen und auf ihre Umgebung projizieren.

Eigene Souveränität schließt den Respekt vor der Souveränität des anderen mit ein, weil sie begründet ist in der Sorge für die Integrität des anderen und seiner Lebensräume. Souveränität bedeutet auch, Herr im eigenen Hause zu sein und darüber zu entscheiden, was mit diesem Hause zu passieren hat.

Wie subtil Souveränitätsgrenzen aufgeweicht werden, zeigt beispielsweise unser Gesundheitssystem dadurch, daß die Kontrolle über Körper und Wohlbefinden an Fachleute abgegeben wird. Die Kontroll- und Disziplinierungsprozeduren in vielen Krankenhäusern, Altenheimen und selbst in psychotherapeutischen Praxen, wo in Psychoanalysen der Körper für die Durchdringung des Dickichts des eigenen Trieblebens auf die Couch gebannt wird und der Patient durch die Verpflichtung auf die Grundregel zur rückhaltlosen Offenheit sich der Deutungsmacht des Analytikers hingeben soll. Doch der Mensch hat ein Recht auf seine Geheimnisse, er hat ein Recht darauf, zu überprüfen, wem, wann und wozu er einem anderen Menschen etwas anvertraut. Sich in die eigenen Karten blicken zu lassen setzt voraus, daß sich eine Vertrauensbeziehung aufgebaut hat, die auch das Unangenehme, das Belastende mittragen kann. Berger und Luckmann (1970, S. 11) zeigen, wie die Versorgungsinstitutionen der Gesellschaft im Namen von Unterstützung und Hilfe zwangssozialisieren und soziale Kontrolle ausüben, ohne sich die Mühe zu machen, im Diskurs mit den Betroffenen daran zu arbeiten, ihre Souveränität wiederzugewinnen:

»Therapie bedient sich einer theoretischen Konzeption, um zu sichern, daß wirkliche und potentielle Abweichler bei der institutionellen Wirklichkeit bleiben. Sie soll mit anderen Worten verhindern, daß ›Einwohner‹ einer bestehenden Sinnwelt ›auswandern‹. Zu diesem Zwecke wendet sie den Legitimationsapparat auf individuelle Fälle an. Da jede Gesellschaft mit der Gefahr individueller Abweichung rechnen muß, ist Therapie in dieser oder jener Form wahrscheinlich ein gesellschaftliches Problem. Ihre besonderen institutionellen Methoden, von der Teufelsaustreibung bis zur Psychoanalyse, von der Seelsorge bis etwa zur Ehe- und Berufsberatung, gehören in die Kategorie sozialer Kontrolle.«

Die Prozeduren des Anmeldens, des Wartens und der Abfertigung in Verwaltungseinrichtungen dokumentieren dies ebenso wie die Fließbandversorgung in Altenheimen. Die Souveränität wird für die Dauer der standardisierten Abläufe zeitweise außer Kraft gesetzt. Das passiert in Schulen genauso wie in Krankenhäusern oder in Arbeitsämtern. Das individuelle Problem wird den Spielregeln der Institution angepaßt. Die Alternative wäre, die institutionellen Spielregeln so zu gestalten, daß dem individuellen Problem Rechnung getragen werden kann. Doch wie sollen abhängige Menschen (Fachleute) andere abhängige Menschen dazu veranlassen, in Freiheit und Selbstbestimmung soziale Dienstleistungen in Anspruch zu nehmen? Das würde voraussetzen, daß sich alle Beteiligten den Mühen eines Aushandlungsprozesses aussetzen, der unter den gegebenen Bedingungen die beste Lösung anstrebt.

Für unser Thema »Verzeih dir selbst« hat dies weitreichende Konsequenzen: sich nämlich nicht mehr den institutionalisierten Abläufen unterzuordnen, sondern im Sinne des »Selbstbesitzes« den Diskurs darüber einzufordern, nach welchen Spielregeln gespielt werden soll. Dabei geht es nicht um radikale Durchsetzung eigener Ziele und Wünsche, sondern um das Finden von Kompromissen, mit denen beide Seiten leben können. Ich denke an die absurden Zeiten, in denen Krankenschwestern und Pfleger um halb fünf in der Frühe damit beginnen, ihre Patienten zu waschen, oder an eine übergeordnete Dienststelle im Kultusministerium, die die Einschulung Ihres Kindes verweigert, zumal die entscheidende Person weder die Familie kennt noch die Umstände, in der die Beteiligten leben.

Souveränität ist an Spielräume, an Experimentierfelder geknüpft, in denen sich der Mensch ausdrücken kann. Es sind dies Räume der eigenen Entscheidungshoheit wie das eigene Haus, das eigene Zimmer, der eigene Schreibtisch und nicht zuletzt der eigene Körper. Es besteht kein Grund, gegenüber Obrigkeiten immer wieder in den Gestus der Unterwerfung zu verfallen, den Chef freundlich nach seinem Befinden zu fragen, obwohl ein Konflikt die Beziehung zu ihm reichlich eingetrübt hat. Es besteht ebenso kein Grund, die gleichen Freunde immer wieder zum Essen einzuladen, obwohl diese Treffen meist im Desaster enden. Viele Menschen glauben aus Pflichtgehorsam und aus der Furcht, daß andere sich verletzt fühlen können, Zusagen geben, Vereinbarungen treffen oder einfach nur gute Miene zum bösen Spiel machen zu müssen.

Souveränität und Identität sind die Grundlagen dafür, daß ein innerer rigider und kritisierender Zensor nicht mehr notwendig wird. Souveränes Handeln braucht keinen kommentierenden Diktator, der alles besser weiß und dem man es nie recht machen kann. Menschen, die sich in ihrer Arbeit und in ihren sozialen Zusammenhängen sicher und kompetent fühlen, die die Dinge, die sie tun, selbstverständlich und aus innerer Freiheit und Überzeugung tun, befinden sich in einer Lebenslage, die man mit dem Begriff Souveränität beschreiben kann. Wenn es Menschen gelingt, auch in schwierigen Situationen, unter äußerem Druck oder bei Belastungen seine innere Ausgewogenheit zu behalten und mit Ruhe, Gelassenheit und Überzeugungskraft zu reagieren, dann ist ein Zensor überflüssig, selbst wenn der Betreffende Fehler macht oder sich irrt. Spricht man mit solchen Menschen, berichten sie von einer inneren Gewißheit, von einer Kraft, einem kreativen Elan, einer Freude an sich selbst, die sie tief innen in sich spüren.

Die Forscher nennen diesen Zustand »Fließen« (auf englisch »flow«). Csikszentmihalyi (1975) hat Bergsteiger, Tänzer, Künstler und Chirurgen nach diesem Phänomen befragt und das Flow-Erlebnis eingehend beleuchtet. So ist das positiv getönte Erleben in einer solchen Situation durch folgende Aspekte gekennzeichnet:

Zunächst besteht eine hohe intrinsische Motivation, das heißt, die Handlungen selbst werden als befriedigend und belohnend erlebt, nicht nur oder nicht vorrangig die Handlungs*ergebnisse*. Das, was ich tue, ist nicht von äußeren Belohnungsversprechen abhängig, es genügt quasi sich selbst.

Hinzu kommt ein hohes Maß an Konzentration auf das Objekt oder die Handlung, so daß man alles um sich herum vergißt, auch das Vergehen der Zeit. Es gibt kein Vorher oder Nachher, und es gibt kein Hier und Heute. Man vergißt sozusagen sich selbst, ist sich seiner nicht gewahr. Kein selbstreflexives Unterbrechen der Handlung wie auf die Uhr schauen, sich fragen, ob es nicht Zeit wäre, aufzuhören, oder sich mit dem Tagesplan von morgen beschäftigen: Solche Gedanken-Aktionen stören den Handlungsablauf, bei dem ich verschmelze mit meinem Tun, mit den Objekten und der Umgebung. Alles ist an seinem Platz.

Ein weiterer Aspekt, den die Flow-Forscher nennen, ist, daß das Ergebnis der Tätigkeit alleine von mir abhängt. Die Aufgaben haben meist eine zweifache Bestimmung: Zum einen ist die Aufgabe besonders schwierig, und die Schwierigkeit liegt gerade oberhalb der eigenen Fähigkeiten, so daß sie besonders herausfordernd ist, aber sie verspricht trotzdem, lösbar zu sein, wenn man sich genügend anstrengt. Weiterhin zeichnet sich die Aufgabe durch eine klare Struktur, die Tätigkeit durch klare Ziele, die Interaktion durch eine eindeutige Rückmeldung über den Erfolg der eigenen Handlungen aus.

Es kommt hierbei zu einer partiellen Auflösung der Körpergrenzen, der Körper dient allenfalls als fungierender und instrumenteller Teil der Anstrengung. Er ist in solchen Momenten kein Ort des Schmerzes oder des Begehrens. Das Flow-Erlebnis steigert das Selbstwertgefühl, da es die eigene Leistungsfähigkeit und/oder Genußfähigkeit belegt.

Am Beispiel des unspektakulären Programmierens lassen sich die obengenannten Aspekte verdeutlichen, die gewiß nicht nur extremen Outdoor-Künsten wie Havariemanövern bei Nacht und Sturm oder Erklimmen eisiger Höhen unter Atemnot vorbehalten sind. Der Programmierer also schreibt ein anspruchsvolles Programm, die Aufgabe ist in sich klar strukturiert, die Ergebnisse hängen alleine von ihm ab (und von der Funktionstüchtigkeit seines Computers natürlich, die aber vorausgesetzt ist), und das Objekt, an dem er arbeitet, liefert eindeutige und sofortige Rückmeldungen.

Aber auch bei Vergnügungen wie dem Motorradfahren beispielsweise kommt es zu Fließerlebnissen, obwohl es sich hier nicht unbedingt um explizite Leistungssituationen handelt. Dennoch stellt das Motorradfahren ähnliche Herausforderungen an die Fähigkeit des Fahrers wie die des Programmierers, sein Gefährt bzw. Gerät zu beherrschen. Stärker als beim Programmierer oder auch Chirurgen, aber ähnlich wie beim Bergsteiger und Tänzer ist es die körperliche Bewegung, die die Fähigkeit zu ungewöhnlicher und vor allem schneller Bewegung abruft. Das Erleben des eigenen Könnens in vielfältigen Situationen und der Beherrschbarkeit des Objektes ist allen diesen Aktivitäten gemeinsam.

Bei Alltagsroutinen wie der Pflege eines Hobbys, beim Fernsehen, beim Essen oder bei der täglichen Körperpflege kommt es in der Regel nicht zu Flow-Erfahrungen. Diese Situationen zeichnen sich vor allem durch ein hohes Maß an Gewöhnung und ein Minimum an notwendiger Aufmerksamkeit aus; sie stellen eben keine Anforderungen.

Sich den Anfeindungen einer erbarmungslosen inneren Zensur zu widersetzen, bedarf es einer Stärkung der eigenen Persönlichkeit. Diese Stärkung erfolgt aus der Überzeugung, daß die meisten Menschen – und damit auch eine Teilmenge der Leser und Leserinnen dieses Buches – über Erfahrungen verfügen, die dem Erleben persönlicher Souveränität entsprechen: selbstvergessen den eigenen Garten anlegen, ein schwieriges Gespräch mit der Lehrerin eines der Kinder meistern, Belastungen innerhalb der Familie souverän durchhalten, trotz Angst selbstbewußt den Chef um eine Gehaltserhöhung bitten.

Souveränität ist nicht an Höchstleistungen geknüpft und besonders begnadeten Menschen vorbehalten. Nein, jeder Mensch kann diese persönliche Souveränität erreichen, wenn er mutig ist, sich auch mit seinen Begrenzungen auseinanderzusetzen, wenn er ein unterstützendes soziales Umfeld hat, das ihn in seinen Fähigkeiten bestärkt, aber auch konstruktiv kritisiert, und wenn er bereit ist, sich selber kennenzulernen und ... aus seiner Neurose eine Genialität zu machen. So wie der Mann einer Kritik seines Freundes, er sei furchtbar zwanghaft, entgegnet: »Ich liebe Strukturen! Und du liebst offenbar etwas anderes.«

Übung 2

Sie kennen schon von der ersten Übung das Procedere. Legen Sie ein großes Blatt Papier (DIN A1) und Wachsmalstifte bereit, damit Sie im Anschluß an die Versenkungsübung gleich mit dem Malen beginnen können. Zeichnen Sie auf dieses Blatt einen Rahmen, der Ihnen genügend Platz läßt, innerhalb und außerhalb des Rahmens zu malen. Suchen Sie sich einen ungestörten Platz, und erinnern Sie sich mit Muße und Zeit nun an Situationen in Ihrem Leben, wo Sie sich in einer souveränen Lage befunden haben. Versuchen Sie, sich diese Situation so konkret wie möglich ins Gedächtnis zu holen. Die Umstände, die Zeit, die Personen, die Aufgabe ... Sind es mehrere Situationen, so lassen Sie diese vorüberziehen, bis Ihnen eine besonders deutlich und klar wird.

Versuchen Sie, in sich hineinzuspüren, wo Sie Ihre Kraft, Ihre Sicherheit im leiblichen Selbstempfinden besonders deutlich spüren, in den Beinen, in den Armen oder im Becken oder auch nur in einem Finger. Es kann an jedem Ort Ihres Körpers spürbar sein. Zuweilen handelt es sich auch um eine Atmosphäre allgemeinen Wohlbefindens, die den ganzen Körper erfüllt.

Wenn Sie mit einem solchen konkreten Ort in Kontakt sind, legen Sie Ihre Hand auf diese Stelle, und wenn Sie von einer passenden Stimmung erfüllt sind, so lassen Sie sich noch tiefer in sie hineinsinken.

Beginnen Sie dann, mit den Farben auf dem Blatt Ihr Erleben zu gestalten. Wählen Sie eine Farbe aus, die Ihr Erleben des inneren Ortes der Souveränität oder die Atmosphäre einer souveränen Lage besonders deutlich zum Ausdruck bringt, und fangen Sie an, mit Formen, Farben und Symbolen ein Bild Ihrer Souveränität zu gestalten …

Wenn Sie den inneren Ort Ihrer Souveränität dargestellt haben, können Sie jetzt im äußeren Rahmen, der bisher weiß geblieben ist, all das hineinmalen, was für den äußeren Raum der Souveränität kennzeichnend ist: die persönlichen Freiräume des Handelns, dort, wo Sie Ihre Kompetenzen zur Entfaltung bringen. Sie können in den äußeren Rahmen alles malen, was Sie für Ihre persönliche Souveränität als nützlich und förderlich erfahren haben, was Sie wünschen oder brauchen.

Wenn Sie die Möglichkeit haben, Ihr Bild mit jemandem zu besprechen, so nutzen Sie diese Gelegenheit, weil viele Details und Perspektiven sich erst im Gespräch konkretisieren. Falls dies nicht möglich ist, können Sie einen Kommentar zu Ihrem Bild aufschreiben, quasi eine Selbstinterpretation Ihrer Gestaltung. Dieser innere Dialog führt Sie zu einem tieferen Verständnis all dessen, was mit dem inneren und äußeren Ort persönlicher Souveränität zusammenhängt. Und wenn es Ihnen gelingt, bei aller Unsicherheit und schlechten Noten in Kunsterziehung den inneren Zensor in den Urlaub zu schicken, dann gönnen Sie sich diesen ersten Erfolg.

Wenn es Ihnen nicht gelingen sollte, ein Bild zu malen, reicht es vollkommen aus, wenn Sie sich gedanklich mit den Momenten persönlicher Souveränität beschäftigen. Sie wissen, daß ich Ihnen zu jedem Schritt gratuliere und mich darüber freue, wenn Sie sich von der Idee angesprochen fühlen, daß das Leben reicher, fröhlicher und leichter wird, wenn Sie allmählich das Kommando über Ihr eigenes Leben übernehmen.

Sich beschimpfen lassen

Der innere und äußere Ort persönlicher Stärke und Souveränität ist nicht unbedingt ein selbstverständliches Gut. Vieles, was wir an uns selber als wertvoll und kompetent betrachten, wird vom Zensor kritisch beäugt und meist als Angeberei abgetan. Deshalb fällt es vielen Menschen wesentlich leichter, über ihre Schwächen und Defizite zu sprechen, anstatt darüber, was sie gut oder gar besser als andere können. Vor allem, wenn bei solchen Gelegenheiten die kritischen Anmerkungen der anderen sich mit der Selbstkritik verbinden, die daraufhin in Selbstanklage umschwenkt. Ein stabiles Selbstwertgefühl aufrechtzuerhalten – und zwar gegen die Unbillen des Lebens bei Belastungen, Versagen oder Fehlern –, ist eine wesentliche Kompetenz des Selbst: die Kompetenz, sich immer wieder zu regulieren. »Sich beschimpfen lassen« bezieht sich zum einen auf die Fähigkeit, Kritik und Feindseligkeit von anderen zu ertragen oder auch zurückzuweisen, und andererseits darauf, den Anfeindungen des inneren Zensors zu widerstehen. Diese von Psychoanalytikern so bezeichnete »narzißtische Homöostase« ist eine wesentliche Voraussetzung für die Selbst-Regulation. Ein Beispiel soll dies verdeutlichen: Mark und Petra wollen heiraten. Beide sind schon lange Jahre ein Paar und können sich ein Leben zu zweit auch in Zukunft sehr gut vorstellen. Um ihre Partnerschaft rituell zu besiegeln, entscheiden sie sich für eine standesamtliche Trauung, die allerdings nur im engen Freundeskreis stattfinden soll. Die jeweiligen Familienangehörigen (Vater und Mutter) sollten an der Zeremonie nicht teilnehmen, da die familiären Bindungen im Falle Marks außerordentlich problematisch waren. Die Eltern von Mark hatten sich schon Jahre vorher getrennt, und die Beziehungen zu seinen Eltern waren deutlich unterkühlt bis feindselig. Bei Petra war es anders. Sie pflegte enge Beziehungen zu ihrer Familie, und neben den üblichen Konflikten gab es keine Spannungen, die dazu Anlaß geben würden, ein solches Fest ohne die Familie zu feiern. Mark und Petra einigten sich darauf, daß Mark niemanden aus seiner Familie zur Trauung und zum kleinen Fest danach einladen würde. Petra wollte, daß wenigstens ihre Geschwister dabei sind.

Da Mark in dieser Hinsicht ein äußerst gewissenhafter Mensch ist, bei dem Vereinbarungen absolute Geltung haben, reagierte er deutlich verärgert, als Petra ihm zwei Tage vor der Hochzeit offenbarte, daß sie ihre Mutter nun doch eingeladen hätte. Sie rechtfertigte ihre Entscheidung damit, daß die Mutter moralischen Druck gemacht hätte und sie vor lauter Schuldgefühlen diesem Druck einfach nachgeben mußte. Für Mark war dies eine Verletzung ihrer Vereinbarung, und nun übte er seinerseits moralischen Druck auf Petra aus. Petra war in einem Dilemma, das sie – wie auch immer ihre Entscheidung ausfiel – in eine verzwickte Situation bringen würde. Bestand sie darauf, die Mutter zur Hochzeit einzuladen, mußte sie sich die Beschimpfungen ihres zukünftigen Mannes anhören; hätte sie die Mutter wieder ausgeladen, wäre die Mutter enttäuscht und verärgert gewesen. Nun war die ganze Sache aufgrund der kurzen Zeit bis zur Hochzeit derart verwickelt, daß es keine Möglichkeit gab, in Ruhe das Problem anzugehen. Jede Lösung hätte Beschimpfungen und Anklagen zur Folge gehabt. Es kam, wie es kommen mußte. Nachdem sie Mark gebeichtet hatte, daß ihre Mutter nun doch zur Hochzeit komme, gab es natürlicherweise ein großes Donnerwetter, das kurzfristig die ganze Veranstaltung in Frage stellte. Der Konflikt spitzte sich zu, und Mark machte dermaßen Druck, daß Petra am Abend vor der Hochzeit ihre Mutter wieder auslud. Was im Vorfeld schon zu erheblichen Irritationen geführt hatte, verschärfte sich durch die Ausladung. Eine freudige und liebevolle Vorbereitung auf die Trauung war dadurch restlos zerstört. Bis zur Abfahrt zum Standesamt standen alle Beteiligten unter Strom, und die Luft war zum Schneiden.

Die Folge war eine partielle narzißtische Krise bei Petra, die sich in ihre Beziehung zu Mark ausbreitete und einen grundlegenden Zweifel in ihr schürte, ob die Beziehung überhaupt sinnvoll sei, wenn es solch unterschiedliche Bedürfnisse gab und keinen Weg, sie versöhnlich zueinanderzubringen. Das Gefühl, etwas Falsches getan, eine Vereinbarung übergangen zu haben, nagte am Selbstwertgefühl von Petra und nahm ihr vorübergehend alle Vitalität, ihre bevorstehende Trauung zu genießen. Dann jedoch glätteten sich die Wogen schnell, denn die Trauung im engsten Freundeskreis führte beide wieder zusammen und Petra wieder zu sich selbst. Petras Mutter ließ es sich nicht nehmen, vor dem Standesamt mit einer Blume zu warten und beiden doch noch zu gratulieren. Glück gehabt, hier kann man im doppelten Sinne gratulieren. Fragt sich nur, wie lange es anhält, wenn ein Partner aus Partizip-Denken heraus vom anderen Dinge verlangt, die zu einem solchen emotionalen und moralischen Dilemma führen. Dieses Paar stand vor der Hochzeit – wie mag es anderen ergehen, deren »Hochzeit« schon lange Jahre zurückliegt?

Wenn wir uns mit den Irritationen des Selbstwertgefühls beschäftigen, brauchen wir ein erweitertes Modell des Selbst und der Selbstregulation. Hierfür eignet sich die Selbstpsychologie Kohuts, weil sie entgegen der traditionellen Psychoanalyse dem Triebgeschehen nur eine untergeordnete Rolle zuweist und die Fähigkeit des Selbst, sich zu erhalten und zu organisieren, in den Mittelpunkt der Untersuchungen stellt. Wenn wir umgangssprachlich sagen, daß ein Mensch mit »sich selbst eins ist«, »gefaßt ist« oder »gut mit sich zurechtkommt«, dann meinen wir die Integrität einer Person, für die Kohärenz und Kontinuität des »Selbstseins« sorgen zu können. Dazu gehören Selbstachtung, ein Gefühl für die eigene Würde und die Fähigkeit, auch bei Enttäuschungen und Niederlagen ausreichende Wertschätzung für die eigene Person aufbringen zu können. Allerdings ist diese Fähigkeit an den affektiven Austausch mit der Umgebung geknüpft. Dieser Austausch, der von Kindheit an über das ganze Leben notwendig ist, braucht das einfühlende Verstehen und Annehmen der Umgebung, er braucht das aufmunternde, unterstützende Lächeln, damit sich das Selbst kompetent und wirkmächtig fühlen kann, er braucht szenische Arrangements, in denen das Selbst auf soziale Situationen einwirken kann, und es braucht Menschen, deren Augenglanz signalisiert: »Es ist schön, daß es dich gibt«, »wir freuen uns, daß du da bist.« Durch diese Erfahrung erwirbt der Mensch Einfühlung für sich selbst, auch wenn dieses Selbst in seinen Fähigkeiten und Einflußmöglichkeiten begrenzt ist. Kohut bezeichnet diese Phänomene als Selbstobjekterfahrungen, d. h. Erfahrungen mit Menschen und Dingen, die einen förderlichen Einfluß auf das Selbst haben, damit es intakt und vital bleiben kann. Bei drohendem Verlust des »Selbstobjektes« kommt es zu einer Irritation des Selbst, die bis zur Fragmentierung führen kann. Wir alle kennen die vitalisierende Kraft einer neuen Liebe, die aber auch zerstörerisch sein kann, wenn der Liebespartner seine Liebe verweigert und sich vom Partner trennt. Liebeskummer bei Jugendlichen nimmt deswegen häufig solch dramatische Formen an, weil das Selbst sich in einer Übergangsphase zwischen Kindheit und Erwachsenwerden befindet. In dieser Phase ist die Kohäsion, der Zusammenhalt, des Selbst gefährdet, weil die Identifikationen mit Kindsein und Erwachsenwerden ständig in einer Spannung stehen. Eine Spannung, die auf der einen Seite das »Nicht-mehr-Kindsein« und auf der anderen Seite das »Noch-nicht-Erwachsensein« beinhaltet. Aber auch wenn geliebte Objekte beschädigt oder zerstört werden, kann dies unter Umständen zu depressiven Verstimmungen führen, weil unser Selbstgefühl so stark mit diesen Objekten verknüpft war: der Kratzer im Lack des neuen Traumautos, der Fernseher, der plötzlich seinen Geist aufgibt, oder der verlorene Ehering. Wie bedrohlich eine solche Erfahrung werden kann, hängt von verschiedenen Faktoren ab, davon, wie die jeweilige Person gelernt hat, mit Enttäuschungen umzugehen, Erfahrungen des Trostes und des Beistandes, sie hängt aber auch von Temperamentseigenschaften ab, ob jemand in Situationen dazu neigt, sich emotional hochzuschießen, oder gelassen bleiben kann, und letztlich davon, welches Gewicht, welche Bedeutung dem geliebten Objekt zugewiesen wurde.

Ein anderes Beispiel: Wir gehen durch eine belebte Fußgängerzone, Menschenschlangen schieben sich aneinander vorbei, und plötzlich erscheint ein guter Freund zwischen den entgegenströmenden Menschen. Er blickt uns an, ohne uns zu grüßen oder ein Zeichen des Erkennens zu geben, und verschwindet wieder. Für den Augenblick sind wir wahrscheinlich verwirrt und irritiert oder gar verärgert, und dann fangen wir an, eine plausible Erklärung für dieses Verhalten zu finden, um unser Selbstgefühl stabil zu halten. Wir entscheiden uns möglicherweise dafür, daß er uns nicht gesehen hat, und beschließen, beim nächsten Zusammentreffen dieses Ereignis noch einmal anzusprechen. Oder aber wir fallen in tiefe Selbstzweifel, weil unser Selbstgefühl ohnehin angegriffen ist und wir schon längere Zeit Anzeichen einer Entfremdung feststellen. Mitunter führt ein solches Erlebnis zu einer generellen Lockerung der Selbststruktur, die wir als Verlust der Selbstachtung und als Wertlosigkeit erleben. Wir können dann das Gefühl entwickeln, nicht mehr derselbe zu sein, und wir sind von den eigenen Reaktionen befremdet.

Zu dieser Konzeption des Selbst, die die Ausführungen im Kapitel »Der innere und äußere Ort persönlicher Souveränität« ergänzen soll, gehören verschiedene Begriffe, die ich nachfolgend erläutere:

1. Das bipolare Selbst

Kohut (1978) nahm an, daß zwei Erfahrungsqualitäten im Hinblick auf Objekterfahrungen die Entwicklung eines stabilen Selbst ermöglichen: spiegelnde und idealisierende Erfahrungen. Er folgerte daraus, daß das Selbst bipolar aufgebaut sei, je nach dem, ob sich eine Erfahrung nach ihrem eher spiegelnden oder eher idealisierten Charakter zuordnen läßt. Die spiegelnden Erfahrungen resultieren aus dem Bedürfnis, bestätigt zu werden in der eigenen Stärke, in den Fähigkeiten und Fertigkeiten und eine Resonanz darüber zu erhalten, wirkungsvoll auf die Realität Einfluß genommen zu haben. Begriffe wie Selbstwirksamkeit und Kompetenzerwartung, die in der Sozialpsychologie ihre Wurzeln haben, sind diesem Gedanken verwandt.

Der andere Pol beschreibt das Bedürfnis, die Enttäuschungen, die das Leben zwangsläufig mit sich bringt, durch Größenphantasien zu kompensieren. So phantasieren wir uns gerade in schwierigen Lebenslagen an einen Platz, an dem alles viel schöner und besser ist, und mitunter neigen wir dazu, uns selbst als einen anderen vorzustellen, einen, der viel Geld hat, eine glückliche Familie oder einfach weniger Probleme. Für die kindliche Entwicklung ist das innere Bild eines »Größenselbst« ein notwendiger Bestandteil. Wenn sich dieses »Größenselbst« an der Realität wund reibt, beispielsweise bei einer verhauenen Klassenarbeit oder einem mißlungenen Geschäftsab-schluß, greifen wir zur Rettung unseres Selbstwertgefühls darauf zu-rück, uns mit einem omnipotenten und allwissenden Subjekt zu identifizieren. Diese Zwischenphase der Überhöhung des Selbst und der Idealisierung anderer Menschen wird im Normalfall überwun-den und mit der Realität abgeglichen. Ein Rest eines Idealbildes von sich selbst bleibt indessen erhalten und ermöglicht eine Pufferfunk-tion, die uns sagen läßt: »Bei allen augenblicklichen Mängeln bin ich im Grunde doch gut und in Ordnung.« Das gesunde Selbstideal macht den Menschen relativ unabhängig von Lob und Tadel. Es ge-währleistet innere Sicherheit, Selbstbewußtsein und ein ruhiges Selbstvertrauen. Ebenso gilt das Idealselbst als Motor für das Verfol-gen von Zielen, für die Genußfähigkeit und den Wunsch, die eigenen Möglichkeiten im Leben auszudehnen. Wer hat in seinem Leben noch nicht gesagt:«Wenn ich wirklich gewollt hätte, dann hätte ich es auch geschafft!«

2. Das grandiose Selbst

Am deutlichsten wird dieser Selbstaspekt bei Siegerposen von Sportlern und Künstlern. Die »Becker-Faust« bei Gewinn eines Ten-nismatches, der jubelnde Torschütze nach einem raffinierten Frei-stoß, die in der Garderobe feiernden Schauspieler nach einer gelun-genen Premiere, all diese Gesten des Erfolgs, der Freude über die eigene Spitzenleistung, verweisen auf das grandiose Selbst. Ohne den Glauben an die eigene Grandiosität wären Spitzenleistungen nicht möglich. Allerdings schrecken viele Menschen davor zurück, sich Erfolge zu erarbeiten, weil die erste kleine Niederlage dazu führt, den Kopf in den Sand zu stecken, weil das Selbstkonzept, das Dreh-buch des eigenen Lebens vorsieht, ein Versager zu sein und sich mit kleinen Brötchen zufriedenzugeben. Das grandiose Selbst ermög-licht es, uns als den Mittelpunkt der Welt zu betrachten, als die wich-tigste Person, der alle Aufmerksamkeit gilt. Und ab und zu sollten wir uns auch auf einen Thron setzen und uns befeiern lassen – und wenn es nur bei einer Geburtstagsfeier möglich ist. Ein bißchen

Exaltiertheit und Mut zur eigenen Größe genügt schon, daß einem die Freunde mit einem Schmunzeln huldigen, da alle wissen, die nächste Niederlage kommt bestimmt.

3. Das kohäsive Selbst

Das kohäsive Selbst ist ein Bild für eine zusammenhängende Struktur des normal und gesund funktionierenden Selbst, ein Selbst, das nicht von Fragmentierung bedroht ist. Mit sich selbst im reinen sein, Zutrauen zu sich selber haben, sich selbst genügen etc. sind Ausdrucksformen, die Kohärenzerfahrungen beschreiben. Ein kohäsives Selbst ist in der Lage, auch einmal Kontrolle abzugeben, sich im Tanzen, in der Sexualität, im Sport, in guten Gesprächen ganz den spontanen Strebungen, Bedürfnissen und Impulsen zu überlassen, ohne daß die Kohärenz dadurch gefährdet ist. Ein Mensch mit einem kohäsiven Selbst riskiert auch mal eine partielle Auflösung, er kann zeitweise auf die regulierende Kraft des Ich verzichten, um mit seinem Tun in Gänze zu verschmelzen, weil er weiß, wie er sich anschließend wieder zusammensetzen kann. Gerade in der Sexualität spielt die Fähigkeit zur Hingabe eine wesentliche Rolle. Diese Hingabe setzt das Wagnis voraus, sich temporär Erfahrungen auszusetzen, die tiefgreifende Veränderungen nach sich ziehen können. Das Sich-einlassen-Können im Hier und Jetzt auf die Unmittelbarkeit einer Erfahrung ist ein entscheidender Aspekt für Entwicklungsimpulse: die Hingabe an Ereignisse des Moments, das Vertiefen in eine Handlung, ohne daß eine innere Stimme kommentiert, ohne daß reflexive Gedanken den Fluß des Tuns stören, das Selbst bereichern, es anfüllen mit guten Erfahrungen.

Die Vorstellung eines kohäsiven Selbst ist zudem ein grundlegendes Merkmal biopsychosozialer Gesundheit. Mit dem Gefühl von Kohärenz bezeichnet der Gesundheitsforscher Antonovsky (1979) eine zuversichtliche, vertrauensvolle und optimistische Grundeinstellung, daß sich die Dinge des Lebens positiv entwickeln werden und daß man auf die eigenen Fähigkeiten und auf die Unterstützung anderer Menschen vertrauen kann. Die Erfahrung von Kohärenz differenziert sich in drei Aspekte: Überschaubarkeit, Beherrschbarkeit und Lebenssinn. *Überschaubarkeit* bedeutet, daß Ereignisse im Leben geordnet, vorhersagbar und in irgendeiner Weise auch verständlich sind. *Beherrschbarkeit* bezeichnet das optimistische Vertrauen, Lebensaufgaben aus eigener Kraft oder mit sozialer Unterstützung meistern zu können. *Lebenssinn* meint die Freude am Leben und die Überzeugung, daß das Leben einen Sinn hat. Untersuchungen zur Gesundheit konnten zeigen, daß Menschen mit einem hohen Maß an Kohärenzsinn Belastungen und Krisen weniger als bedrohlich, sondern eher als Herausforderung und Chance wahrnehmen. Diese Menschen bleiben auch dann zuversichtlich, wenn sie im Leben mit Schwierigkeiten konfrontiert sind. Sie empfinden weniger Angst und Spannung in Belastungssituationen. Aufgrund ihrer größeren Gelassenheit sind sie besser in der Lage, geeignete Bewältigungsstrategien zu entwickeln und vorhandene Ressourcen zu nutzen.

Dies führt uns zur Frage, was mich »im Innersten zusammenhält«. Was in meinem Leben verleiht mir Zuversicht und Optimismus, auch wenn nicht alles so läuft, wie ich mir das vorstelle? Was ist der innere und äußere Boden, der mich trägt und mir das Gefühl vermittelt, nicht aus der Welt zu fallen? Woher nehme ich die Kraft und Vitalität, die mich die Aufgaben des Lebens angehen lassen? Auf welche Unterstützung kann ich bauen, wenn ich einmal nicht alleine mit den Problemen fertig werde? Welchen Sinn kann ich in dem erkennen, was ich tue? Was möchte ich in meinem Leben noch erreichen? Was brauche ich wirklich, um zufrieden sein zu können?

Wenn Sie diese Fragen nicht beantworten können, ist es schlecht um Sie bestellt. Ich denke, spätestens jetzt sollten Sie professionelle Hilfe in Anspruch nehmen. Suchen Sie sich jedoch jemanden aus, der es versteht, mit Ihnen herauszufinden, wie sie ein höheres Maß an Kohärenz erlangen können. Suchen Sie sich niemanden, mit dem Sie sich im Sumpf Ihrer Probleme suhlen oder der Ihnen einredet, man müßte, damit es einem besser geht, immer wieder durch schmerzhafte Erfahrungen hindurch. Für den Anfang genügt es, daß Sie wieder Boden unter die Füße bekommen und die Probleme lösen, die Ihren verfügbaren Ressourcen entsprechen. Wenn Sie stabil genug sind, ist es immer noch Zeit, an die großen Schwierigkeiten heranzugehen.

4. Das fragmentierte Selbst

Das fragmentierte Selbst bezeichnet Zustände verminderter Kohäsion, ausgelöst durch fehlende oder verletzende Reaktionen wichtiger Menschen oder durch äußere Einflüsse, die den Zusammenhalt des Selbst gefährden wie plötzliche Erkrankungen, Traumatisierungen oder andere Katastrophen. Hierbei haben Menschen individuell unterschiedliche Toleranzschwellen, äußere Ereignisse als Bedrohung oder Herausforderung zu betrachten und dementsprechend mit ihnen umzugehen. Stellen Sie sich vor, daß Selbst wäre eine Kugel, die aus vier Schichten besteht. Die äußerste Schicht ist die *Wahrnehmungsgrenze*, auf der alle Informationen aus der Umgebung auftreffen und die dort sortiert werden. Diese äußere Schicht entspricht der Erfahrung eines Spaziergangs durch den Wald. Viele Eindrücke treffen auf Ihre Sinnesorgane, ohne daß Sie sich mit ihnen bewußt beschäftigen. Sie schlendern weiter und hängen Ihren Gedanken nach. Sie kommen an eine Weggabelung und wissen für einen Moment nicht, welchen Weg Sie gehen wollen. Dieses Aufmerken entspricht der zweiten Schicht, der *Aufmerksamkeitsgrenze*. Die Informationen aus der Umgebung werden plötzlich bedeutsam. Ihre Affektlage ist noch immer ausgeglichen, weil Sie beide Wege kennen. Es ist schon ein bißchen dämmrig, und Sie entscheiden sich für den kürzeren Weg. Da die Dämmerung zu dieser Jahreszeit schnell hereinbricht, sind Sie jedoch besorgt, ob Sie noch bei Tageslicht zu Hause ankommen werden. Nach einer Weile hören Sie erst ein Rascheln und kurz danach das Knacken eines Astes. Diese Erfahrung beschreibt die dritte Schicht: die *Betroffenheitsgrenze*. Sie beruhigen sich damit, daß es sich um ein harmloses Waldtier handelt, dennoch werden Sie angespannter, und Ihre Affektlage ist nicht mehr so ausgeglichen. Sie sind in Gedanken noch mit dem Knacken des Astes beschäftigt, da schießt plötzlich mit einem lauten Grunzen ein Wildschwein aus dem Unterholz. Ihr Erschrecken von vorhin verwandelt sich in pure Angst. Diese Erfahrung zeigt die vierte Schicht: die *Alarmgrenze*. Die Alarmgrenze ist sozusagen der innerste Kern, der sich mit allen physiologischen Veränderungen dann regt, wenn es sich bei dem Reiz um eine vitale Bedrohung handelt.

Diese Bedrohung muß nicht zwangsläufig körperlicher Natur

sein, auch psychische Bedrohungen wie öffentliche Blamage, Zurechtweisung und Demütigung können die Alarmgrenze aktivieren und Sie unter Umständen zu massiven Reaktionen veranlassen, um sich Ihrer Haut zu wehren oder den Ort des Geschehens fluchtartig zu verlassen. Es gibt Menschen, die sehr schnell in Alarmbereitschaft geraten, die sich häufig auch bei geringfügigen Anlässen angegriffen fühlen und entsprechend der Aktivierung ihrer Alarmgrenze scheinbar unangemessen heftig reagieren. Vor allem Menschen mit einem unsicheren Selbstbild und Selbstwertgefühl neigen dazu, sich schnell bedroht zu fühlen und die Welt als feindlich wahrzunehmen. Durch die mangelnde Fähigkeit, Reize durch die drei Schichten von Wahrnehmungsgrenze, Aufmerksamkeitsgrenze und Betroffenheitsgrenze zu filtern, errichten sie ein defensives Reaktionsmuster, das ein ständiges Bedürfnis nach Selbstverteidigung und Selbsterhöhung wachruft.

Diese Menschen sind quasi Überlebensexperten. Nichts entgeht ihrer Aufmerksamkeit. Ihre Antennen sind so fein und sensibel, daß sie Situationen und Menschen ihrer Umgebung ständig daraufhin prüfen, ob etwas falsch, gestört oder gefährlich ist. Ihre Wachsamkeit verhilft ihnen, auch Unausgesprochenes zu hören. Verborgene Motive, Ausflüchte und subtile Verzerrungen der Wahrheit erkennen sie sofort, und nichts kann sie daran hindern, Maßnahmen zur Klärung und Richtigstellung zu ergreifen. Ihre Vorsicht, ihre Reizbarkeit und ihre ständige Alarmbereitschaft macht diese Menschen für ihre Umgebung häufig sehr anstrengend. Aufgrund der Fragmentierungsgefahr sind sie allerdings gezwungen, solch defensive Strategien zur Sicherung ihres Selbst zu verwenden. Wenn man um diese Not weiß, muß man sich nicht zwangsweise von solchen Menschen genervt fühlen, sondern man kann versuchen, ihr emotionales Superradar, ihr Gefühl für Gerechtigkeit und ihre Scharfsicht zu nutzen und ihnen dafür die nötige Anerkennung zu zollen.

5. Das leere Selbst

Das leere Selbst ist ein Bild für den Verlust an Lebenskraft. Aufgrund fehlender positiver, freudiger, das Selbst vitalisierender Fähgkeiten und Antworten aus der Umgebung ist das Selbst energetisch ausgehöhlt. Der Motor hat seinen Geist aufgegeben, und zwar nicht, weil das Benzin ausgegangen ist, sondern weil die Maschinenteile, die für die Transformation von Benzin-Luft-Gemisch in Bewegungsenergie zuständig sind, entweder gar nicht vorhanden sind oder zerstört. So gesehen, ist die ermüdende Anstrengung nachzuvollziehen, die Angehörige von Depressiven unternehmen, um ihre Liebsten aufzuheitern oder ihnen mit aller Liebe und Geduld versuchen zu zeigen, daß sie doch liebenswerte Menschen sind. Vergebens, denn ich kann noch soviel Benzin in den Tank schütten, wenn weder die Zündung funktioniert noch der Vergaser seine Pflicht erfüllt. – Ich weiß, der Vergleich von Mensch und Maschine ist unwürdig und trägt der Komplexheit depressiver Probleme unzureichend Rechnung. Dennoch hilft diese Metapher zu verstehen, warum jegliche Bemühung, Menschen mit einem leeren Selbst die Vergnüglichkeiten des Lebens näherbringen zu wollen, zum Scheitern verurteilt ist. Liebe, Fürsorge und Einfühlung sind nicht immer Energieformen, für die Menschen mit einem leeren Selbst Empfänglichkeiten besitzen. Der erste Schritt – vor der buchstäblichen »Liebesmüh« – bestünde darin, diese Empfänglichkeit herzustellen.

Aber auch Menschen mit einem leeren Selbst verfügen über erstaunliche Fähigkeiten. Sie kümmern sich um andere, fühlen sich für alles verantwortlich und sind auch für alles verantwortlich zu machen. Sie sind äußerst loyale, umsichtige, stets hilfsbereite Menschen, die sich in ihrem Bemühen, gut zu sein und es allen recht zu machen, sogar aufopfern würden. Sie haben eine hochentwickelte Bindungsfähigkeit und sind froh, bei Entscheidungen die Meinung anderer herauszufinden und ihrem Rat zu folgen. Bei Kritik tun sie alles, um ihr Verhalten zu ändern.

6. Das überlastete Selbst

Dem überlasteten Selbst fehlt die Fähigkeit zur Selbstberuhigung und Selbststabilisierung, weil es keine Gelegenheit dazu hatte, von der Gelassenheit eines gelassenen Menschen zu profitieren und sich ein Beispiel zu nehmen und zu lernen, wie man sich ausruht. Menschen mit einem überlasteten Selbst sind äußerst anfällig für besonders schwierige Aufgaben. Sie richten ihr Leben häufig so ein, daß sie sich ständig gefordert fühlen. Sie haben immer einen vollen Termin-kalender und sind ganz schwer erreichbar. Zwar leben sie auf, wenn sie etwas Bedeutsames tun können, doch verzichten sie darauf, sich auch einmal auf ihren Lorbeeren auszuruhen. Ihre Geschäftigkeit und das Fluchtverhalten, mit denen sie bisweilen ihre Freunde terrorisieren, haben die Tendenz, zu Eigenläufern zu werden. Menschen mit einem überlasteten Selbst gehören zu der Gattung der Workaholics, sie werben charmant um Verständnis, wenn sie wieder einmal kurzfristig wegen einer wichtigen Sache einen Genußtermin absagen, oder klagen beständig über die viele Arbeit. Und weil viel Arbeit in unserer Gesellschaft den Wohlgeschmack eines tugendhaften Lebens trägt, gibt es auch keinen Grund, die Überlastung kritisch zu beäugen. Bei gutgemeinten Ratschlägen, sich doch einmal eine Pause zu gönnen, zeigen Menschen mit einem überlasteten Selbst Zustimmung, aber ändern werden sie sicherlich nichts daran. Allerdings pflegen sie die heimlichen Nischen der Entspannung, im Urlaub lassen sie es an nichts fehlen, und ihre Großzügigkeit ist schon manchem zugute gekommen. Ihr Durchhaltevermögen und ihre Beharrlichkeit sind bemerkenswert, und man sollte sich nicht mit ihnen vergleichen.

7. Das überstimulierte Selbst

Das überstimulierte Selbst läuft Gefahr, in Zustände übermäßiger Emotionalität oder Erregung zu geraten. Für Menschen mit einem überstimulierten Selbst ist die Welt und das Leben eine höchst dramatische Angelegenheit. Sie suchen nach großen, intensiven Erfahrungen, und jede Form der Mittelmäßigkeit ist ihnen zuwider. Die eigene Person ist ein Ort der Selbstinszenierung und ihre Umgebung die dazugehörige Bühne. Ihnen wurde die Gabe der großen Gefühle verliehen, und mit dieser Gabe färben sie das Leben von anderen. Ihr Esprit, ihr Lachen, ihr Schönheitsgefühl, ihre Extravaganz und ihre Sinnlichkeit vermögen die Stimmung eines Raumes voller Fremder zu heben. In ihrem Leben passiert dauernd etwas, und ihr Mitteilungsdrang läßt sie ohne Unterlaß von den dramatischen Ereignissen in ihrem Leben berichten, unabhängig davon, ob es dem Gegenüber gefällt oder nicht. Sie erleben die Dinge intensiv und überschwenglich, sie besitzen eine reiche Phantasie und können in der Tat sehr unterhaltsame Geschichten erzählen. Als Mittelpunkt einer jeden Party möchten sie gesehen werden, Komplimente und Lob sind für sie wie Wasser und Brot, ihr einnehmendes Wesen will verführen und bezaubern.

Natürlich sind diese Charakterisierungen stilisiert; jeder einzelne hat vielfältige Selbstzustände, die alle Bereiche umfassen, die ich oben genannt habe. Alle Selbstzustände verweisen auf Möglichkeiten, sich selbst zu organisieren oder zu desorganisieren, und keine der genannten soll wertend dokumentieren, ob der eine Zustand besser als der andere sei. Ich glaube, jeder Mensch organisiert sich und sein Leben gerade so, wie es ihm im Moment möglich ist. Auch wenn man beispielsweise unter der Fragmentierung oder der inneren Leere leidet, besteht noch keine Notwendigkeit, auch wenn der Zensor es so will, daß alles anders werden muß – vorausgesetzt, das Leiden ist noch erträglich. Und niemand hat das Recht, jemanden wegen den kleinen und größeren neurotischen Ecken und Kanten zu beschimpfen oder gar ihm nahezulegen, einen Psychiater aufzusuchen. Unser »So-Sein« hat gute Gründe, und letztlich geht es darum, die Verantwortung dafür zu übernehmen und nicht der Illusion zu erliegen, aus einem Hasen einen Elefanten machen zu wollen. Viele Beziehungskrisen resultieren aus dem Bemühen der Partner, sich gegenseitig zu missionieren, weil die Enttäuschung darüber, daß der Partner auch nur ein Mensch ist, schwerer zu ertragen ist als die chronische Vergeblichkeit der Veränderungsprozeduren. Als wenn wir mit dem eigenen Zensor nicht genug zu tun hätten, sollen wir uns auch noch den Zensuren unserer Beziehungspartner ausliefern. Unzufriedenheit mit sich selbst und anderen Menschen ist zu einem beliebten Gefühl geworden, das im beständigen Einreden von Problemen kultiviert und damit zur Normalität erhoben wird. Nachbarschaftliche Gespräche über den Gartenzaun machen die Skurrilität und Banalität der Problematisierungsmaschinerie deutlich: Regnet es, schimpft der Nachbar über den bedeckten Himmel, scheint die Sonne, ist es ihm zu warm und veranlaßt ihn groteskerweise zu dem Satz, daß man sich auf das Wetter auch nicht mehr verlassen könne.

Lassen Sie die Schimpftiraden einfach über sich ergehen oder fragen Sie nach einem Ereignis, das den Gesprächspartner in einen Zustand von Glück und Zufriedenheit versetzt hat. Kümmern Sie sich weniger darum, was die Leute sagen, hören Sie auf sich selbst, zumindest auf den Teil, der es gut mit Ihnen meint.

Wie die Geschichte von Khalil Gibran über die sieben Ich:

»In der stillsten Stunde der Nacht – ich war halb eingeschlafen – kamen meine sieben Ich zusammen und flüsterten miteinander:

Erstes Ich: ›Ich hauste alle Jahre hier in diesem Narren und hatte nichts zu tun, als bei Tag seinen Schmerz zu schüren und ihm bei Nacht neue Sorgen zu bereiten. Ich kann mein Los nicht länger ertragen, und jetzt lehne ich mich dagegen auf!‹

Zweites Ich: ›Dein Los ist besser als meines, Bruder, denn meine Aufgabe ist es, das fröhliche Ich dieses Narren zu sein. Ich lache sein Lachen, ich singe seine glücklichen Stunden, und mit dreimal beflügelten Schuhen tanze ich seine Heiterkeit. Ich bin es, der sich gegen dieses beschwerliche Los auflehnt!‹

Drittes Ich: ›Und was ist mit mir, dem von Liebe tollen Ich, der Flamme wilder Leidenschaft und phantastischer Begier? Ich liebeskrankes Ich lehne mich gegen diesen Narren auf!‹

Viertes Ich: ›Ich bin unter euch das elendste, denn ich kann nur mit stetem Haß und Abscheu alles zerstören. Ich bin der Höllensturm aus schwarzer Finsternis, und ich will diesem Narren nicht länger dienen!‹

Fünftes Ich: ›Nein, ich bin es, das denkende, das phantasievolle Ich, von Hunger und Durst dazu verdammt, rastlos Unbekanntes und noch nicht Geschaffenes zu suchen. Ich habe mich zu beklagen, nicht ihr!‹

Sechstes Ich: ›Ich bin der elende Arbeiter, der mit geduldigen Händen und mit sehnsüchtigem Blick die Tage erst zu Bildern formt und den Stoffen neue und ewige Gestalt verleiht. In meiner Einsamkeit lehne ich mich gegen diesen ruhelosen Narren auf!‹

Siebentes Ich: ›Wie seltsam, daß ihr euch gegen diesen Mann auflehnt, hat doch jedes von euch eine bestimmte Aufgabe. Ach, hätte ich doch, wie ihr, auch eine Bestimmung! Aber ich habe keine. Ich kauere im Dunkel, ohne Raum und Zeit, und tue nichts, während ihr eifrig neues Leben erschafft. Bin ich es, der sich zu beklagen hat, oder seid ihr es, Nachbarn?‹

Nachdem das siebente Ich so gesprochen hatte, sahen die anderen sechs es mitleidig an und schwiegen – und als die Nacht fortschritt, schliefen sie eines nach dem anderen ein, froh, eine neue Aufgabe zu haben.

Das siebente Ich aber blieb wach und blickte weiter in das Nichts, das hinter allen Dingen ist.«

Diese Geschichte macht deutlich, daß aus unserem Inneren viele Stimmen, viele Ichs zu uns sprechen. Alle erheben einen Geltungsanspruch und sind nie völlig zufriedenzustellen. Manchmal entsteht ein richtiger Kampf zwischen ihnen, der uns beunruhigt und verunsichert. Das Stimmengewirr lähmt unsere Entschlußkraft vor allem dann, wenn wir vor schwierigen Entscheidungen stehen und wählen müssen, dies oder jenes zu tun. Manchmal fühlen wir uns sogar bei Alltagsentscheidungen beeinträchtigt. Wir sitzen über der Einkaufsliste fürs Wochenende und können uns wahrhaft nicht entscheiden, welche Nahrungsmittel angeschafft werden sollen. Als Tribut an die Wohlstandsgesellschaft »zahlen« wir grüblerische Gedanken, ob die frischen Tomaten auf dem Markt gespritzt sind, ob das Rindfleisch zum Grillen unbedenklich ist, ob wir Wein oder Bier zum Essen trinken, ob Tante Berta jetzt doch kommt – auf ihre Diabetes muß man Rücksicht nehmen –, ob es regnen wird, ob genügend Holzkohle im Keller liegt, ob die Kinder Pommes mit Majo kriegen sollen, ob man vielleicht doch auf das Grillen verzichtet und statt dessen eine vegetarische Pizza bäckt, ob man bestimmte Dinge bei Aldi kauft und ob der Grill überhaupt funktionstüchtig ist. Die Frage, ob man das alles wirklich will und braucht, bleibt davon unberührt. Ist man im Strudel des innerseelischen Babylon erst einmal gefangen, gibt es kein Entrinnen. Wenn dann auch noch Skepsis auf die Bühne tritt und wir uns mit den Überlegungen beschäftigen müssen, daß man lieber am Wochenende unter sich bleiben will, daß man Tante Berta in ihrem schlechten Zustand vielleicht ein anderes

Mal einlädt, daß der Aufwand mit dem Grill und der Holzkohle ohnehin so groß ist, daß man ja eigentlich weniger essen wollte und ein guter Film im Fernsehen läuft, sind Spannungen vorprogrammiert. Wünschen, planen, verwerfen, neu planen, alles umschmeißen, entscheiden, damit rechnen, daß die Entscheidung auf wenig Wohlwollen stößt, sich ärgern, sich über den Ärger ärgern, klein beigeben oder auf den Putz hauen, sich nicht unterkriegen lassen, resigniert alles abblasen: ein Geschehen, das unseren Alltag allzu häufig bestimmt und bisweilen vermiesen kann. Immer hat der innere Zensor seine Hände im Spiel, und in seinem Versuch, uns auf den richtigen Weg zu bringen, macht er alles nur noch schlimmer. Gut dran sind jene Menschen, die mit aller Gelassenheit und Souveränität die Dinge auf sich zukommen lassen können, die ihre Planungs- und Entscheidungsaktivitäten minimieren, die sich nicht verzehren müssen in der konsequenten Erfüllung dessen, was sie sich vorgenommen haben.

Um sich kritischen Anwürfen von außen wie von innen aussetzen zu können oder gar Beschimpfungen standzuhalten, braucht es, wie gesagt, ein stabiles Selbstwertgefühl. Die Psychoanalyse verstand darunter zunächst die auf das Selbst gerichtete Libido, Selbstliebe oder Narzißmus. Die pathologischen Pole sind übersteigerte Vorstellungen von der eigenen Größe auf der einen Seite und Minderwertigkeitsgefühle auf der anderen Seite. Dazwischen befindet sich ein breites Band selbstregulatorischer Prozesse, die trotz Kritik, Anfeindung und Irritation ein stabiles Selbstwertgefühl aufrechterhalten. Die Forschung unterteilt mittlerweile den Selbstwertbegriff in zwei Dimensionen, die Positives und Negatives umfassen. Die eine Dimension bezeichnet die kognitive Seite der Selbstbewertung, die »self evaluation«, die andere bezeichnet die emotionale Seite, die »self affection«. Beide Dimensionen sind aufeinander bezogen: die Art und Weise, wie eine Person über sich selbst denkt, und die Art und Weise, wie sie sich selbst empfindet. Interessanterweise kann das Denken über die eigene Person jedoch völlig vom Selbstempfinden verschieden sein. So gibt es Menschen, die Großes leisten und um ihre Kompetenzen wissen, aber ihr Selbstgefühl hat keine Kategorien für Erfolg. Ein anderer weiß, daß er groß und stark ist, aber seine Scham und Schüchternheit verhindern, daß er in körperlichen Auseinandersetzungen zuschlägt. Das Selbstwertgefühl ist eng mit der Leistungsmotivation und mit Dominanz- und Rivalitätsverhalten verknüpft. Als positives Erleben aktiviert es Gefühle von Stolz, Überlegenheit, Anerkennung, Zufriedenheit mit der eigenen Leistung, im Extrem Gefühle des Triumphs, des Machtrauschs oder Größenwahns. Als negatives Erleben aktiviert es Gefühle von Minderwertigkeit, Unterlegenheit, Kränkung, Demütigung oder Verletzung. Als dominierende Emotion ist das Selbstwertgefühl die Grundlage für Eitelkeit und Selbstverliebtheit. Es zeigt den Wert der eigenen Person im Vergleich zu anderen Personen an und unterstreicht damit seine evolutionsbiologische Herkunft, nämlich die Regulierung von Rang- und Dominanzstrukturen. In der menschlichen Entwicklung hat sich das Selbstwertgefühl als Ausdruck von Selbstdurchsetzung aus den biologischen Bezügen herausgelöst und gilt im Kontext menschlicher Gemeinschaft als ein inneres Signal für die Güte, die Leistung und Qualität der eigenen Person. Die Gütekriterien für die eigene Person sind allerdings an kulturelle Erwartungen an die Moral, die Leistungsfähigkeit und den sozialen Status der Menschen geknüpft. Da ein positives Selbstwertgefühl abhängig ist von der Anerkennung der Mitmenschen, nimmt es nicht wunder, daß beispielsweise bei Kindern und Jugendlichen die Zugehörigkeit und Wertschätzung definiert wird über Kleidung, Verfügung über Geld etc. In einer solchen Gruppe »etwas wert« zu sein setzt voraus, sich einem bestimmten modischen Standard zu unterwerfen. In unserer Kultur steht der Selbstwert in einem engen Zusammenhang mit materiellem Reichtum, mit Macht und Einfluß. Daß gesellschaftlich Ranghöhere (Manager, Politiker etc.) auch automatisch ein positiveres Selbstwertgefühl haben, ist jedoch nicht zwangsläufig der Fall. Gerade Menschen mit hoher Verantwortung und einem großen Geltungsbereich leiden häufig unter Angst und Depressionen, weil die Anforderungen so groß sind, daß sie mit Versagen und Fehlern rechnen müssen. Betrachtet man das Trainerkarussell in der Fußballbundesliga, wo Millionen als Jahresgehälter bezahlt werden, so wird deutlich, daß es in diesem Geschäft eine Sicherheit der Position nicht geben kann. Verliert die Mannschaft, verliert als erster der

Trainer. Welche psychischen Anforderungen an die Ungewißheitsorientierung des Trainers damit gestellt werden, läßt sich nur erahnen. Bleibt der Erfolg aus, wird gefeuert. Insofern sind diese hohen Gehälter nachvollziehbar, und zwar nicht unbedingt deshalb, weil sie dem Wert der geleisteten Arbeit entsprechen, sondern weil der psychische Druck, die Fähigkeit, mit Angst und Niederlagen umzugehen, damit gratifiziert werden. Bei Erfolg allerdings ist die Anreicherung des Selbst mit Anerkennung und Lob so groß, daß es sich offenbar lohnt, im Rampenlicht zu stehen und dafür zu sorgen, daß die Daumen der Öffentlichkeit nach gewonnenen Kämpfen in den sportlichen, politischen oder künstlerischen Arenen dieser Welt nach oben zeigen. Ging es bei den Gladiatorenkämpfen im alten Rom noch um Leben oder Tod, geht es heute nur noch um Job oder Nicht-Job, die Höhe der Abfindung eingerechnet.

Interessant ist, wie sich das Selbstwertgefühl bei Kindern zwischen 18 und 22 Monaten entwickelt (Kagan 1981). Wenn Kinder eine Aufgabe erfolgreich gelöst haben, kann man deutliche Veränderungen in ihrer Körpersprache wahrnehmen. Der Blick wird vom eigenen Werk gelöst und triumphierend auf den Verlierer gerichtet, die Hände werden nach oben geworfen, der Oberkörper richtet sich auf, das eigene Selbst wird gleichsam größer und das psychologische Feld ausgeweitet. Bei einem Mißerfolg hingegen sinkt der Körper nach vorn und sackt zusammen: Die Haltung ist eingeknickt, der Kopf hängt schief zur Seite. Blicke und Hände lösen sich nicht vom eigenen Werk, das Lächeln wirkt verlegen. Das psychologische Feld engt sich ein (Heckhausen 1985). Die Selbstbewertungsemotionen sind mit zweieinhalb Jahren voll entwickelt.

Entwicklungspsychologen unterscheiden drei Entwicklungsphasen, bei denen Kinder ihren Leistungserfolg in ihr Selbstkonzept integrieren.

Die erste Phase beginnt mit einem rudimentären Erleben von Ergebnissen, das Kind kann sich als Urheber von Ereignissen wahrnehmen. Selbst bei fünf Monate alten Säuglingen konnte man feststellen, daß das Herbeiführen bestimmter Ereignisse wie das durch Strampeln im Kinderwagen verursachte Herumgeschaukel einer

Stoffpuppe dazu führt, daß der Säugling mit freudigen Emotionen diese Aktion wiederholt. In der Phase ist noch nicht zu entscheiden, ob es sich bei den Emotionen um reine Freude, um Neugier oder um Vorläufer eines Selbstwertgefühls handelt.

Die zweite Phase beginnt mit etwa anderthalb Jahren. Kinder fangen in diesem Alter an, das Produkt ihrer Tätigkeit mit staunender Aufmerksamkeit zu betrachten. Das Kind erlebt sich als Initiator seiner Aktivität und als Verursacher von deren Effekten. Tätigkeiten, die auf ein Produkt gerichtet sind, sind von nun an möglich. Dem entsprechen Anfänge eines »kategorialen Selbst«. Das Kind kann sich als Objekt erleben, das Erfolg wie Mißerfolg selber herbeiführen kann. Es kann sich selbst anhand von äußeren Merkmalen der Identität wie etwa dem Aussehen erkennen, aber noch nicht anhand psychologischer Eigenschaften.

Das »Selbermachenwollen« beginnt, und wenn eine Tätigkeitsabsicht vereitelt wird, reagiert das Kind trotzig und aggressiv. Es scheint somit ein angeborenes Programm zu geben, aktiv auf die Umgebung einzuwirken, neugierig und interessiert mit den Dingen des Lebens zu hantieren. Der erfolgreiche Umgang mit Dingen, Menschen und Situationen führt zu positiven Selbstbewertungen und zu einer Erwartung an die eigene Selbstwirksamkeit. Erfolg und Selbstwertgefühl sind somit unmittelbar ineinander verzahnt.

Die dritte Phase ermöglicht dem Kind eine kategoriale Selbstbestimmung. Es erwirbt ein Eigenschaftsbild von sich selbst: »Ich bin tüchtig, ich habe es geschafft; ich weiß, daß ich es kann.«

Die Forscher nennen diese Phänomene einen selbstwertzentrierten Motivationszustand, entweder im Sinne der »Hoffnung auf Erfolg« oder im Sinne der »Furcht vor Mißerfolg«. Die emotionalen Zustände sind eng mit dem verbunden, was wir ein positives oder negatives Selbstwertgefühl nennen. Interessant ist, daß ein negatives Selbstwertgefühl bei Mißerfolgserlebnissen erst in der dritten Phase auftritt, während ein positives Selbstwertgefühl bei Erfolg bereits in der zweiten Phase existiert (Heckhausen 1985). Mit zwei Jahren können Kinder zwar Erfolg, aber noch keine niederdrückenden Mißerfolgserlebnisse empfinden. Es wäre »eine hübsche Besonderheit der Natur, wenn der leistungsmotivierte Lebenslauf nur mit Erfolg beginnt, daß er mit einer Art Aufwärmperiode beginnt, bevor schließlich mit der auftretenden Fähigkeit von Mißerfolg alle Leistungsbestrebungen so zweischneidig werden« (Heckhausen 1985, S. 207).

Kinder mit einem hohen Selbstwertgefühl werden von ihren Eltern akzeptiert, haben zu Hause klar definierte und bekräftigte Grenzen und Regeln, sie erleben in der Familie Respekt für die Handlungen eines jeden Familienmitglieds und haben innerhalb dieser Grenzen relativ große Freiheiten. Sie erscheinen in ihren Persönlichkeiten als effektive, begabte und kompetente Individuen, die zu unabhängiger und kreativer Handlung fähig sind. Sie haben weniger Ängste, und ihre Fähigkeit, mit Angst umzugehen, ist besser ausgebildet als das der Kinder mit einem niedrigen Selbstwertgefühl. Sie sind sozial geschickter, und sie gewinnen leicht Positionen von Einfluß und Autorität.

Kinder mit einem mittleren Selbstwertgefühl sind relativ gut akzeptiert von ihren Spiel- und Schulkameraden. Sie sind am stärksten wertorientiert und werden am leichtesten von anderen abhängig. Sie scheinen aber dennoch unsicher in bezug auf ihren eigenen Wert und den ihrer Leistungen im Vergleich zu ihren Mitschülern.

Kinder mit einem niedrigen Selbstwertgefühl sind meist unter Bedingungen der Zurückweisung, Unsicherheit und fehlendem Respekt aufgewachsen. Sie haben das Gefühl, machtlos zu sein und sich nicht durchsetzen zu können. Sie fühlen sich isoliert, unbeliebt, unfähig, sich auszudrücken und zu verteidigen. Offenbar fühlen sie sich selbst zu schwach, um ihre Unzulänglichkeiten anzugehen oder Probleme zu lösen. Sie tendieren dazu, sich zurückzuziehen und sich passiv und nachgiebig zu verhalten. Sie leiden unter der Angst, zurückgewiesen zu werden.

Coopersmith (1967) stellt für die obengenannten Niveaus des Selbstwertgefühls folgende Entwicklungsbedingungen auf:

1. *Respektvolle, akzeptierende und fürsorgliche Grundhaltung bei den Eltern:* Der Selbstwert spiegelt in einer zentralen Art und Weise den Wert, den wir von anderen zugeschrieben bekommen.

2. *Erfahrungen von erfolgreichen Handlungsepisoden und die Position, die ein Mensch in seinem Leben erreicht hat:* Die Basis ist Anerkennung durch andere Menschen und die Selbstzufriedenheit. Menschen, die sich realistische Ziele setzen, die sie auch mit eigenen Mitteln erreichen können, sind selbstzufriedener als diejenigen, die immer auf Wolken schweben und dadurch auf wenig erfolgreiche Handlungsepisoden zurückgreifen können.

3. *Werte und Zielorientierungen:* Erfolg und Status sind von eigenen Bewertungen abhängig. Starre und unflexible Wertvorstellungen im Hinblick auf die eigene Person und die Möglichkeiten, Ziele zu erreichen, verhindern ein positives Selbstwertgefühl

4. *Umgang mit Abwertung und Mißerfolg:* Hierzu gehört die Fähigkeit, den Selbstwert zu verteidigen und Niederlagen und Mißerfolge zu verarbeiten. Vor allem Menschen mit einem fragmentierten oder leeren Selbst sind bei Zurückweisungen und persönlichen Niederlagen extrem verletzlich, so daß gleich eine ganze Welt zusammenbricht, wenn diese Personen Fehler machen oder nicht in der Weise funktionieren, wie sie es sich vorgestellt haben.

Nach Coppersmiths Erkenntnissen gibt es erstaunlicherweise zwischen dem sozialen Status der Eltern und dem Selbstwertgefühl der Kinder keinen signifikanten Zusammenhang, ebenso nicht wie mit der Religionszugehörigkeit; ob die Kinder beispielsweise aus katholischen, protestantischen oder jüdischen Familien kamen, wenngleich die jüdischen Kinder insgesamt ein etwas höheres Selbstwertgefühl hatten. Allerdings gab es einen deutlichen Zusammenhang zwischen der Selbstwertentwicklung und der Regelmäßigkeit, mit der der Vater arbeitete, und der Sicherheit seines Arbeitsplatzes. Angesichts von etwa vier Millionen Arbeitslosen in der Bundesrepublik ist dieser Befund besonders wichtig, steht und fällt das Selbstwertgefühl der Kinder doch mit dem Selbstwertgefühl der Eltern. Hieraus ergibt sich ein Teufelskreis, daß nämlich Kinder mit einem geringen Selbstwertgefühl von einer Mißerfolgserwartung ausgehen, die dazu führen kann, daß der Mißerfolg im Sinne der »self-fullfilling-prophecy« auch tatsächlich eintritt und die schulische wie berufliche Karriere einschneidend behindern kann.

Zusammenfassend ist zu sagen, daß eine gelungene Selbstwertentwicklung von der Art und Weise abhängt, wie bei Kindern die Freude am Erfolg angesprochen wird, und davon, daß sie eine sichere Bindung zu den Eltern aufbauen können, die durch Achtung und Respekt gekennzeichnet ist sowie Vertrauen in die Fähigkeiten des Kindes.

Vor allem die Bindungsforschung hat herausgefunden, daß bei unsicherer, ambivalenter oder ängstlicher Bindung das Selbstwertempfinden beträchtlich eingeschränkt ist. Eine gelungene Selbstwertentwicklung ist damit neben anderen ein wichtiger Schutzfaktor, der die Auseinandersetzung mit Stressoren erleichtert und das Risiko vermindert, psychische Störungen zu entwickeln.

Darüber hinaus wird das Selbstwertgefühl gestärkt durch die Angemessenheit des kindlichen Selbstbildes (wie viele Eltern machen ihre Kinder zu Prinzen und Prinzessinnen), seine Sicherheit in der Familie, eine positive, optimistische Lebensorientierung und Ermutigung und Unterstützung für das Kind bei der Bewältigung seiner Lebensaufgaben.

Hier möchte ich anmerken und Mißverständnissen vorbeugen: Selbst wenn diese Faktoren in der Kindheit nicht vorhanden waren und sich deshalb ein negatives Selbstwertgefühl herausgebildet hat, bedeutet das nicht, daß es immer so bleiben muß. Die Sensibilität für Erfolg, Anerkennung, Respekt und Zufriedenheit bleibt erhalten. Zur Förderung eines positiven Selbstwertgefühls braucht es korrigierende Erfahrungen, Situationen, in denen Erfolgsemotionen und das Gefühl, gemocht und respektiert zu werden, wachgerufen werden können, weil diese Wahrnehmungsmuster in uns angelegt sind. Hier wird deutlich, daß die Entwicklung eines positiven Selbstwertgefühls zwei Bestimmungen aufweist: Erfolg und die Rückmeldung in interpersonalen Beziehungen. Wenngleich die Bindung zu den Eltern ein elementares Selbstwertgefühl hervorbringt, können die frühen Erfahrungen durchaus im weiteren Verlauf der Entwicklung korrigiert werden (Rutter 1987). Gute intime Beziehungen im Erwachsenenalter leisten hier einen wesentlichen Beitrag und können Negativerfahrungen hinreichend abpolstern. Dabei sind Lob und Tadel die wichtigsten Rückmeldungen, die gewissermaßen direkt das Selbstwertgefühl ansprechen und demzufolge positive wie negative selbstbezogene Emotionen hervorrufen: Scham, wenn beispielsweise Lob ungerechtfertigt scheint, oder Ärger, wenn Tadel ungerechtfertigt scheint.

Gerade im Hinblick auf die eigenen Kompetenzerwartungen und die Orientierung auf die Lösung von Aufgaben böte die Schule vielfache Möglichkeiten, wenn sie, statt reine Lerninhalte zu vermitteln, Identitätsbildung im umfassenden Sinne betreiben würde. Das Selbstwertgefühl ist unmittelbar handlungsregulierend und somit ein zentraler Bestandteil der Selbststeuerung. Es ist gewissermaßen ein autonomer emotionaler Maßstab dafür, ob wir bestimmten Gütekriterien in unserem Handeln entsprechen. Da wir uns beständig selbst beobachten und mit inneren Standards vergleichen, neigen wir dazu, bei hohen Ansprüchen, denen wir nicht genügen können, negative Gefühle wie Angst und Depressivität zu entwickeln. Wir wissen aus Forschungen, daß erhöhte Verhaltensstandards, unrealistische Zielsetzungen und ein überhöhtes Selbstbild durchaus zu Depressionen führen können (Rehm 1977). Dagegen ist anzunehmen, daß niedrige Standards zu den entsprechend positiven Gefühlen von Stolz und Zufriedenheit führen. Doch wer gibt sich schon gerne mit wenig zufrieden? Wo wir doch so viel mehr erreichen könnten, wenn man uns ließe. Und der Zensor gönnt uns allemal kein Erfolgserlebnis, weil wir alle zu Höherem geboren sind, meint der Zensor und fordert mit unverminderter Härte.

Wenn der Zensor unbarmherzig wird und keine Ruhe gibt, dann kann es zu erheblichen Irritationen des Selbstwertgefühls kommen. An erster Stelle sind die Minderwertigkeitsgefühle zu nennen, Gefühle der Selbstabwertung und mangelndes Selbstbewußtsein. Als zweites haben wir die Größenvorstellungen, die uns zumindest kurzfristig das Gefühl geben, wir seien anderen überlegen oder etwas Besseres. Wer einmal die Euphorie und die Selbstverständlichkeit der eigenen Größe bei einem manischen Patienten erlebt hat, weiß, welche Seligkeit, aber auch welches Grauen sich dahinter verbergen. Zu den Größenvorstellungen kommen Stimmungsschwankungen und die Selbstinkonsistenz. Mit diesem Begriff wird das Phänomen beschrieben, wenn eine Handlung oder eine Erfahrung sich nicht mit der Vorstellung des eigenen Selbst in Deckung bringen läßt. So kann eine Handlung den moralischen Werten einer Person widersprechen oder seiner Lebensphilosophie zuwiderlaufen. Eine Person kann mit dem eigenen Selbstwert in Konflikt geraten, wenn sie sich selbst als »aufrecht« versteht und sich plötzlich vor anderen erniedrigt.

Ein wichtiger Schritt in die Richtung eines »gesunden« Selbstwertgefühls ist die Fähigkeit der positiven Umdeutung. Ich möchte Ihnen eine kleine Übung vorschlagen, bei der Sie in Situationen, in denen Sie sich ungerechtfertigt Kritik ausgesetzt fühlen, die kritischen Äußerungen umformulieren. Vorab einige Beispiele zur Verdeutlichung:

Sagt beispielsweise ein guter Freund oder der Zensor: »Du bist ja furchtbar zwanghaft«, versuchen Sie es mit folgender Antwort: »Ich liebe Ordnung.« Oder: »Was hast du wieder für einen Mist gemacht«, und Sie antworten: »Was meinst du genau damit?« Oder: »Du läßt dich ganz schön hängen«, Antwort: »Ich genieße es (vorausgesetzt, es stimmt), alle viere von mir zu strecken.«

Übung 3

Nehmen Sie sich ein Blatt Papier und schreiben Sie alles auf, was Ihnen während ihres Lebens angedichtet wurde. Dies können negative, aber auch positive Zuschreibungen sein. Schreiben Sie die positiven Zuschreibungen in eine gesonderte Spalte. Wenn Sie damit fertig sind, beurteilen Sie alle Zuschreibungen dahingehend, ob sie stimmen oder nicht stimmen. Die zutreffenden Zuschreibungen schreiben Sie heraus und geben die negativen in der Weise umformuliert zurück, wie ich es oben anhand der Beispiele gezeigt habe. Die restlichen Zuschreibungen lesen Sie sich noch einmal durch und formulieren aus denen, die Sie erfüllen möchten, Verhaltensziele. Den Rest werfen Sie in den Müll oder verbrennen ihn; Hauptsache, Sie beschäftigen sich nicht weiter damit.

Zuletzt nehmen Sie die zutreffenden positiven Aussagen über Ihre Person und versuchen, sich an die Situationen/Szenen zu erinnern, in welchen Sie positiv angesprochen wurden. Schließen Sie bei jedem Satz die Augen und vergegenwärtigen Sie sich jedes Detail der Szene: In welchen Räumen fand die Szene statt? Wie hat es gerochen? Welche Menschen waren anwesend? Welche Gegenstände und Farben können Sie wahrnehmen und vor allem, welche körperlichen Reaktionen empfinden Sie, wenn Sie daran denken, daß es jemand gut mit Ihnen gemeint hat? Vielleicht sind es Szenen eines beruflichen oder sportlichen Erfolgs, Szenen tiefer und inniger Verbundenheit oder gar eine Szene, in der eine wildfremde Person Sie auf ihre interessante Ausstrahlung anspricht. – Wenn Sie diese eine Szene vollständig erfaßt haben und Ihren körperlichen Zustand noch einmal nacherleben, atmen Sie dreimal, oder so oft Sie wollen, ganz tief ein und aus, so als wenn Sie mit jedem Atemzug diese Szene ganz tief in Ihr Innerstes holen und dort aufbewahren. Machen Sie sich dabei bewußt, wenn Sie für andere wertvoll sein können, dann können Sie es für sich selbst erst recht. Diese Übung können Sie damit beenden, daß Sie sich noch eine Weile damit beschäftigen, was Sie an sich selber wertvoll finden. Schreiben Sie es auf, damit Sie es nicht vergessen.

Wichtig ist es, bei Vorhaltungen, Anwürfen etc. sich nicht mit den Inhalten zu beschäftigen, sondern zunächst damit, das eigene Selbstwertgefühl stabil zu halten, um erst im nächsten Schritt auf die Inhalte der Vorwürfe einzugehen – wenn Sie wollen. Konstruktiv mit Kritik umzugehen setzt voraus, daß ich genügend Boden unter den Füßen habe und mich zunächst meiner vergewissere, weil ich dann erst in der Lage bin, mich ohne ein Gefühl der Bedrohung mit der Veränderung meines Verhaltens zu beschäftigen.

Ungebetene Gäste muß ich nicht bewirten

Fragen Sie sich einmal, mit welchen Menschen Sie in Ihrer Freizeit oder am Arbeitsplatz am meisten und am häufigsten zu tun haben. Unterteilen Sie diese Menschen in jene, von denen Sie sich unterstützt – durchaus auch im Sinne konstruktiver Kritik – fühlen, und jene, die ich als »Energiefresser« bezeichne. Machen Sie sich weiterhin klar, an welchen Orten Sie diese Menschen treffen und welches Tun Sie miteinander verbindet. Möglicherweise werden Sie feststellen, daß Sie die meiste Zeit mit Menschen verbringen, die Ihnen überhaupt nicht guttun.

So wie Johannes, der als Arzt in einer Klinik arbeitet. Johannes ist eigentlich ein auf seiner Station geschätzter Kollege. Sein Führungsstil ist kollegial, und die Beziehungen zu seinen Kollegen basieren auf Achtung und Respekt. Allerdings gibt es einen ärztlichen Kollegen, der ihn deshalb voller Neid betrachtet und bisweilen, nicht unbedingt in offener Feindseligkeit, während der Chefvisiten in einer unangenehmen Weise kritisiert. Das führte dazu, daß der Chef der Klinik, der ein traditionelles Hierarchiegefüge mit klaren Über- und Unterordnungen favorisiert, zunehmend skeptisch wurde und den kollegialen Umgangsstil von Johannes sowie seinen Führungsstil mit dem Stationspersonal kritisch unter die Lupe nahm. Da der neidvolle Kollege sich die Gunst des Chefs durch Sonderschichten und Ehrerbietungen erbuhlte, kam Johannes unter Beschuß.

Johannes, der ein aufrichtiger und harmoniebedürftiger Mensch ist, suchte daraufhin den Kontakt mit seinem Vorgesetzten. Da er sich nicht traute, seine Verletztheit direkt anzusprechen aus Furcht, noch mehr zurückgewiesen zu werden, nutzte er jede Gelegenheit, mit seinem Chef ins Gespräch zu kommen. Während der Mittagspause setzte er sich zu ihm und versuchte über den fachlichen Austausch eine gute Figur zu machen. Da es zur Klinikkultur gehörte, daß sich die ärztlichen Kollegen ab und zu gegenseitig zum Essen einluden, machte er davon regen Gebrauch in der Hoffnung, seinem Chef näherzukommen, damit dieser sich ein besseres Bild von ihm machen könne. Ebenso suchte er den Kontakt zu seinem ärztlichen Kollegen, mit dem er fachsimpelte und nach Feierabend auf ein Bierchen ging. In seinem Bemühen, sein negatives Image geradezurücken, vernachlässigte Johannes die Kontakte auf seiner Station, und die Pflegekräfte munkelten schon, daß Johannes wie manche andere der »Weißkittelneurose« zum Opfer gefallen sei, indem er sich einem gewissen Standesdünkel unterwerfe.

Von all dem wußte Johannes nichts, er war zu besessen von dem Gedanken, daß die ärztlichen Kollegen und der Chef ihn in seiner Art akzeptieren sollten. Nicht nur äußerlich, sondern auch in seinen Phantasien war Johannes von den Menschen, von denen er sich zurückgewiesen und nach seiner Überzeugung zu Unrecht wegen seines Führungsstils kritisiert fühlte, geradezu besetzt. Ihm fehlte die persönliche Souveränität, zu seiner Art des Umgangs mit Mitarbeitern zu stehen und diese auch gegen die Vorstellungen seines Vorgesetzten zu vertreten. Seine Furcht und Verletzbarkeit hinderte ihn daran.

Es kam, wie es kommen mußte, sein Chef war genervt von seinen aufdringlichen Kontaktversuchen, und sein Kollege triumphierte heimlich, daß er der Kronprinz des Chefarztes war.

Hier zeigt sich, in welche Abhängigkeitsspirale man sich verwickeln kann, wenn man von denen Unterstützung will, die es selber nicht wollen oder können. Dann ist man chronisch genau mit jenen Menschen beschäftigt, die einem das eben nicht geben, was man braucht. Interessanterweise treten dann die Kontakte zu Menschen in den Hintergrund, die für das eigene Wohlbefinden nahrhaft sein könnten. Oder man benutzt Sie, um über diejenigen zu klagen, die so schrecklich mit einem umgehen.

Anstatt sich in Situationen wie der geschilderten von Johannes erst einmal zu distanzieren und den Dissens anzunehmen, strengen wir uns an, unterwerfen uns und opfern viele gute Gedanken und Gefühle für eine Beziehung, wo der Beziehungspartner nicht einmal die Hälfte der eigenen Investition einsetzt. Wie viele Paare leiden in dieser Weise aneinander und versuchen unter Umständen auch noch, sich gegenseitig zu missionieren – und das bevorzugt als unsere Gäste! Wir lassen sie in unserer Seele wohnen, bewirten sie aufs beste und erhalten keinen Dank.

Ein anderes Beispiel dieser Spezies »Gäste« sind die ewig Kritischen unter den Freunden, Bekannten und Verwandten, diejenigen, die unter ihrem eigenen Leben leiden, die an allem etwas auszusetzen haben, an der neuen Wohnung, am Auto, an der schlechten Erziehung der Kinder. Und die es viel besser wissen, wie man ein gutes Leben führt. Diese Menschen sitzen dann lange Abende bei uns, essen den Kühlschrank leer und trinken auch noch die letzte Flasche Rotwein. Wir sitzen dabei, hören scheinbar interessiert zu und denken in aller Ernsthaftigkeit darüber nach, ob der Freund vielleicht doch recht haben könnte mit seinen Einwänden.

Warum laden Sie diese Menschen noch zu sich ein? Warum nennen Sie nicht die Bedingungen, unter denen Gäste bei Ihnen sein dürfen? Natürlich ist der Gast König – aber nur, wenn er nach den Spielregeln spielt, die Sie aufstellen. Ich mag sie nicht besonders, diese nörgelnden Besserwisser mit einem Hang zum Negativismus, sie saugen die Energie aus dem Leib, sie gehören zur Spezies der Vampire, die sich vom Guten der anderen ernähren, indem sie das Gute schlechtreden.

Aber unser Zensor funktioniert prächtig, er mahnt uns zur Höflichkeit und zum Respekt, er weist darauf hin, daß dieser Mensch doch auch sehr nette Seiten hätte. – Alles masochistische Spielereien, weil man sich, wenn der Gast dann doch endlich die Wohnung verlassen hat, ausgiebig über ihn ärgern kann. Der Gast weiß von alledem nichts und muß sich dementsprechend auch nicht ändern. Bis zum nächsten Mal. Ich glaube, es ist falsch verstandene Loyalität, den andern in dem Glauben zu lassen, man mag ihn, es aber in Wirklichkeit nicht tut. Was bringt letztendlich die Heuchelei, wenn Sie im Anschluß an einen solchen Abend allenfalls die Genugtuung spüren, selber der bessere Mensch zu sein.

Umgeben Sie sich mit Menschen, von denen Sie wissen, was Sie von ihnen haben. Dazu gehört auch offenzulegen, welche Erwartungen Sie an die Beziehung stellen und unter welchen Umständen Sie Opfer bringen wollen.

Gäste sind auch jene, mit denen wir uns gedanklich beschäftigen.

Und da gibt es gravierende Unterschiede: je nach dem, ob ich an jemanden denke mit einem warmen, liebevollen Gefühl oder ob ich mich dauernd mit den Ecken und Kanten der anderen befasse, mit den Seiten, die mir Kummer bereiten, die mich ängstigen oder mir Schrecken einjagen. Sie werden einwenden: Ja, aber das kann ich nicht steuern, weil ich so abhängig bin. – Dann müssen Sie sich allerdings fragen, welches Interesse Sie mit der Abhängigkeit verfolgen, welches Bedürfnis mit der Abhängigkeit verbunden ist.

Häufig wird die Unaufrichtigkeit in Beziehungen damit begründet, den anderen nicht verletzen zu wollen. Ich glaube, dahinter steht ein äußerst egoistisches Motiv. Es geht vielmehr darum, daß der Ärger, die Enttäuschung oder die Bedürfnisse, die Sie in bezug auf andere haben, nicht in Ihr Selbstbild passen, daß die aggressiven Impulse so gar nicht dem entsprechen, wie Sie über sich selber denken.

Und um das Selbstbild und die dazugehörigen selbstbezogenen Gefühle aufrechtzuerhalten, neigen wir dazu, all das auszugrenzen und aus dem (Selbst-)Bewußtsein zu verbannen, was ihm nicht entspricht. Im Kapitel zur Souveränität ist davon die Rede gewesen, daß eine große Gefühlsbreite und -tiefe ein reiches Leben ausmachen und das Selbstwertgefühl stärken können, wenn man es denn zuläßt, sich damit beschäftigt und es in der Identifikation zum Selbstbesitz machen kann.

Wenn ich genügend mit mir und meiner ganzen Fülle identifiziert bin und das, was ich geben kann und will, sorgsam auswähle, brauche ich nicht jeden Gast, weil ich sonst befürchten müßte, alleine zu bleiben. Verbindlichkeiten in Beziehungen ergeben sich allemal aus dem, was man sich gegenseitig Gutes tut. Wenn es zur unangenehmen Pflicht wird, verliert jede Beziehung an Glaubwürdigkeit. Deshalb sind klare und direkte Worte eine bessere Strategie, auch wenn es zur Trennung kommt, weil die Erwartungen und Bedürfnisse nicht zueinander passen.

Der Zensor wird sich möglicherweise grämen, er wird nicht einverstanden sein, wenn Sie sich seiner Idealvorstellung des guten und gerechten Menschen entziehen. Das ist aber halb so schlimm, weil er auf der anderen Seite wieder stolz darauf sein kann, wie sehr Sie sich selber treu geblieben sind.

Hier geht es um die Integrität eines persönlichen Raumes, der die innerseelischen Ereignisse umfaßt wie ein äußeres Territorium, welches ich meinen persönlichen Ort nenne: das eigene Zimmer, das eigene Büro, meinen Garten etc. Dieser innere persönliche Ort und sein Äquivalent, der konkrete persönliche Ort, spenden, wenn ich sie wirklich in Besitz genommen habe, Schutz und gelten als eine der wichtigsten Konstituenten von Identität.

Einen konkreten Ort für sich beanspruchen heißt, ihn ganz und gar mit sich zu besetzen. Dort baue ich mein Nest, dieser Raum riecht nach mir, ich bestimme über die Spielregeln, nach denen gehandelt werden soll, er ist mit Dingen gefüllt, die ich unmittelbar zu den bedeutsamsten Dingen zähle, die ich habe: Familienbilder, Muscheln vom letzten Urlaub, in dem ich mich neu verliebt habe, einen uralten Füllfederhalter, den ich von der geliebten Tante zur Konfirmation erhalten habe, eine Plastik, die ein befreundeter Künstler mir geschenkt hat ...

Den innerlichen persönlichen Ort oder Raum dagegen nehme ich überall mit hin. Er ist eine Art schützende Hülle, eine den Körper umgebende Sicherheitszone. Verletzungen dieses persönlichen Raumes, wenn mir beispielsweise jemand, der mir unangenehm ist, zu nahe kommt, werden als besonders gravierend empfunden.

Hall (1966) unterscheidet vier körperzentrische Räume unterschiedlicher Ausdehnung:

1. *Eine intime Zone* mit einem Radius von bis zu 45 Zentimetern erlaubt intime Kommunikation mit den Nähesinnen des Geruchs, der Tastempfindung und des Geschmacks.
2. *Eine persönliche Zone* mit einem Radius von 45 bis 120 Zentimetern erlaubt noch immer gegenseitige Berührung und intensive optische Kommunikation.
3. *Eine soziale Zone* mit einem Radius von 120 bis 360 definiert die Entfernung, in der zwei nicht näher miteinander bekannte Personen kommunizieren.
4. *Eine öffentliche Zone* mit einem weiteren Radius als dreieinhalb Meter bedeutet den Verzicht auf kommunikative Verpflichtungen.

Die körperzentrischen Zonen markieren den als angemessen und angenehm empfundenen Abstand zwischen Menschen. Allerdings ist das Gefühl der Angemessenheit kulturell unterschiedlich ausgeprägt. In vielen Ländern Afrikas sprechen Menschen, die sich kennen, Nachbarn, Freunde auch auf öffentlichen Plätzen in der Weise miteinander, daß sie beim Reden Körperkontakt aufnehmen und somit nach Halls Verständnis innerhalb der intimen Zone kommunizieren. In Skandinavien oder in Großbritannien ist der Abstand demgegenüber größer.

Die Intimität des Kontaktes kann über den räumlichen Abstand hinaus durch weitere Signale definiert werden, durch das Ausmaß des Blickkontaktes, des Lächelns und der Intimität des Gesprächsinhaltes. Fahrstühle sind ein wunderbarer Ort, um solche Phänomene zu studieren. Die Unangemessenheit der räumlichen Nähe läßt uns meist auf eine andere Strategie ausweichen, wir schauen auf den Boden oder werkeln an den elektronischen Knöpfen. Wir möchten vermeiden, daß die Verbindlichkeit der körperlichen Nähe sich in einer Verbindlichkeit der Kommunikation niederschlägt. Und gerade hier im Fahrstuhl schlägt der Zensor häufig gnadenlos zu:

Unauffällig versuche ich meinen Körpergeruch daraufhin zu testen, ob er dem Mitfahrenden nicht lästig werden könnte, ich überprüfe, ob die Schuhe geputzt sind oder ob die Frisur ihre ursprüngliche Form aufrechterhält.

Das Verhalten in Aufzügen wurde von John Gueldner (1965) in einem instruktiven, unveröffentlichten Aufsatz »Behavior in Elevators« (siehe Goffman 1974) beschrieben: Männliche Passagiere stehen im allgemeinen angespannt, die Hände an den Seiten und lassen sich auf keine Nebengespräche ein. Frauen nehmen häufig eine dazu äquivalente Haltung ein, so als sei jegliche Aktivität zum Stillstand gekommen. Gueldner weist darauf hin, daß es für das Aussuchen eines »verteidigungsfähigen Platzes« allgemeine Prioritäten gebe. Der zuerst Eintretende nimmt die Ecke neben der Kontrolltafel oder eine der hinteren Ecken ein; der nächste nimmt die Ecke ein, die der bereits besetzten Ecke diagonal gegenüberliegt. Der dritte und der vierte Mitfahrende nehmen die verbleibenden Ecken ein, der fünfte die Mitte der hinteren Wand, der sechste die Mitte der Fahrstuhlkabine. Betritt eine Gruppe, die zusammengehört, den Fahrstuhl, stellen sie sich meist so, daß dadurch der Status der Zusammengehörigkeit für alle Mitfahrenden kenntlich gemacht wird. Die Mitfahrenden haben mehrere Probleme zu lösen. Sie müssen sich den Raum gleichmäßig teilen, um einen sozialen Konflikt zu vermeiden, und sie müssen eine Position beziehen, die genügend Intimitätsschutz aufweist und sich leicht verteidigen läßt. Dies gilt allerdings nur für nordeuropäische und nordamerikanische Verhältnisse. In lateinamerikanischen oder afrikanischen Ländern kehrt sich das Verhalten um. Aufgrund der hohen Bevölkerungsdichte sind die Menschen dort gezwungen, in viel größerem Maße soziale Nähe zuzulassen, ob in überfüllten Bussen und Zügen oder in der Enge eines Marktgeschehens oder eben in einem Fahrstuhl.

In öffentlichen Räumen, wo der Anspruch auf ein Territorium nur kurzfristig geltend gemacht werden kann, versuchen wir Situationen zu meiden, in denen wir von jemand anderem belästigt werden oder, umgekehrt, ihn belästigen können. Taschendiebe nutzen dieses Verhaltensmuster, indem der Taschendiebhelfer die Opfer gezielt belästigt, um sie dazu zu bringen, sich von einem bedrängenden Körper fernzuhalten. Dabei begibt sich der eigentliche Taschendieb in eine Position, in der die Brieftasche erreichbar wird, weil »die Beute« intensivst damit beschäftigt ist, den aufdringlichen Taschendiebhelfer abzuwehren.

Die Hauptmerkmale des persönlichen Raumes bestehen darin, daß die legitimen Ansprüche darauf in Abhängigkeit von der herrschenden Raumverteilung stark variieren, wobei Faktoren wie die lokale Dichte und Menge der anwesenden Menschen, die Absicht der Herankommenden, feste Raumvorgaben (Sitzordnung in der Schule oder im ärztlichen Wartezimmer) und der soziale Anlaß des Zusammenkommens mitspielen. Was dann als Verstoß anzusehen ist, hängt von diesen Faktoren ab. Der persönliche Raum ist somit nicht ein permanenter mit egozentrischem Anrecht, sondern ein temporärer, situativer Raum, in dessen Zentrum sich der Mensch hineinbewegt. Gerade die Situation des gemeinsamen Wartens macht dies deutlich: Sich an einem nahezu leeren Ort direkt neben einen

Fremden zu stellen oder zu setzen, ist zweifellos zudringlicher, als wenn man dies an einem gedrängten vollen Ort tut, wo jeder sehen kann, daß nur noch dieser eine Platz frei ist.

Begegnungen innerhalb der intimen Zone, vor allem in nicht gewollten Situationen, können schnell Gefühle von Peinlichkeit und Scham aktivieren, die ihrerseits abgewehrt werden müssen. Die Vertrautheit und Bekanntheit des Gegenübers spielt eine entscheidende Rolle dabei, wie schamfrei der intime Kontakt zugelassen werden kann.

Kinder dagegen beanspruchen einen geringeren persönlichen Raum, insbesondere gegenüber ihren Bindungspersonen. Umgekehrt reagieren Erwachsene auf Verletzungen ihres persönlichen Raumes durch Kinder um so heftiger, je älter diese sind.

Der persönliche Raum weist also zwei Aspekte auf, den des Schutzes vor Übergriff und Verletzung und den der gewährten Intimität mit einem menschlichen Gegenüber. Im Sinne unserer Vorstellung von persönlicher Souveränität scheint die Fähigkeit, über sich selbst zu verfügen, in direkter Beziehung dazu zu stehen, Nähe zulassen zu können.

Der Begriff der Intimsphäre hat hier seine räumlichen Wurzeln. Wenngleich es kulturverbindliche Normen darüber gibt, wie man die Intimsphäre der Mitmenschen achtet, so gibt es höchst individuelle Unterschiede, wie Menschen ihre Intimsphäre kenntlich machen, wie eindeutig oder uneindeutig sie diese markieren und bei Verletzungen entsprechend deutlich eine Grenze ziehen. Eine Frau, deren Überzeugung es ist – und ihr Zensor wacht darüber! –, daß man allen Menschen mit Achtung und Respekt begegnet, insbesondere Männern, wird sich schwer tun, sich bei sexuellen Anzüglichkeiten zur Wehr zu setzen, vorausgesetzt, sie will sich überhaupt zur Wehr setzen …

Das Bewußtsein für den persönlichen Raum ist abhängig von einem differenzierten Körpergefühl, das die Ausdehnung des Körpervolumens erfaßt, aber auch eine Vorstellung darüber enthält, welche nichtsprachlichen Signale der Körper aussendet. Ich erinnere mich an einen kleinwüchsigen Mann, der häufig Konflikte mit zwei weiblichen Bekannten hatte. Wenn er beim Abschied oder zur Begrüßung die Frauen umarmte, berührte er meist mit seinem Mund deren Hals, was diese als klare Grenzüberschreitung empfanden. Erst ein ausführliches Gespräch konnte die Gründe für das Verhalten des Mannes klären: Es war nämlich in keiner Weise seine Absicht, in der Umarmung sexuelles Interesse zu signalisieren, sondern aufgrund seiner geringen Körpergröße konnte er bei einer Umarmung eine solche Berührung kaum vermeiden.

Zum Glück war das Problem lösbar, und die Freunde mußten sich nicht in tiefschürfenden und langwierigen Konfliktgesprächen gegenseitig mit Unterstellungen belästigen oder gar ihr Unbewußtes erforschen. Es genügte die Beschäftigung mit dem Augenfälligen, und ich glaube, daß viele Probleme dadurch so lange aufrechterhalten werden, weil man sich sehr schnell auf die Ebene begibt, Ursachen für das Problem zu finden, anstatt genau hinzusehen, was sich an der Oberfläche tut.

Wenn wir uns verletzt, übergangen oder zurückgesetzt fühlen, unterstellen wir meist feindselige oder boshafte Motive, so als wenn unsere Mitmenschen nichts Besseres zu tun hätten, als uns zu schädigen. Ein sicheres Gefühl für den persönlichen Raum ist dabei für eine gewisse Widerstandsfähigkeit gegenüber vermeintlichen Grenzverletzungen hilfreich. Abgesehen davon gilt es, diesen persönlichen Raum entsprechend sichtbar für andere zu markieren, weil Intimitätsgrenzen von Menschen sehr unterschiedlich definiert werden und oft erst im Übertreten deutlich werden. Ich denke an die Situation, wo sich Arbeitskollegen mit ihren Partnerinnen und Ehefrauen zum Abendessen treffen, um einen Geschäftserfolg zu feiern. Im Büro war es üblich, sich obszöne Witze zu erzählen, die bei den Arbeitskollegen durchaus auf breites Gelächter stießen. Doch als ein Kollege in Anwesenheit der Ehefrauen einen solchen Witz erzählte, erntete er ein höfliches Räuspern, und die Gesichter der Anwesenden signalisierten verhaltene Empörung über einen solchen Faux-pas. Wenn jemand allerdings Spaß daran hat, seine Mitmenschen zu irritieren und ein wenig aus der Reserve zu locken, ohne ihnen wirklich Böses zu wollen, dann kann eine solche Grenzverletzung zumindest für den, der sie setzt, durchaus vergnügliche Aspekte aufweisen.

Goffman (1974) unterscheidet im Hinblick auf den persönlichen Raum acht territoriale Phänomene:

1. *Der persönliche Raum* kennzeichnet den Raum, den ein Individuum überall umgibt und dessen Betreten seitens eines anderen vom Individuum als Übergriff empfunden wird (vgl. Intimitätsgrenzen).

2. *Die Box* ist der deutlich begrenzte Raum, auf den Menschen temporären, zeitlich begrenzten Anspruch erheben können, und zwar auf der Grundlage des Alles oder Nichts. Oft handelt es sich um einen raren, auch von anderen begehrten Gegenstand, wie zum Beispiel einen bequemen Stuhl, einen Tischplatz mit Fenster oder eine Fernsprechzelle.

3. *Der Benutzungsraum* ist das Territorium unmittelbar um oder vor einem Individuum, auf das es aufgrund offenbarer Erfordernisse einen allseits anerkannten Anspruch hat. Zum Beispiel kann ein Galeriebesucher, der nahe vor einem Bild steht, von den anderen Besuchern erwarten, daß sie versuchen, seine Blickrichtung möglichst nicht zu kreuzen, geschweige denn, sich noch vor ihn zu plazieren. Dieser Anspruch leitet sich gemeinhin aus schlichten Höflichkeits- bzw. Benimmregeln ab.

4. *Die Reihenposition* ist die Ordnung, die in einer bestimmten Situation ein bestimmtes Gut für den Ansprucherhebenden geltend macht. Es handelt sich dabei um eine Entscheidungsregel, die die Beteiligten nach Kategorien ordnet (z. B. »Frauen und Kinder zuerst« oder »zuerst der Kleinste, dann der Nächstgrößere«, »wer zuerst kommt, mahlt zuerst«). Die Entscheidungsregel schafft eine eindeutige Dominanz, wie zum Beispiel bei numerierten Entrittskarten für den Kinobesuch. Selbst wenn der Platz kurzzeitig verlassen wird, bleibt der Anspruch darauf erhalten.

5. *Die Hülle* bezeichnet die Haut, die den Körper schützt, und in geringem Abstand davon die Kleider, die die Haut bedecken. Meist ist der Körper in unterschiedlich verletzbare Segmente aufgeteilt. In der amerikanischen Mittelstandsgesellschaft zum Beispiel gibt man sich wenig Mühe, die Ellbogen vor Berührung zu schützen, während der Schutz der Körperöffnungen oder Berührungen im Genitalbereich besondere Beachtung finden und als Übergriff gedeutet werden. Die Hülle ist das heiligste

Territorium, weil deren Verletzung sofort eine existentielle Bedrohung annehmen kann.

6. *Die Besitzterritorien* beziehen sich auf eine Reihe von Gegenständen, die als mit dem Selbst identisch angesehen werden können. Diese Dinge gelten als »persönliche Habe«, wie zum Beispiel besonders bedeutsame Kleider, ein Zigarettenetui, der Inhalt von Handtaschen, eine wertvolle Vase, das teure High-End-Stereo-Gerät etc.

7. *Das Informationsreservat* umfaßt alle Informationen, die der Mensch in Abwesenheit anderer zu kontrollieren beansprucht. Übergriffe in dieses Reservat werden als »Klatsch und Tratsch«, als Indiskretion bis hin zum Vertrauensbruch empfunden. Dazu gehören beispielsweise Kenntnisse über biographische Details, körperliche Gebrechen, die Dritten nicht zugänglich gemacht werden dürfen, das Wissen über korruptive Tätigkeiten der Vorgesetzten usw.

8. *Das Gesprächsreservat* ist das Recht des Individuums, ein gewisses Maß an Kontrolle darüber auszuüben, wer es wann zu einem Gespräch auffordern kann; ferner das Recht einer im Gespräch befindlichen Gruppe von Individuen, nicht durch die Einmischung oder das Mithören anderer Personen behelligt zu werden.

Die Achtung anderer für diese Territorien sowie die eigene Fähigkeit zu ihrer Verteidigung spielen eine herausragende Rolle für ein stabiles Selbst. Der Umfang der Reservate kann nach Macht und Rang sehr verschieden sein. Die Differenz in der Achtung meiner Territorien beispielsweise in Krankenhäusern macht dies unrühmlich klar: Ob ich in einem Dreibettzimmer liege und keinen Einfluß darauf habe, daß im nächsten Moment ein schwerstkranker Patient in mein Zimmer kommt, oder ob ich in einem Einbettzimmer liege und aufgrund meines gefüllteren Portemonnaies perfekte Serviceansprüche erheben kann, macht einen großen Unterschied.

Unter einer soziologischen Perspektive gilt: Je höher der soziale Status eines Menschen ist, desto größer ist der Umfang der Territorien des Selbst und die Kontrolle über deren Grenzen hinaus. Viele Menschen schämen sich dafür, Territorien für sich zu beanspruchen, oder empören sich darüber, wenn andere es tun. Natürlich kann man sich bescheidenerweise mit wenig zufrieden geben, doch scheint die Größe des territorialen Umfangs und die Möglichkeiten seiner Kontrolle ein Indikator für psychosoziale Gesundheit zu sein. Auch wenn Sie selbst nicht das nötige Kleingeld haben, um sich Reservate zu sichern, wie es berühmte Schauspieler tun, die die Fürstensuite eines Hotels bei Freßgelagen mit Fastfood und Sauforgien durchaus in eine Müllkippe verwandeln können, so ist es möglich, auch im Kleinen territoriale Ansprüche geltend zu machen und mit dem entsprechenden Selbstbewußtsein vorzutragen. Man muß es sich nicht bieten lassen, sich in einer ärztlichen Untersuchung einer schmerzhaften, invasiven Diagnostik auszusetzen, ohne vorher über die Gründe und die Folgen ausreichend informiert worden zu sein. Ebenso kann man darauf bestehen, Anweisungen von Vorgesetzten, die die eigenen Kontrollmöglichkeiten einschränken, zu hinterfragen und gegebenenfalls konstruktive Lösungsvorschläge einzubringen, um die Kontrollmacht über eigene Territorien aufrechtzuerhalten.

Kommen wir zu einem weiteren Punkt, der uns im Hinblick auf Gastfreundschaft und Gastfeindschaft beschäftigt: der persönliche Ort (Territorium). Mein Land, meine Stadt, mein Haus, mein Garten, mein Zimmer etc. Persönliche Orte sind Orte, denen sich Menschen besonders verbunden fühlen und die von einer Person oder Gruppe von Personen beansprucht werden.

In der Verhaltensforschung wird der Begriff »Territorium« verwendet. Er besagt, daß ein Lebewesen für sich oder seine Gruppe auf einen Raum Anspruch gegenüber Artgenossen erhebt, den er besetzt hält, markiert und gegebenenfalls verteidigt. Meist handelt es sich um Brutstätten oder Jagdreviere, also um Räume, die der Befriedigung elementarer Bedürfnisse wie der Fortpflanzung und Ernährung dienen.

Im Unterschied zum persönlichen Raum ist der konkrete, persönliche Ort nicht körperzentriert, sondern immobil und kann vom Ansprucherhebenden verlassen werden; er ist nicht unbedingt sichtbar, sondern wird durch wahrnehmbare Zeichen markiert, zum Beispiel durch Geruch. Das Territorium umfaßt körperzentrierte, temporäre, zeitlich begrenzte und langfristig ortsgebundene Räume, wobei die Soziologie die temporären Räume noch zusätzlich unterteilt in öffentliche Räume, die allen zugänglich sind, in denen man zeitlich befristete Rechte hat (wie auf dem Bürgersteig das Recht, den Raum zum Gehen zu beanspruchen, wenn einem nicht gerade eine Gruppe Skinheads entgegenkommt oder eine schmächtige Frau mit einem Bullterrier an der Leine), und Interaktionsräume, die miteinander kommunizierende Personen für sich beanspruchen (zum Beispiel die Parkbank der Obdachlosen).

Die Begrenzung des Territoriums erfolgt beim Menschen nicht olfaktorisch, also durch den Geruch, sondern überwiegend durch symbolische Markierungen. Zentrale Markierungen definieren einen Anspruch auf einen radial um sie angeordneten Raum, so wie man sich einen Liegestuhl durch ein Kleidungsstück oder Handtuch reserviert. Territoriumsmarkierungen signalisieren hingegen eine Grenze wie der Zaun des Nachbarn, eine Hecke, die Linien eines Fußballfeldes, der Schlagbaum an einer Landesgrenze.

Territorien können auf unterschiedliche Weise streitig gemacht werden: durch einfaches Eindringen und Plazieren des Körpers, durch Berührungen (dort, wo »Bitte nicht berühren« steht), durch Anblicken, durch Sich-Aufdrängen, durch Erlauschen von Lauten oder plumpes Hineinreden.

Goffman (1974) unterscheidet hier wiederum verschiedene Arten territorialer Verletzungen:

1. Die Plazierung des Körpers in bezug zu einem von anderen beanspruchten Territorium spielt eine Rolle, wie es beispielsweise in den traditionellen indischen Kastenbeziehungen der Fall ist. Dort ist genau vorgeschrieben, wie weit sich Personen verschiedener Kasten einander nähern dürfen. Die ranghöchste Person fungiert dabei als Zentrum des persönlichen Raumes. Ähnliche Phänomene können wir bei königlichen Hochzeiten beobachten. Bei manchen ist es nicht erlaubt, daß bürgerliche Kinder in die Nähe des Brautpaares gelangen dürfen und Blumen streuen, obwohl die Braut unter Umständen bürgerlicher Herkunft ist. Der Kör-

per einer ranghohen (heiligen) Person wie des Papstes oder bei einigen Sekten (siehe Bhagwan) gilt als unnahbar, und es wird nur eingeweihten Personen gestattet, sich diesem Menschen zu nähern.

2. Der Körper kann Territorien verletzen als etwas, das die Hülle oder den Besitz eines anderen verunreinigen oder schänden kann. In unserer Gesellschaft stellt die sexuelle Belästigung hierfür wohl den extremsten Fall dar. Auch Berührungen von Speisen oder das Trinken aus fremden Gläsern gehören in diese Kategorie.

3. Das Anblicken, Anschauen oder Durchbohren mit den Augen kann als Grenzverletzung wahrgenommen werden. Das Anstarren einer fremden Person beispielsweise gilt als unhöflich und übergriffig. Kindern gewährt man gewöhnlich diese Art der Neugierde, bei Erwachsenen ist das Verhalten verpönt. Die Disziplinierung der Blicke ist eine ständige Aufgabe und um so nötiger, als Blicke auch in anderer Hinsicht bedeutsam sind. Nämlich in Situationen, wo durch Blickkontakt die Aufforderung zu einem Gespräch oder die Gewährung desselben, die Regulierung der Reihenfolge der Sprecher, die Bekundung von Anstand, Scham und Takt usw. sichergestellt werden. Natürlich bestehen interkulturell erhebliche Unterschiede in bezug auf die Regeln, die dem Anblicken zugrunde liegen. So konnte in einer amerikanischen Untersuchung von Kochman (1970) nachgewiesen werden, daß puertoricanische Schulkinder im Niederschlagen der Augen eine angemessene Reaktion auf das Geschimpfe des Lehrers sehen. Das gleiche Verhalten wird von einem amerikanischen Erwachsenen in der Regel als Gehorsamsverweigerung interpretiert. Man kann sich vorstellen, zu welchen Konflikten in der Schule es führen kann, wenn Spielregeln des Kontaktverhaltens aufgrund unterschiedlicher Kulturzugehörigkeit nicht abgeglichen werden. Die Disziplinierung des Blickes ist dort am stärksten angebracht, wo Nacktheit im Spiel ist. Selbst in Nudistencamps gibt man sich offensichtlich Mühe, den Blick von den Geschlechtsteilen abzuwenden oder zumindest so zu tun, als schaue man nicht hin. Die Regel lautet: »Die Blicke sind versteckt, wenn die Körper nackt sind.«

4. Die Einmischung durch Laute stellt eine weitere Verletzung des Territoriums dar. Sie kennen sicherlich die Situation zweier Mütter, die in ein intensives Gespräch verwickelt sind, während die Kinder dabei spielen. Das Spielen der Kinder wird lauter, und die Mütter fühlen sich gestört. »Könnt ihr nicht leise spielen, ihr seht doch, daß wir miteinander reden wollen.« Inzwischen können Kinder sogar entsprechend antworten wie etwa: »Könnt ihr nicht woanders reden, ihr seht doch, daß wir ein wildes Spiel spielen.« Der Anspruch auf ein akustisches Territorium wird auch hier von ranghöheren Personen erhoben. Peinlichkeiten werden erzeugt, wenn zwei Menschen sich über eine größere Entfernung hinweg unterhalten und im Gespräch Intimitäten austauschen.

5. Jemanden ansprechen, der eigentlich in ein Gespräch vertieft ist oder signalisiert, daß er ein Gespräch nicht möchte, gilt als Verletzung, zumindest als anmaßend. Ein Untergebener beginnt bei einer Begegnung einfach seinen Vorgesetzten anzusprechen, ein Schüler beansprucht die Aufmerksamkeit eines Lehrers, der gerade mit einem Kollegen die Zeugnisnoten durchgeht – Beispiele für die Empfindlichkeit besonders westlicher Menschen für diese Art von Störungen.

6. Als letzter Punkt territorialer Verletzungen sind Exkremente zu nennen, die Goffman in vier Kategorien einteilt. Erstens körperliche Ausscheidungen, die bei unmittelbarer Berührung zu Verunreinigungen führen (Speichel, Schweiß, Blut, Urin etc.) Zweitens Gerüche, die aus Blähungen, schlechtem Atem und Körpergerüchen hervorgehen. Wie der Blick dehnt auch der Geruch sich räumlich aus und verbreitet sich in alle Richtungen, kann aber im Gegensatz zum Blick nicht abgebrochen werden, sobald der Urheber merkt, daß er stört. Und er kann in einem abgeschlossenen Raum zurückbleiben, nachdem der Urheber bereits gegangen ist. Obwohl wir in den zivilisierten Ländern Körpergerüche zumindest aus dem öffentlichen Leben durch Cremes, Duftwässerchen und ähnliches verbannt haben, spielt er eine hervorragende Rolle beim erotischen Werben. Man hat festgestellt, daß die Partnerwahl vom Eigengeruch des potentiellen Liebespartners abhängt. Dieses natürliche Wissen nutzen spanische

Jugendliche. Sie benetzen ihr Taschentuch mit Achselschweiß und stecken es in ihr Jackett, bevor sie in eine Diskothek gehen.

Drittens die Körperwärme, die man beispielsweise auf den Betttüchern von Stundenhotels, auf Toilettenbrillen, in Badezimmern, an ausgeliehenen oder versehentlich angezogenen fremden Kleidungsstücken vorfindet.

Viertens vom Körper zurückgelassene Markierungen wie Speisereste auf einem Teller, Spuren in der Toilette oder die Bißspuren in einem Apfel, den ein Kind wieder in die Obstschale zurückgelegt hat. Diese Spuren gelten als verunreinigend.

Diese durch Konvention hergestellten Spielregeln und Grenzen sind nicht immer rational begründbar. So können Paare, die auf der einen Seite geschlechtliche Beziehungen zueinander haben und dabei »Körpersäfte austauschen«, andererseits darauf bestehen, daß der Partner nicht die gleiche Zahnbürste benutzt. Männer, die aus einer gleichen Flasche trinken, können es unmännlich finden und ablehnen, das halbaufgegessene Essen des anderen anzurühren. Eine Sonnenbrille, die jemand verloren hat, wird man eher aufheben und in Gebrauch nehmen als einen Kamm oder eine Haarbürste.

Territoriale Übertretungen gehören zum Alltag des menschlichen Lebens, wobei kulturelle Normen und Verhaltensstandards sicherstellen, wie und mit welchen Folgen in Territorien gehandelt werden darf. Interessanterweise gibt es nicht nur territoriale Verletzungen von anderen, sondern ebenso Verletzungen, die sich auf die eigene Person beziehen. Diese können darin bestehen, sich selbst zu beschmutzen, sich selbst zu entwürdigen, indem man sich mit dem Schmutz anderer Personen verunreinigt (auch in seiner psychologischen Bedeutung), oder durch das Zeigen von Blößen wie das Tragen von unschicklicher Kleidung, Trunkenheit auf offener Straße, Selbstenthüllungen oder das Zeigen von Nacktheit in der Öffentlichkeit. In dem Roman von Chandler Brossard *Who Walk in the Darkness* (zitiert in Goffman 1974, S. 87) wird ein Beispiel gegeben:

»›Die meisten Leute haben eine vorgefaßte Meinung darüber, wie sie sich verhalten sollen‹, fuhr Henry fort. ›Wie ich. Wiedergeburtsideen. Max nicht. Er handelt wie er Lust hat. Es gibt nichts, was gut oder böse, würdig oder unwürdig ist. Es gibt keine Erfahrung, für die er nicht offen wäre. Er ist unwahrscheinlich flexibel. Zum Beispiel: Wenn wir uns in diese Kneipe da setzen würden, und es stünden da noch zwei halbvolle Gläser Bier, die andere stehengelassen haben, Max könnte sie ohne weiteres leertrinken. Er könnte das wirklich. Es würde ihn nicht im geringsten stören. Es würde ihn nicht im geringsten stören ... Das ist der wahrhaft moderne Mensch‹«.

Es ist schon erstaunlich, wie komplex und ausdifferenziert der Umgang mit Territorien geregelt ist. Dennoch und vielleicht gerade deshalb kommt es zunehmend zu einer Aufweichung und damit zu einer Verunsicherung, wie territoriale Ansprüche geltend gemacht und abgesichert werden können. Der Krieg in Jugoslawien hat dies in verhängnisvoller Weise deutlich gezeigt. Im politischen Weltgeschehen gelten die gleichen Gesetzmäßigkeiten wie im Unternehmensbereich und in der Familie. Vor allem die Vermischung der Kulturen führt zu einer Auflösung und Neubestimmung traditioneller Formen territorialer Absicherung. Was erlaubt ist und was nicht, bestimmen nicht mehr die normsetzenden Schichten, sondern entsteht aus einem Aushandeln kultureller Verhaltensstandards der Beteiligten. Es hat sich gezeigt, daß bei großen Firmenfusionen (BMW-Rover, Vereinsbank-Hypo, Daimler-Chrysler etc.) die Unverträglichkeit der verschiedenen Kulturmuster zu erheblichen Schwierigkeiten führen kann. Ein englischer Arbeitnehmer hat ein anderes Selbstverständnis als ein deutscher Arbeitnehmer, und eine Verordnung neuer Kulturmuster von oben nach unten ist von vorneherein zum Scheitern verurteilt. Eine Kreuzung von Elefant und Giraffe wird auch nicht beim ersten Mal gelingen, wenn man die Kompatibilität der verschiedenen genetischen Codes nicht ausreichend erforscht hat. Interkulturelle Ehen wie beispielsweise zwischen Türken und Deutschen zeigen ähnliche Probleme. Auch hier kommt es zu einem Aufeinandertreffen zweier Kulturen mit völlig verschiedenen Konventionen, Ritualen und Vorstellungen darüber, wie eigene und fremde Territorien behandelt werden dürfen.

Die Heimterritorien sind für unser Thema besonders bedeutsam, da es hier um räumliche Gebilde geht, die als Behausung dienen. Die eigenen vier Wände strukturieren die Umwelt in ein Innen und

Außen. Der Innenraum ist durch materielle Barrieren (Türen und Fenster) von der Außenwelt abgeschirmt und wird in der Regel als sicherer Raum erlebt. »Die Abschirmung von Heimterritorien, die normalerweise durch Wohnräume gebildet werden, betrifft besonders die variablen Barrieren, die den Zugang ermöglichen und verwehren können. Deshalb wird in allen Kulturen der Gestaltung und Sicherung des Zu- und Eingangs große Aufmerksamkeit geschenkt. Die Abschirmung umfaßt weiterhin den Schutz gegen alle anderen genannten Formen der Verletzung von Territorien, so den Schutz vor dem Eindringen von Lauten und Gerüchen ebenso wie vor der optischen und akustischen Entnahme von Informationen durch Zuschauer bzw. Abhörer« (Habermas 1999, S. 117).

Durch die Vertrautheit und Selbstverständlichkeit der Behausung ist es dem Bewohner möglich, die eher angespannte und aufmerksame Wachsamkeit in öffentlichen Räumen zugunsten einer Entspannung und Ruhe aufzugeben. Es sei denn, daß sich der Bewohner gedanklich und emotional mit Menschen beschäftigt, die in anderen Räumen anwesend waren, oder Ereignissen, die woanders stattgefunden haben. Dieses Hineintragen von Spannungen und Konflikten vor allem aus Arbeitszusammenhängen in die Privatsphäre der persönlichen Behausung ist ein häufiger Grund für mangelnde Entspannung, so daß manche Menschen selbst in ihrer vertrautesten Umgebung nicht zur Ruhe kommen. Wenn dann auch noch die Kinder toben und die Ehefrau zum falschen Zeitpunkt die falschen Anforderungen stellt, ist der Familienkrach vorprogrammiert.

Dies ist wahrscheinlich ein Grund dafür, warum so viele Männer aus dem zweiten Wohnzimmer, ihrer Stammkneipe, per Handy mitteilen, daß »es heute später wird«. Erschwerend kommt hinzu, daß die äußeren Anforderungen sich mit den inneren Ansprüchen verknüpfen, die auf Lösung oder Klärung drängen. Deshalb ist es durchaus angebracht, im sozialen Uterus der Thekenfreundschaften einmal Dampf abzulassen und dafür die Kritik der Partnerin in Kauf zu nehmen. Schwierig wird es nur dann, wenn sich »Mann« unter dem Zigarettenrauch des Tresens wohler fühlt als zu Hause bei Frau und Kind. Mit Verständnis betrachtet, handelt es sich um eine Zuflucht im Kneipenasyl, weil dort die Gemeinschaft der Gleichgesinnten für die nötige Ablenkung sorgt und unter Umständen eine seelische Entgiftung herbeiführen kann.

Ein besonderes Interesse gilt der aktiven Gestaltung der persönlichen Behausung – vor allem, wenn Sie dazu neigen, alles mit nach Hause zu nehmen, was Sie gerade noch tragen können. Die ungebetenen Gäste bestehen dann nicht aus konkreten Menschen, mit denen Sie eigentlich nichts zu tun haben wollen, sondern aus Szenen Ihres Alltags, die Sie quälen und belasten. Manchmal ist es notwendig, im Rahmen der persönlichen Umgebung mit Muße noch einmal die schwierigen aushäusig erlebten Situationen durchzugehen, doch wenn der verdiente Feierabend dazu verkommt, eine Verdoppelung des Arbeitsalltags zu werden, vergiftet es die häusliche Atmosphäre. Deshalb braucht es Räume zur Entsorgung, es braucht Räume und Orte der Bearbeitung, und es braucht Räume der Entspannung und Erholung. Dies setzt voraus, die Umgebungen zu kennen, die Sie in einen Zustand der Zufriedenheit und des »Bei-sich-Seins« versetzen können: der Liegestuhl auf dem Balkon, das Sofa vor dem Fernseher, ein bestimmter Platz im Betrieb, die Parkbank auf einer kleinen Anhöhe oder einfach nur die Toilette, in der Sie ungestört Ihre Comics lesen können.

Viele Menschen beschäftigen sich jedoch eher mit Umgebungen, die negative Auswirkungen auf die Befindlichkeit haben, sie halten sich sogar vorzugsweise dort auf. Vielleicht entspricht dieses Verhalten einem natürlichen Bedürfnis des Zivilisationsmenschen, dort zu sein, wo er sich herausgefordert fühlen kann, wo es Grund zur Klage gibt, wo der Zensor besonders kritisch äugt, wo die Aussicht auf ein bißchen Glück am geringsten ist. Manche Menschen haben dieses Bedürfnis geradezu kultiviert und daraus ein selbstverständliches Drama gemacht, das sie zu allem Überfluß auch noch gnadenlos ihren Freunden und Bekannten zumuten. Der Gewinn aus alledem scheint darin zu bestehen, sich wichtig fühlen zu können, so als wenn nur der Mensch bedeutsam ist, der sich nachweislich mit eigenen und fremden Problemen vergeblich beschäftigen kann. Die Sehnsucht nach Erlösung wird somit unglaubwürdig, weil sie die dramatische Inszenierung grundsätzlich in Frage stellen würde. Im übrigen ist es geradezu erstaunlich, mit welcher Hingabe und Leidenschaft Menschen miteinander und gegeneinander über die Politik und Politiker, über den Nachbarn, die Arbeitskollegen und ein wenig verhaltener über gute Freunde herziehen, ohne sich im nachhinein tatsächlich besser zu fühlen. – Wenn Ihnen schon der schlechte Zustand der Menschheit Kraft und Vitalität verleiht, die Klage Sie zu rhetorischen Höhenflügen treibt und Sie sich mit Ihren Erkenntnissen die Lufthoheit über dem Stammtisch sichern, dann sollte dies mit nachhaltigen Auswirkungen geschehen. Stellen Sie sich einfach vor, Sie könnten ein Mensch sein, der anderen Freude bereitet, nicht weil der Zensor Ihnen dieses Verhalten abringt, sondern weil Sie so genußvoll jammern und klagen können. Auch dies ist eine Kunst, weil gutes Jammern die Last des Lebens leichter macht, weil die in ihr enthaltene Aggression ein notwendiges Ventil findet und möglicherweise dankbare Zuhörer.

Sichern Sie sich Territorien des Leidens, Territorien der Lust, Territorien der Ruhe, Territorien des Größenwahns, Territorien der Erschöpfung, Territorien des Streitens und Territorien des Erfolgs. Nehmen Sie die Territorien ganz in Ihren Besitz, und teilen Sie sie mit denen, die es zu schätzen wissen, dort Gast zu sein. Nur so können Sie sich in den Gefühlen, die mit diesen Territorien verbunden sind, in einer guten Art und Weise beheimaten, ohne daß Sie sich selbst und anderen zur Last fallen. Entscheiden Sie darüber, wer von den Besuchern Ihr Schlafzimmer betreten darf oder Einblick gewinnt in die Wäschekammer, in der sich schon seit Wochen die Wäscheberge türmen, weil Sie keine Lust haben, die Waschmaschine einzuräumen. Zeigen Sie Ihren Lebensraum denen, die sich darüber freuen können, daß es Sie gibt, und zwar in der Ausfertigung, die nun mal vorliegt. Die anderen laden Sie am besten nicht mehr ein, oder Sie machen sich ein Spiel daraus, etwas vorzuspielen: Inszenieren Sie kleine Aufführungen, aber passen Sie auf, daß Sie sich selber nicht abhanden kommen. Schlimmer kann es wirklich nicht mehr werden. Was den Menschen menschlich macht, ist nicht allein seine Kultur, seine Fähigkeit, nach Konventionen und sozialen Spielregeln zu leben, sondern auch, genau diese Spielregeln, diese Grenzen zu überschreiten, sonst gäbe es keine Entwicklung. Nehmen Sie den

Rohling, wie Gott ihn gemacht hat, und gestalten Sie daraus ein eigenes Werk, das zu Lebzeiten nicht fertiggestellt wird. Es ist ein dauerndes Experiment oder, wie ein Filmtitel es beschreibt, »eine Baustelle«, und ich füge hinzu, der Tod markiert seine Vollendung. Ich möchte nach meinem Ableben keine Baustelle hinterlassen.

Uns bleibt sowieso nichts anderes übrig als das andauernde Experiment, weil der Traum von einer Weltordnung, die aus der Bewältigung der Erbsünde hervorgehen soll, ausgeträumt ist. Die hybride Vorstellung der Beherrschbarkeit von Physis und Psyche ist das Vermächtnis all derer, die uns glauben machen wollen, es gäbe eine wirkliche Erlösung: Manche Religionen verorten sie im Jenseits, die Psychotherapie im Diesseits, wenn man lange genug an seiner Seele gearbeitet hat, und die Zauberlehrlinge des Motivations- und Kreativitätstrainings im Hier und Jetzt, weil es einer schlichten Entscheidung bedarf, hurra!

Ob man das Ego zerstört, um das wahre Selbst zum Leuchten zu bringen, ob man das Ego hochzüchtet wie ein Rennpferd, das auf allen Aktienarenen der Welt von Sieg zu Sieg galoppiert, ob man sich damit abfindet, seinen Garten zu pflegen und regelmäßig den Rasen zu mähen, weil man sonst die bösen Blicke der Nachbarn ertragen müßte, das alles gilt, und niemand muß es mehr legitimieren. Gott liebt alle, manche vielleicht ein bißchen mehr, und das ist gut so. Gerechtigkeit ist eine bürgerliche Illusion, genauso wie unser Zensor und unser Anspruch auf ein erfülltes Leben.

Deshalb lerne ich, auf Lösungen zu verzichten – besonders auf solche, die mit einem gewissen Missionarseifer vorgetragen werden. Lösungen von heute sind die Probleme von morgen. Ohne Verwicklung gibt es keine Entwicklung. Lachen ist gesund und Weinen auch.

Die Angst vor der Vergeltung überwinden

Dieses Kapitel handelt von menschlichen Bedürfnissen, von Schuld, Scham und Angst. Wir haben uns in dem vergangenen Kapitel damit beschäftigt, wie Ihr Selbstwertgefühl gesteigert werden kann, wie Ihr Selbst stark und widerstandsfähig wird, wie Sie zu einem Gefühl innerer und äußerer Souveränität gelangen können – schlicht, Ihr Leben nicht nur erträglich gestalten, sondern durchaus zu Ihrer Zufriedenheit, mit dem größten Komfort an Wohlbefinden. Wenn sich das Selbst aufschwingt, große Taten zu vollbringen, und dem Leben ausreichend Zuversicht und Glück abgewinnt, ist der Zensor nicht weit entfernt. Er steht parat und reibt sich schon die Hände, wenn irgendein positives Projekt danebengeht. Dann heißt es wieder: »Siehst du, du hast dir zuviel zugetraut; Schuster, bleib bei deinen Leisten; ich werde schon dafür sorgen, daß du ein ›Looser‹ bleibst; dein Stolz ist nur eine Ausgeburt deiner Überheblichkeit; ich habe dir schon immer gesagt, daß du es nicht vermagst, dein Leben auf die Reihe zu bringen; im übrigen hättest du mich ja fragen können. Ich hätte es besser gewußt.«

So oder so ähnlich könnte die innere Stimme sprechen, wenn Sie es sich gönnen, an sich zu glauben, Ihre Fähigkeiten in die eigenen Hände zu nehmen und einfach loszumarschieren im Vertrauen darauf, daß der liebe Gott Sie mit allem ausgestattet hat, was Sie für Ihre Lebensreise benötigen.

Vielleicht sind Ihnen mittlerweile Zweifel gekommen, ob es sinnvoll ist, überhaupt hier weiterzulesen, weil sich in Ihrem Leben ja doch nichts ändern wird. Sie werden weiterhin am Ehepartner herumnörgeln, über das schlechte Wetter lamentieren, und die Arbeitskollegen sind noch immer so anstrengend wie bisher. Niemand bemerkt Ihr wachsendes Selbstvertrauen, noch nicht einmal Sie selbst. Dabei hatten Sie sich soviel vorgenommen. Sie haben schon einige psychologische Ratgeber verschlungen und die Ratschläge und Übungen sogar befolgt. Sie waren endgültig an dem Punkt, etwas in Ihrem Leben ändern zu wollen, aber Sie haben nicht mit Sabotage gerechnet, mit Ihrem Zensor, mit Ihrem inneren Miesmacher, mit diesem mächtigen Richter und seinen mächtigen Urteilssprüchen.

Was ist geblieben von all der Zuversicht, von der Aufbruchstimmung? Nichts!? Ihr Selbstvertrauen ist wieder einmal davongeschwebt wie ein Luftballon, der im Wind treibt, und irgend jemand wird denken: Hat ein Kind wieder mal nicht aufgepaßt oder sich in ferne Länder geträumt, weil die Freiheit nie und nimmer hier und jetzt stattfindet, sondern immer dort und damals. Genauso haben Sie Ihr Leben eingerichtet: in einem Dort der Zukunft oder in einem Damals der Vergangenheit. Hier bei sich, bei jedem Atemzug, bei jedem Herzschlag, bei jedem Bissen, den Sie zerkauen und genußvoll oder bewußtlos durch den Gaumen die Speiseröhre hinuntergleiten lassen. Nicht einmal der Geschmack ist Ihnen gegenwärtig. Wie erbärmlich ist dieser Zustand, und wie sehr hoffen Sie auf Erlösung! Doch die Erlösung kommt nicht, schon seit über zweitausend Jahren hält sie sich versteckt, hat Ihnen was vorgemacht, hat Ihnen eingeredet, das Leben sei anders. Dann haben Sie dreißig Jahre, vielleicht auch länger, damit zugebracht, Ihr Elend vor sich selber zu verbergen – mit Erfolg. Dann plötzlich: die schwere Krankheit, der Verlust des Liebespartners, die ungeratenen Kinder, zu guter Letzt auch noch eine Schwiegermutter, wie sie schlimmer nicht sein kann. Sie sind aufgewacht wie aus einem schönen Traum, und Sie hatten eine Zeitlang die Hoffnung, das wirkliche Leben sei der Traum, den Sie in den Gemächern Ihres Märchenschlosses geträumt haben. Nichts dergleichen, nur ein kalter Nebel, der die Sicht verdeckt, eine Sicht, die ohnehin nur das triste Allerlei eines trostlosen Alltags freigibt. Sie entdeckten die Lust am Untergang, weil das Gute nur im Jenseits eine Daseinsberechtigung hat. Und Sie wissen, daß Sie im Besitz des Guten sind, daß Sie eigentlich einen guten Kern haben. Doch niemand interessiert sich dafür.

Manchmal sehnen Sie sich sogar danach, daß es endlich vorbei wäre, daß Sie nicht mehr aufstehen müssen in der Früh, wenn der Wecker klingelt. Sie sehnen sich danach, nicht mehr essen und trinken zu müssen oder langweilige Gespräche führen. Dieses dauernde quälende Gefühl, nicht mehr nachzukommen mit dieser beschleunigten Zeit, die den Takt vorgibt, die sagt, was Sie wann zu tun haben. Selbst Ihre Kinder sind dieser Zeit schon anheimgefallen, deren Terminplan ist noch voller als der Ihre. Kaum wird eine Mode als der Ultrahit angepriesen, kaum wird eine neue technische Errungenschaft als Meilenstein der wissenschaftlichen Entwicklung gefeiert, verschwinden diese so schnell, wie sie gekommen sind.

Etwas festhalten, und sei es nur der Füllfederhalter, mit dem Sie zwischen zwei Wörtern spielen, ist kaum mehr möglich, weil Festhalten bedeutet, gegen die Zeit zu sein und damit gegen den Wandel. Mit der Zeit gehen hieße, noch schneller zu werden, noch innovativer, noch erfindungsreicher und origineller zu sein. Mit der Zeit gehen hieße auch, sich auf nichts mehr verlassen können außer, daß es bald wieder vorbei ist. Nur ja keine Energie verschwenden an eine tragfähige Beziehung, denn der Markt könnte immer noch etwas Besseres bieten. Warum sich quälen mit den verrückten Anwandlungen eines Liebespartners, der ohnehin schon auf dem Absprung ist, der sich bereits umschaut und Sie darunter leiden läßt. Was ist das denn für ein Leben, wenn man nur noch den Fernseher anschalten muß und die vorgefertigten Handlungen ohnehin schon auswendig kennt – wie Ihre Kinder, die die Soap-Dialoge mit ihren Freunden nachsprechen. Schnell produziert, schnell verkauft, schnell gehört und schnell weggeworfen, bis ein neuer Unfug auf die Bühne tritt, um hinuntergeschlungen zu werden, ohne ein einziges Mal die Zähne benutzen zu müssen.

So könnte der Zensor sprechen, sprachgewaltig und nihilistisch, er könnte sogar mit dieser Rhetorik in Nischen der Kulturindustrie als neuer Antiheld, als Kulturkritiker gefeiert werden. Der Zensor schlägt zurück, weil er spürt, daß er ausgedient hat, daß er keinen Platz mehr hat in dieser Welt, wo man sich nicht mehr durchschlagen muß, sondern endlich nach seiner eigenen Façon selig werden kann. Man müßte nur wissen, wie. Inzwischen sei dem Zensor ein letztes Aufbäumen noch gegönnt, ein letztes Mal darf er die Tugenden des Lebens preisen, ein letztes Mal ungnädig sein mit uns und den anderen. Einmal noch ein verheerendes Urteil sprechen über die

Unfähigkeit des Menschen, sein Leben zu ordnen und gemäß einer universellen Moral zu handeln ... Gönnen wir ihm ruhig das Vergnügen, diesem Parasiten, der uns nicht zur Ruhe kommen läßt, der uns drangsalieren möchte bis zum letzten Atemzug. Er ist gleichsam ein Teil von uns und auch wieder nicht. Er ist in uns hineingekrochen wie ein Virus, das eine Wirtszelle braucht, um zu überleben; er glaubt, nur durch seine Anwesenheit sei ein soziales Leben überhaupt möglich. Er denkt, wir seien wilde Tiere, die gezähmt werden müssen, die nur auf den passenden Moment warten, um übereinander herzufallen. Die Psychoanalyse hat uns lange genug eingeredet, das »Es« unter die Herrschaft des »Ich« zu bringen. Ganz so scheint es sich aber nicht zu verhalten, denn dieses Es ist Urheberin des Ich, es ist dessen Schöpferin. Und ob das Es ein starkes regulatives Ich braucht, um zu überleben, ist noch nicht ausgemacht, geschweige denn, ob das Über-Ich mit seinen Handlungsnormen eine gute Erfindung gewesen ist. Möglicherweise muß sich das Es etwas einfallen lassen und andere Formen der Selbstregulation erfinden, denn auch das Instanzenmodell von Es, Ich und Über-Ich hat ausgedient. Es ist nicht mehr in der Lage, hinreichend zu erklären, wie Menschen sich selber und andere sehen, wie sie ihre Handlungen sozial koordinieren. Der Mensch ist eben kein triebgesteuertes Lebewesen, das eine Kommandozentrale braucht, um die Triebe im Zaum zu halten und sie in sozialverträgliche Bahnen zu lenken. Der Mensch ist vielmehr mit verschiedenen Motivationssystemen ausgestattet, er ist grundlegend *zur* Welt und damit zu anderen Menschen hin ausgerichtet, und das von Geburt an.

Lange hat man geglaubt, der Säugling sei ein Buch mit leeren Seiten. In dieses Buch würden im Verlauf des Lebens Geschichten und Handlungsanweisungen hineingeschrieben, die das Kind nur noch auswendig lernen muß. Die moderne Säuglingsforschung hat uns eines Besseren belehrt. Der Säugling ist von Beginn an ein höchst aktives, sozial kompetentes Wesen, was nach Entwicklungsreizen sucht, er ist der Konstrukteur seiner eigenen Entwicklung und nicht der passive Empfänger irgendwelcher Verhaltensanweisungen. Er kann schon sehr früh mütterliche oder väterliche Pflegehandlungen bei den Erwachsenen hervorrufen (Papousek 1989), er stellt sich aktiv auf die Stimmungen und Bedürfnislagen seiner Umgebung ein, und er ist fähig, auf die Umgebung Einfluß zu nehmen. Er konstruiert aus den vielfältigen Erfahrungen ein Bild von der Welt und sich selbst und modifiziert diese Bilder ein Leben lang. Es sind nicht die erogenen Zonen, wie Freud dachte, die als die Entwicklung organisierende Struktur fungieren, sondern es ist das Selbst als Ganzes. Dieses Selbst ist immer ein bezogenes, das heißt, es braucht die emotionale Resonanz der Umgebung und gute innere Begleiter. Und es braucht für die Erfüllung seiner »Effektanzbedürfnisse« die Möglichkeit, die Welt zu erkunden und ihre Funktionsweise herauszufinden, es braucht das Gefühl der eigenen Urheberschaft, es muß sich selbst als die Ursache von Veränderungen in der Umgebung erleben können.

Ich möchte an dieser Stelle etwas genauer auf die erwähnten Motivationssysteme eingehen, weil die mangelnde Befriedigung unserer elementaren Bedürfnisse durch die Verbotsschilder des inneren Zensors wieder und wieder dafür sorgt, daß wir unglücklich sind. Lichtenberg (1983) schlägt vor, das Modell eines Sexual- und Aggressionstriebes fallenzulassen und an deren Stelle fünf Motivationssysteme zu setzen:

1. physiologische Bedürfnisse wie Hunger, Durst, Tag-Nacht-Rhythmen etc.;
2. das Bedürfnis nach Bindung, das sich im weiteren Lebensverlauf als Bedürfnis nach Zugehörigkeit darstellt;
3. das Bedürfnis, die Umwelt zu erkunden und sich darin zu behaupten (vgl. territoriales Selbst);
4. das Bedürfnis nach Rückzug, Widerspruch und Abgrenzung;
5. das Bedürfnis nach Sinnlichkeit, Zärtlichkeit und sexueller Erregung.

Ich würde noch ein weiteres Motivationssystem hinzufügen, nämlich das Bedürfnis, sich selbst im Lebensganzen zu verstehen und dem Leben und den eigenen Handlungen einen Sinn abzugewinnen.
Epstein (1993) schlägt vor, das Selbst als eine Art »persönliche

Realitätstheorie« zu konzipieren, die aus den emotional bedeutsamen Lebenserfahrungen hervorgeht. Einerseits enthält diese Realitätstheorie Vorstellungen darüber, wie die Welt und die eigene Person beschaffen ist. Andererseits hat das Selbst Vorstellungen darüber, was eine Person tun oder vermeiden muß, um seinen Grundbedürfnissen gerecht zu werden. Mit diesem Selbstbegriff ist nicht das Bild gemeint, das ein Individuum von sich selber hat, sondern es geht hier um das implizite Selbst, das dem Selbstbild vorgeordnet ist. Wir wissen alle, daß die Art und Weise, wie wir uns selbst im Alltag erleben, keineswegs damit übereinstimmt, wie wir handeln. Selbstbild und das »experimential self« sind zwar aufeinander bezogen und bilden gewissermaßen eine Einheit, doch das »experimental self« ist quasi die tiefere Schicht im Menschen. Das Selbst ist somit keine regulierende Instanz und gibt keine Sollwerte vor. Die Sollwerte werden von den Grundbedürfnissen bestimmt, die allen Menschen eigen sind. Epstein bezeichnet diese als motivationale Schemata, die regeln, was ein Mensch tun muß, um seinen Bedürfnissen gerecht zu werden. Neben den motivationalen Schemata, die durch Lebenserfahrungen modelliert werden, gibt es deskriptive Schemata, die das Wissen eines Menschen über sich selbst und die Welt bezeichnen.

Epstein nennt vier menschliche Grundbedürfnisse, mit denen er sich durchaus an Lichtenberg und andere Autoren anlehnt:

1. das Bedürfnis nach Kontrolle und Orientierung;
2. das Bedürfnis nach Lustgewinn und Unlustvermeidung;
3. das Bindungsbedürfnis;
4. das Bedürfnis nach Selbstwerterhöhung.

Das Bedürfnis nach Kontrolle und Orientierung stellt ein Grundbedürfnis insbesondere der Kindheit dar. Jeder Mensch entwickelt eine Grundüberzeugung, ob das Leben einen Sinn macht, ob ein gewisses Maß an Vorhersehbarkeit und Kontrolle von Ereignissen besteht und ob es sich lohnt, sich dafür einzusetzen und zu engagieren. Menschen mit einer geringen Erwartung, Ereignisse kontrollieren zu können, verwenden natürlicherweise weniger Aufwand darauf als

Menschen, deren Kontrollerwartung hoch ist. Hier spielen lebensgeschichtliche Erfahrungen mit bestimmten Erwartungen hinein und bestimmen mit, in welchem Ausmaß das Grundbedürfnis nach Kontrolle überhaupt befriedigt werden kann. In einer Familie beispielsweise, wo die extremen Launen eines alkoholkranken Vaters dazu führen, daß es keine verläßlichen Vorgaben gibt, wie er wohl im nächsten Moment reagieren wird, können Kinder nicht lernen, Situationen zu kontrollieren. Sie entwickeln darüber hinaus auch kein generelles Zutrauen, daß Kontrolle möglich wäre. Kontrollerfahrungen, also die aktive Einflußnahme auf sich selbst und seine Umgebung, ermöglichen dem Selbst die Erfahrung von Stabilität und Kohärenz. Kontrolle heißt auch, das Verhalten so einzurichten, daß die Regulierbarkeit im Lebensraum erhalten bleibt. »Das Kontrollbedürfnis wird befriedigt durch die Bereitstellung möglichst vieler freier Handlungsalternativen in möglichst wichtigen Wertbereichen. Der Mensch, der nach Kontrolle strebt, strebt nach Handlungsspielraum, nach Reserven, um gegebenenfalls wichtige Ziele erreichen zu können« (Flammer 1990, S. 117).

Dabei muß sich das Kontrollbedürfnis nicht unbedingt in einer Kontrollhandlung niederschlagen, es genügt eine hohe »Kontrollmeinung« – die Vorstellung, daß etwas zu kontrollieren wäre –, um das Bedürfnis zu befriedigen. Menschen, die sich durch Sparen einen möglichst großen zukünftigen Handlungsspielraum eröffnen wollen, haben offensichtlich ein hohes Kontrollbedürfnis. Die Verfügung über Geld kann als Sicherheit dafür betrachtet werden, »für alle Fälle« gerüstet zu sein. Bei anderen Menschen kann dagegen im Vordergrund stehen, sich mit diesem Geld viele lustbetonte Erfahrungen zu verschaffen. Sie geben ihr Geld für Reisen und kulinarische Genüsse aus oder tragen es in ein Bordell. Wieder andere verwenden ihr Geld, um ihren Selbstwert zu erhöhen. Sie kaufen sich ein tolles Auto, tragen Edelklamotten und besitzen ein imposantes Haus. Wer allerdings mit Geld sein *Bindungs*bedürfnis befriedigen will, wird arm dran sein. Es kommt jedoch immer häufiger vor, daß versucht wird, sich mit Geld Zugehörigkeit zu erkaufen. Die inflationäre Verwendung von Clubkarten zum Beispiel macht sich dieses Grundbedürfnis zunutze. Manche Verkaufstrainer setzen sogar ganz auf »Beziehungsmanagement« und predigen, den Kunden als Freund zu gewinnen, am besten ein Leben lang. Wie jemand mit Geld umgeht, scheint offenzulegen, welchen Grundbedürfnissen dieser Mensch Priorität einräumt. – Zurück zu den Kontrollerfahrungen, die gewährleisten, daß wir mit dem eigenen Verhalten erfolgreich Wirkungen im Sinne bestimmter Ziele herbeiführen können. Jemand, der über gute Kontakte verfügt und einem Freund möglicherweise dadurch einen neuen Job vermitteln kann, wird diesbezüglich eine positive Kontrollüberzeugung haben oder, anders ausgedrückt, eine hohe Selbstwirksamkeitserwartung.

Und welche Kontrollüberzeugungen haben Sie, verehrte Leserin und Leser? Haben Sie schon mit dem Rauchen aufgehört, endlich das Konfliktgespräch mit Ihrem Partner geführt, die viele Arbeit reduziert? Haben Sie Ihren Schreibtisch aufgeräumt, der seit Tagen überquillt, die Winterreifen ummontiert oder sich um den nächsten Urlaub gekümmert? Sind Sie bei der Vorsorgeuntersuchung gewesen, haben Sie mit dem Lehrer Ihres faulen Sohnes gesprochen und den Anruf nach Übersee zu Ihrer Schwester getätigt? Keine Kontrolle, nicht wahr? Halb so schlimm, Kontrolle stellt nur *einen* Bedürfnisaspekt der Psychologie des Menschen dar, der zuweilen mit anderen konkurriert. Viele Tätigkeiten des Alltags sind nun mal unlustbetont, notwendige Beigaben eines komfortablen Lebens, die sich nicht von selbst erledigen.

Lustgewinn und Unlustvermeidung sind neben Kontrolle weitere Grundbedürfnisse und als affektive Regularien grundlegend für umweltangepaßtes Verhalten. Wir alle betrachten unsere Umwelt als Quelle positiver oder negativer Erfahrungen. Bietet die Umgebung viele positive Erfahrungen, werden wir eine eher optimistische Grundhaltung ausprägen, bietet sie mehr negative Erfahrungen, werden wir zur pessimistischen Lebenseinstellung neigen. Wichtig ist hierbei, daß selbst bei einer optimistischen Grundhaltung beispielsweise in lebensbedrohlichen Situationen wie Krieg oder Naturkatastrophen die schrecklichen Erfahrungen sehr schwer in die eigenen Schemata einer grundsätzlich guten Welt, die vorher relativ sicher und kontrollierbar war, zu assimilieren sind. Obwohl der Krieg längst vorbei war, berichteten Soldaten, die aus dem Ersten

Weltkrieg zurückkehrten, noch Jahre danach von wiederkehrenden Alpträumen. Offenbar bleibt die psychische Aktivität dauerhaft mit der Diskrepanz zwischen Grundüberzeugungen und Realitätswahrnehmung beschäftigt. Auch im Alltag begegnet uns diese Diskrepanz immer wieder. Denken Sie an einen Spaziergang im Park, wo Sie einen Spanner beobachten, der nackt durchs Unterholz läuft und seltsame Töne von sich gibt. Sofort wird eine Irritation eintreten, und Sie brauchen eine Weile, um diese Szene wieder in ein kontrollierbares Verstehensmuster zu integrieren. Ihr Kopfschütteln verrät, daß zwischen den von Ihnen erwarteten Ereignissen und der Realität plötzlich ein Riß verläuft. Ist dieser Riß weder emotional noch kognitiv zu verarbeiten, bleibt eine Traumatisierung, die sich so lange ins Bewußtsein drängt, bis die Erfahrung assimilierbar wird – zu dem Preis, daß sich die optimistische Grundüberzeugung relativiert und eine traurige Grundstimmung die Oberhand gewinnt.

Das Bedürfnis nach Lustgewinn und die Vermeidung von Unlust wird von Lichtenberg zwei unterschiedlichen Motivationssystemen zugeordnet: dem Bedürfnis nach Sinnlichkeit, Genuß und Sexualität und dem Bedürfnis, unlusterzeugende Ereignisse zu vermeiden.

Die Fähigkeit, Freude zu empfinden und diese mimisch mitzuteilen, ist eine der wichtigsten Errungenschaften der Evolution. Freude ist ansteckend, ein freundliches Lächeln lädt uns ein zurückzulächeln, die hochgeworfenen Arme bei einem besonderen Erfolg wecken in uns ähnliche Impulse, und das befreite Lachen im Gespräch schafft für einen Moment eine tiefe Verbindung. Das Suchen und Finden freudvoller Erfahrungen ist allerdings daran geknüpft, daß wir uns ihnen öffnen können. Der tiefe Atemzug auf dem Gipfel eines Berges nach einem stundenlangen Aufstieg, der friedvolle Blick über den Horizont, das Niedersetzen, den Rucksack zu öffnen und Käse und Brot herauszuholen, dazu den warmen Tee aus der Thermoskanne, der erste Schluck zur Belohnung für die Anstrengung: Diese Art von Genuß muß gekonnt sein, sie muß erlaubt sein, damit sich die Sinne ganz und gar bereitmachen, damit sie berührt werden von den Formen und Farben, von den Rhythmen und Melodien, von den Düften, von den süßen und sauren Gaumenfreuden, von den Zärtlichkeiten einer Geliebten. Vielleicht ist der Begriff Lust*ge-*

winn mit seinem mathematischen Aspekt unzureichend. Denn Lust, Freude, Genuß sind ebenso ein Geschenk, nicht nur etwas, in das ich vorher investieren muß, damit es Profit abwirft. Auch wenn unsere Industrie der Lüste suggeriert, daß Genuß kaufbar sei, bleibt die Notwendigkeit, das Gekaufte auch wirklich genußvoll zu benützen. Und diese Fähigkeit schwindet zunehmend. Wir rennen dem Genuß hinterher und erreichen ihn nicht. Wir glauben zu genießen, doch eine wirkliche Sättigung scheint nicht einzutreten. Kleine Kinder können uns die Freude und den Genuß lehren. Schauen Sie einmal zu, wie Ihr zweijähriger Sohn die Arme ausbreitet, Sie anlacht, wenn er auf Sie zuläuft, und Sie ihn in Ihre Arme schließen, wie sein Körper danach ganz weich wird und er sich fest an Ihren Körper schmiegt. Oder betrachten Sie zwei Sechsjährige, die friedvoll in ein gemeinsames Spiel vertieft sind: wie entspannt ihre Gesichter sind, obwohl sie hochkonzentriert bei der Sache sind. Schauen Sie einmal nach erfülltem Sex Ihre Frau an, wenn sie verliebt eingeschlafen ist, wie selig ihr Gesicht im Kissen liegt, wie ruhig sie atmet. (Meist sind Sie derjenige, der zuerst einschläft? – Hoffentlich mit dem Wissen, daß Sie wiederum verliebt angeschaut werden!) Sind das nicht schöne Genüsse, schöne Freuden, erreichbar, kostenlos, ohne daß Sie sich durch Kaufhäuser drängen müssen oder vorher im Stau stehen? Augen auf! Es gibt soviel Schönes, Freudvolles zu sehen, auf der Straße, in der Natur, in der eigenen Wohnung, überall ... Hören Sie auf, Ihren Blick ausschließlich darauf zu richten, wo Gefühle der Langeweile, des Ekels oder des Hasses auftauchen. Dann müssen Sie die glücklichsten Stunden des Lebens nicht für teures Geld in irgendeinen Ferienclub verbannt verbringen. Das, was Sie suchen, ist vor Ihrer Haustüre, in Ihrem eigenen Selbst. Gönnen Sie sich den Genuß hier und jetzt, ohne Umschweife: Legen Sie das Buch zur Seite und schauen Sie sich um. Sie werden sehen, wie viele Gegenstände in Ihrer Wohnung bedeutsam sind und mit freudvollen, intensiven Erfahrungen verknüpft: Familienbilder, das schöne Sofa, das Sie sich so lange gewünscht haben, ein kleiner kostbarer Teppich vom letzten Urlaub und so weiter ...

Wenden wir uns dem dritten menschlichen Grundbedürfnis zu, dem Bindungsbedürfnis. Der Mensch ist von Beginn seines Lebens an auf die soziale Mitwelt gerichtet. Das Kleinkind beginnt den ersten Atemzug mit einem Liebesverhältnis zur Welt. Es ist neugierig, lernbedürftig und entwickelt erstaunliche Fähigkeiten, wenn es darum geht, die Aufmerksamkeit auf sich zu richten. Der Säugling kann auf eine sehr wirkungsvolle Art Freude bei seinen Eltern auslösen. Sein Lächeln bekräftigt die Interaktion mit der Umgebung und spornt sie an zu weiterer Zuwendung, wobei Lächeln, Augenkontakt und stimmliche Laute als Belohnungen zusammenwirken. Der Säugling lächelt auf Kredit, sein Grundvertrauen muß nicht erst auf die Probe gestellt werden – wenn man so will, unterstellt der Säugling, daß das Vertrauen nicht mißbraucht wird. Lächeln ist ansteckend, es ist schwer, Lächeln nicht mit Lächeln zu beantworten. Lächeln und andere motorische Ausdrucksformen ermöglichen die Bestätigung der Vertrauensbeziehung und zementieren das affektive Band zwischen Kind und Eltern. Dabei sind Säuglinge und Kleinkinder höchst aktiv, sich die Nähe einer Person zu sichern und mit dieser vielfältige Signale der Zugehörigkeit, der Wärme und Zuwendung auszutauschen. Dieses Bindungsbedürfnis bleibt ein Leben lang erhalten und wird durch die entsprechenden positiven oder negativen Bindungserfahrungen modelliert. Es entwickeln sich für jeden Menschen typische Bindungsmuster (Ainsworth 1978):

1. Kinder mit »sicherem Bindungsverhalten« reagieren beunruhigt auf eine Trennung von der Mutter und suchen sofort ihre Nähe, wenn sie wiederkommt. Die sicher gebundenen Kinder entwickeln ein großes Grundvertrauen, das es ihnen ermöglicht, offen auf andere zuzugehen.
2. Reagiert die Umgebung des Kindes dagegen eher zurückweisend oder gar feindselig auf die Bindungsbedürfnisse, so resultiert daraus eine »unsicher-vermeidende« Bindung. Solche Kinder vermeiden nach einer Trennung den Kontakt zur Mutter und reagieren auf eine Trennung mit erheblicher Beunruhigung.
3. Sind die mütterlichen oder väterlichen Signale eher unvorhersagbar oder widersprüchlich, entsteht eine »unsicher-ambivalente«

Bindung. Diese Kinder reagieren während einer Trennung deutlich verängstigt und wechseln nach Rückkehr der Mutter zwischen einer aggressiven Ablehnung des Kontaktes und der Suche nach Nähe. Nach der Trennung sind sie ausschließlich mit der Beziehung beschäftigt und unfrei für andere Aktivitäten.

4. Die vierte Gruppe entwickelt bei Trennungssituationen eine unsichere Bindung mit desorganisiertem Beziehungsverhalten. Diese Kinder reagieren bizarr und stereotyp.

Interessant ist, daß die positiven wie negativen Bindungsmuster über einen langen Zeitraum hinweg stabil bleiben können, wenn nicht korrigierende Erfahrungen das Grundvertrauen in Frage stellen oder, umgekehrt, festigen. Für Erwachsene kann das Bindungsbedürfnis durch das Herstellen von Nähe, Schutz und Sicherheit in stabilen Partnerbeziehungen befriedigt werden. Wir wissen alle, daß der Verlust von Partnerbeziehungen zu den schmerzlichsten Erfahrungen gehört und einen verheerenden Einfluß auf das Wohlbefinden und die psycho-soziale Gesundheit haben kann. Für das Vermeiden eines solchen Verlustes nehmen Menschen fast alles auf sich: Sie lassen sich von ihren Partnern demütigen und entwerten, sie kontrollieren oder lassen sich kontrollieren, sie legen dem Partner die Welt zu Füßen oder machen ihm das Leben zur Hölle. All das spricht für die immense Bedeutung des Bindungsbedürfnisses. Erfüllte Beziehungen scheinen mit der Fähigkeit der Partner einherzugehen, sich sicher gebunden fühlen zu können. Personen mit sicherem Bindungsmuster haben nach Collins und Read (1990) geringere Angst vor dem Verlassenwerden und können Nähe zulassen. Unsicher-vermeidende Personen dagegen können wenig Nähe zulassen und haben große Angst, verlassen zu werden, während unsicher-ambivalente Personen durchaus Nähe zulassen können, aber große Angst haben, verlassen zu werden. Dies bedeutet keinesfalls, daß die frühen Erfahrungen lebenslang die Bindungs- und Beziehungsfähigkeit prägen müssen. Wichtig wäre für Sie, wenn Sie ein unsicheres Bindungsverhalten haben, daß Sie lernen, sich zunehmend mit Menschen abzugeben, die sicher gebunden sind und Ihnen dadurch korrigierende Erfahrungen möglich machen. Wenn die unsichere

Bindung allerdings dazu führt, daß Sie mit Ihren Ängsten vor dem Verlassenwerden oder Ihrer Neigung, Nähe auszuweichen, den Partner tyrannisieren, wird er nicht lange bei Ihnen bleiben. Es sei denn, seine Angst läßt ihn seinerseits alles tun, um eine Trennung zu vermeiden. Und noch immer ist es weit verbreitet, daß insbesondere Männer ihre Frauen in goldenen Käfigen gefangenhalten und jeden ihrer Schritte kontrollieren müssen, anstatt sich ihre Angst einzugestehen und sie mit der Partnerin zu besprechen. Andere wiederum zelebrieren ihre Unabhängigkeit dadurch, daß sie sich diese selber immer wieder beweisen müssen durch Taten der Befreiung und Loslösung vom Partner.

Sich sicher binden zu können bietet neben einer soliden Beziehung auch einen soliden Schutz gegen psychische und psychosomatische Störungen. Letztendlich gibt es keine Norm, die eine befriedigende Partnerschaft gewährleistet. Partnerschaft ist ein stetes Ringen um gute Lösungen, mit denen beide Partner leben können, ohne sich mit ihren Neurosen ständig in den Ohren liegen zu müssen.

Das vierte elementare menschliche Grundbedürfnis besteht in der Selbstwerterhöhung. Viele Forscher haben sich mit dem Problem beschäftigt, warum Menschen ein schlechtes Selbstwertgefühl haben, warum sie sich abwerten und bevorzugt Interaktionspartner suchen, die schlecht über sie denken, wobei den Rest der Zensor erledigt. Kinder denken häufig in folgenden Dichotomien: Entweder ich bin gut und Mutter/Vater ist schlecht, oder ich bin schlecht und der andere ist gut. Für ein kleines Kind, das ganz von seiner Mutter abhängig ist, wäre die erste Alternative die schlimmere: einer schlechten Mutter ausgeliefert, ohne Hoffnung, daß das Kind selber etwas zur Besserung der Situation tun könnte. Die dazu passenden Gefühle sind ständige Enttäuschung, Angst oder Wut auf die Eltern. Die andere Alternative scheint die bessere zu sein: Wenn das Kind das Verhalten der Mutter/Vater auf sein eigenes schlechtes Verhalten bezieht, wenn es sich also so verhält, daß es nicht wert sei, besser behandelt zu werden, dann ist dies zwar nicht mit angenehmen Gefühlen verbunden. Aber es gibt die Hoffnung, daß es in seiner Macht steht, etwas daran zu verändern. Ein Kind, dessen Bindungsperson seine Bedürfnisse nicht befriedigt, wird also dazu neigen, sich selbst als Grund dafür wahrzunehmen, und sich schlecht und wertlos fühlen. Wenn dann die Bindungspersonen noch entsprechende Botschaften senden, die die Ursache der Nichtbefriedigung im »schlechten Verhalten« des Kindes begründen – und manche Kinder sind in vieler Hinsicht keine Freude für ihre Eltern –, wird das Kind ein stabil-negatives Selbstbild und Selbstwertgefühl entwickeln.

Möglicherweise wird die Bezugsperson kein Bewußtsein dafür aufbringen, daß das Verhalten des Kindes an ihrer mangelnden Verfügbarkeit und Feinfühligkeit liegt und die Gründe für die unbefriedigende Beziehung beim Kind suchen: »Warum bist du nicht so wie andere Kinder?« Möglicherweise wird das Kind sogar zugunsten des Bindungsbedürfnisses auf die Befriedigung der Selbstwerterhöhung verzichten und Vermeidungsstrategien aufbauen, um selbstwerterhöhende Gedanken, Wünsche und Phantasien abzublocken. Menschen mit schlechtem Selbstwertgefühl verhalten sich daher so, als hätten sie ein eigenständiges Bestreben nach Aufrechterhaltung eines negativen Selbstbildes.

Insgesamt haben die meisten Menschen die Tendenz, sich bei Selbstbeschreibungen eher positiv als negativ darzustellen. Eine weit überwiegende Mehrheit hält sich beispielsweise für überdurchschnittlich gute Autofahrer. Das ist rein logisch gar nicht möglich. Aber wenn Personen sich miteinander vergleichen sollen, dann benutzen sie für den Vergleich ihre positiven Merkmale und nicht ihre Schwächen. Darüber hinaus bleiben positive Informationen über die eigene Person besser in der Erinnerung und werden schneller verarbeitet als negative. In der Erinnerung stellen Versuchspersonen ihre Leistungen eher noch besser dar, als sie tatsächlich waren. Negative Selbstaspekte werden, wenn sie nicht zu übersehen sind, in der Bedeutung herabgespielt. Wenn man nicht so gut abschneidet, stellt man es als nicht so wichtig dar (Grawe 1997). Diese Ergebnisse gelten für die Mehrheit der Bevölkerung, ausgenommen sind Menschen, die an Depressionen leiden und/oder ein niedriges Selbstwertgefühl haben. Diese Gruppe nimmt positive und negative Aspekte ausgeglichener bei sich wahr, und sie stimmt in ihrer Selbstbeurteilung mehr mit Fremdbeurteilung überein.

So sind es die seelisch Gesunden, die eine verzerrte Selbstwahrnehmung haben, die sich »in die Tasche lügen« und die sich selbst erhöhen, wenn sich die Gelegenheit bietet. Offensichtlich ist es ein Zeichen guter seelischer Gesundheit, wenn man sich etwas übertrieben positiv sieht und positiver beurteilt als andere. Man muß sich wohl mehr Sorgen um die Menschen machen, die das nicht tun, und nicht umgekehrt.

In einer Untersuchung von Taylor und Brown (1988) zum unrealistischen Optimismus glaubten die meisten Personen, daß sie selbst weniger von Unglücken wie einem schlimmen Autounfall, einer Krebserkrankung, einem Gewaltverbrechen betroffen sein werden als andere. Auch glaubten sie, daß es ihnen in Zukunft gutgehen wird, selbst wenn sie die Aussichten für andere Menschen eher negativ beurteilten. Die Mehrzahl glaubt also, daß sie glücklicher sind als andere. Wieder sind es die Depressiven, die ihre Situation realistischer beurteilen.

Wichtig ist hierbei, daß Illusionen durchaus zu positiven Wirkungen führen können im Sinne der sich selbst erfüllenden Prophezeiung. Diese Illusionen bringen uns schlichtweg in einen besseren Zustand. Das schmeckt unserem Zensor überhaupt nicht. Er wird sicherlich die Wissenschaftlichkeit der Untersuchungen anzweifeln, er wird davor warnen, sich zu überhöhen, er wird sagen, das Leben ist ein Kampf, und du wirst ihn verlieren. So langsam könnte er sich, meine ich, zurückziehen. Alle Argumente sprechen gegen ihn und seine Herrschaft. Könnte er sich doch mehr in den Dienst unserer Bedürfnisse stellen und statt zu bremsen Gas geben. Selbstwerterhöhung als Gesundheitsstrategie – wo doch viele Psychotherapeuten glauben, man müsse sich intensivst mit seinen Defiziten beschäftigen, im Seelensumpf wühlen, den Schmerz noch einmal durchleiden und noch einmal und noch einmal, bis er durchgearbeitet ist. Diese Veränderungslogik scheint nur noch zum Teil gerechtfertigt zu sein, denn die Fähigkeit, sagen zu können, es ist alles halb so schlimm, schützt uns mehr, als das ganze Ausmaß einer Niederlage wahrzunehmen.

Nun haben wir uns mit unseren Grundbedürfnissen beschäftigt und sie nach verschiedenen Kriterien untersucht. Die Befriedigung dieser Bedürfnisse reguliert in starkem Maße der Zensor. Ihm kommt eine zentrale Stellung zu, wenn es darum geht, die Befriedigung vor allem der Bedürfnisse anzustreben, die uns unter Umständen in moralische Konflikte bringen: der Seitensprung, die Selbstdarstellung, die Kontrolle und Macht über andere Menschen, die Gier und anderes mehr. Die emotionalen Regulationsinstrumente unseres Zensors sind die soziale Angst, die Verlegenheit, die Scham und die Schüchternheit.

Beginnen wir mit der sozialen Angst, die in unterschiedlichsten Situationen auftreten kann. Wenn wir vor einer größeren Gruppe von Menschen reden müssen, mit einer vorgesetzten Autoritätsperson verhandeln, uns für ein Vergehen entschuldigen oder in einer Zweierbeziehung den ersten Schritt wagen wollen, handelt es sich um Angelegenheiten, die womöglich Angst erzeugen, weil diese »Leistungen« mit der Gefahr des Versagens verbunden sein können. Diese Angst erleben wir als Besorgnis und Aufgeregtheit angesichts sozialer Situationen, die als selbstwertbedrohlich eingeschätzt werden. Wenn man mit anderen Menschen in Kontakt kommt, riskiert man unter Umständen sein Ansehen; man könnte sich lächerlich machen oder sich dumm anstellen. Kein Mensch möchte gerne einen schlechten Eindruck hinterlassen. Soziale Ängstlichkeit gründet auf einem Selbstkonzept, aus dem eine Sollvorstellung hervorgeht, wie ich in bestimmten sozialen Situationen zu handeln habe. Wer sich nicht zutraut, auf andere Menschen einen guten Eindruck zu machen und sie beeinflussen zu können, wird sich leicht als minderwertig einstufen und derartige Situationen als bedrohlich erleben. Voraussetzung für diese Ängstlichkeit ist das gleichzeitige Aufmerksamwerden auf sich selbst. Solange man ohne die kommentierende Stimme des inneren Zensors seine Dinge verrichtet, solange man sozusagen »im Fluß« ist, gibt es keine Veranlassung zur Selbstwertbedrohung. Erst wenn ich die Aufmerksamkeit auf mich selber richte und prüfe, ob ich dem Zensor genüge, werde ich mir des psychologischen Risikos bewußt, einer Bewertung durch andere, die der Zensor häufig schon vorwegnimmt, ausgesetzt zu sein. Gewisse Umgebungsbedingungen scheinen für das Ausmaß dieser Angst maßgeblich zu sein. Sind viele Menschen anwesend, ist die Angst stärker, vor allem dann, wenn man aus einer größeren Gruppe hervorgehoben ist.

Sieht man sich nur wenigen Menschen gegenüber, ist die Angst weniger stark. Sind einem die anwesenden Personen vertraut und ist man gewohnt, mit ihnen auf informelle Weise umzugehen, entsteht in der Regel keine Selbstwertbedrohung. Hat die Situation jedoch ausdrücklich Bewertungscharakter, wenn man beispielsweise einen öffentlichen Vortrag halten muß oder etwas aufführen möchte, so verstärkt sich die öffentliche Selbstaufmerksamkeit, und ich beginne, mich selbst mit den unterstellten strengen Augen der anderen zu betrachten. Pflegt ein Lehrer zum Beispiel gute, freundschaftliche Beziehungen zu seinen Schülern, so wird er kaum zur Ängstlichkeit der Schüler in Prüfungssituationen beitragen. Denn nicht die geforderte Leistung ruft Angst hervor, sondern die Erwartung, in einer Leistungssituation beobachtet zu werden. Wenn negativ begleitende Kommentare hinzukommen, wird die ängstliche Tendenz verstärkt. Auch das Gegenteil kann zu sozialer Ängstlichkeit führen: Wenn nämlich jemand gegen seine eigene Erwartung zu wenig im Mittelpunkt steht und nicht zur Kenntnis genommen wird, entsteht eine Selbstwertbedrohung.

In der Sozialpsychologie unterscheidet man vier Arten sozialer Ängstlichkeit: Verlegenheit, Scham, Publikumsangst und Schüchternheit. Eine der wichtigsten körperlichen Reaktionen auf die Verlegenheit ist das Erröten. Hinzu kommt dieses sprichwörtlich verlegene Lächeln oder ein albernes Grinsen, wobei man sich häufig selbst als linkisch, befangen, tolpatschig oder lächerlich vorkommt. Oder man bricht den Blickkontakt ab, bedeckt das Gesicht. Interessanterweise beginnen Kinder normalerweise mit dem Erröten in ihrem dritten Lebensjahr (Buss 1980), obwohl die biologischen Voraussetzungen schon früher erfüllt wären. Möglicherweise muß erst ein kognitiver Entwicklungsstand erreicht sein, in dem die Fähigkeit zur öffentlichen Selbstaufmerksamkeit ausgebildet ist.

Kommt man falsch gekleidet zu einer Veranstaltung, rutscht einem beim Gespräch eine Vertraulichkeit oder ein Geheimnis heraus, hat man den Namen des Gesprächspartners vergessen, sind dies Anlässe, sich verlegen zu fühlen. Wenn man einen Fahrstuhl betritt, in dem sich sonst nur Angehörige des anderen Geschlechts befinden, ist man sozial hervorgehoben, und die Aufmerksamkeit der

Mitfahrenden richtet sich deutlicher als sonst auf die eigene Person – auch dies kann verlegen machen. Das Zeigen, Berühren oder Mitteilen von Elementen aus der Privatsphäre können ebenfalls Auslöser sein. Sehr persönliche Gefühle teilt man in unserem Kulturkreis nicht der Öffentlichkeit mit. Wenn dies trotzdem jemand macht, wie etwa ein verwirrter Mensch, der laut schimpfend auf der Straße läuft und jeden mit seinen Beschimpfungen belagert, löst dies in uns Gefühle der Verlegenheit und Peinlichkeit aus und veranlaßt uns, die Straßenseite zu wechseln. Und durchaus kann es einem selbst passieren, Peinlichkeiten auszulösen, wenn etwa der Hosenlatz weit geöffnet ist, in einer Konferenz laut der Magen knurrt oder unangenehme Gerüche von der eigenen Person ausgehen. All diese Ereignisse, die mit der offensichtlichen Verletzung der Privatheit einhergehen, die mit Hervorgehobenheit, mit ungeschicktem oder fehlerhaftem Verhalten oder auch mit einem öffentlichen Lob verknüpft sind, stellen Quellen für Verlegenheit dar. Tatsächlich kann auch beim Lob eine unangenehme Situation entstehen, wenn ein Redner die positiven Seiten der Person lobpreist und deren Anständigkeit oder besondere Fähigkeiten hervorhebt. Buss (1980) erklärt sich die Verlegenheit durch die öffentliche Preisgabe eines geheimen Wunsches, nämlich genau so zu sein, wie es der Redner verkündet. Wir sind versucht, daran zu glauben, daß wir die Lobpreisung tatsächlich verdient hätten. Dabei handelt es sich um einen privaten Gedanken, der gegen das Gebot der Bescheidenheit in unserer Kultur verstößt. Buss differenziert in diesem Zusammenhang vier Klassen von Personen, die mit Verlegenheit reagieren:

1. Alle Menschen, die zu hoher öffentlicher Selbstaufmerksamkeit neigen. Sie fühlen sich ständig beobachtet und beobachten sich auch selber ständig durch die bewertenden Augen ihrer Mitmenschen.
2. Eine zweite Gruppe bilden jene Menschen, denen grundlegende soziale Kompetenzen fehlen. Diese Menschen glauben nicht zu wissen, wie man ein Gespräch beginnt, oder halten sich für ungeschickt und uninteressant in sozialen Kontakten.
3. Die dritte Gruppe achtet sehr darauf, daß nicht in die Privatheit

ihres Körpers eingedrungen wird. Nur wenige dürfen den Körper sehen oder gar berühren.

4. Schließlich lassen sich Menschen danach unterscheiden, inwieweit sie dazu bereit sind, über ihre Wünsche, Gefühle, Motive und Einstellungen oder persönlichen Daten Auskunft zu geben. Für manche Menschen ist es ein Problem, oder sie empfinden es schlicht als Indiskretion, anderen mitteilen zu sollen, wie alt sie sind, welchen Beruf sie ausüben, welche Partei sie wählen und zu wem sie sich leidenschaftlich hingezogen fühlen.

Verlegenheit wird im Laufe des Lebens gelernt aufgrund der Reaktionen der Umgebung. Wer in der Schule immer ausgelacht wurde, weil er schielte oder stotterte, wer selbst bei einem kleinen Mißgeschick immer wieder als tolpatschig und unbeholfen beschrieben wurde, neigt zu Verlegenheitsreaktionen. Für solche Menschen ist es wichtig zu erkennen, wann Verlegenheit wirklich angebracht ist, welche Dinge nach kulturellen Normen und nicht nach denen übelmeinender Mitmenschen im privaten oder im öffentlichen Bereich getan oder geäußert werden dürfen.

Die Scham ist mit der Verlegenheit eng verwandt und nicht immer eindeutig davon abzugrenzen. Verlegenheit ist ein kurzfristiges Gefühl, relativ unbedeutend und frei von moralischen Implikationen. Das Gegenteil von Verlegenheit ist Gelassenheit, das Gegenteil von Scham ist Stolz. Scham ist langfristiger, gravierender und moralbezogener. Wer sich schämt, ist sich eines Fehlverhaltens bewußt und empfindet Selbstverachtung und Selbstenttäuschung. Man macht sich Vorwürfe, bereut das Geschehene und kommt sich wertlos und unwürdig vor. Die Ursachen der Scham liegen bei vielen Menschen in offenkundigen Minderleistungen, in Nichterfüllung sozialer Erwartungen und in unmoralischem Verhalten. Scham muß nicht unbedingt in einem sozialen Kontext auftreten. Ich kann mich ebenso alleine schämen, weil ein imaginäres Publikum mein Vergehen kommentiert. Besonders stark wird die Scham dann, wenn man aufgrund der eigenen Minderleistung andere enttäuscht. Sexuelles Versagen kann Scham auslösen. Feigheit im Kampf ist unvereinbar mit der Norm der Männlichkeit, Egoismus ist unvereinbar mit prosozialen Normen.

Die Ursachen der Scham sind vielfältig. Manche Menschen sind anfälliger als andere, vor allem die, die ständig überlegen, welchen Eindruck sie auf andere machen, wie sie auf andere Menschen wirken. Auch ein Stigma oder ein hervorstechendes Körpermerkmal wie zu große Ohren oder Übergewicht können Schamgefühle auslösen. Scham tritt dann auf, wenn der Betreffende sich selbst für ein Vergehen oder eine Verletzung von Normen verantwortlich macht. Die Sozialpsychologen nennen diesen Vorgang internale Attribution, das heißt, jemand schreibt sich selbst zu, ein Ereignis verursacht zu haben. Im Gegensatz dazu steht die externale Attribution: Die Ursache eines Ereignisses wird der Umgebung zugeschrieben. Mache ich mich selbst für ein negatives Ereignis verantwortlich, führt dies einerseits dazu, daß ich mich verachte und den Kontakt mit den Zeugen des Ereignisses meide. Andererseits kann die internale Attribution auch positive motivationale Folgen haben. Es kann der Umstand eintreten, daß ich den Mißerfolg meiner mangelhaften Anstrengung zuschreibe. Diese ist eine gute Voraussetzung für eine Veränderung des Verhaltens, denn ich investiere mehr Anstrengung, um ein gestelltes Problem zu bewältigen.

Wichtig ist hier die Unterscheidung zwischen Scham und Schuld. Schamgefühle werden ausgelöst, wenn ein verwundbarer Aspekt des Selbst bloßgestellt wird, Schuldgefühle entstehen durch die selbstverschuldete Verletzung innerer Maßstäbe. Beide Emotionen haben mit Moral zu tun, Schuld ist jedoch mehr an inneren und Scham mehr an äußeren Normen orientiert. Schuldig fühlt sich jemand, der einen anderen verletzt hat, verschämt ist jemand, der andere enttäuscht, indem er zum Beispiel feige war. »Um sich schuldig zu fühlen, bedarf es der privaten Selbstaufmerksamkeit, um sich zu schämen, bedarf es der öffentlichen Selbstaufmerksamkeit« (Schwarzer 1993, S. 124). Wenn niemand das Fehlverhalten beobachtet hat, liegt keine Veranlassung für Scham vor. Unentdeckte Taten können Schuldgefühle, nicht aber Schamgefühle hervorrufen. Schuld kann man vor sich selbst abbauen, indem man sich bestraft, sich besser verhält, um religiöse Absolution bittet und alles tut, um das Selbstkonzept zu korrigieren. Scham erfordert dagegen öffentliches Handeln, indem man sich vor anderen als kompetent oder moralisch integer erweist und sich um Wiedergutmachung bemüht. Im ersten Fall braucht es als regulative Kraft eine Autorität – zum Beispiel das eigene Gewissen –, im zweiten Fall braucht es eine soziale Bezugsgruppe, der gegenüber man Konformität beweist.

Ohne Schamgefühl wäre der Mensch schamlos. Es gäbe keine Heimlichkeit, keine Intimität, kein Verstecken des Körpers, keine Prüderie, keine Distanz zu Fremden, keine Anstandsregeln. Es wird vermutet, daß der biologische Sinn des Schamgefühls darin besteht, daß es Bewußtheit von den eigenen Genitalien schafft und dazu motiviert, diese verletzlichen Körperteile zu schützen und zu verdecken. Eine andere Hypothese besagt, daß Scham inzestuöses Verhalten unterdrücke.

Zusammenfassend läßt sich sagen, daß es einen mehrfachen Zusammenhang zwischen Moral, Schuldgefühlen, Schamgefühlen und dem Selbstentwertungsgefühl gibt. Das Schuldgefühl tritt auf, wenn moralische Normen verletzt wurden, und macht sich subjektiv als Gefühl moralischer Selbstabwertung bemerkbar. Schamgefühle treten auf, wenn eine moralische Verfehlung nach außen sichtbar wird oder sichtbar zu werden droht. Selbstentwertungsgefühle treten häufig als Folge von Scham- und Schuldgefühlen auf und führen zu einem Gefühl der Minderwertigkeit oder Unterlegenheit gegenüber den Mitmenschen aufgrund einer moralischen Verfehlung. Das Selbstwertgefühl reguliert die Motive, moralische Werte einzuhalten, um »sich selbst weiter im Spiegel in die Augen blicken zu können«. Wie verhängnisvoll Schamgefühle sein können, zeigen Untersuchungen, in denen Schamgefühle als Folge von Traumatisierungen erforscht wurden. Terr (1983) befragte Kinder vier Jahre nach einer traumatischen Geiselnahme und fand, daß viele von ihnen unter massiven Schamgefühlen litten, wenn die Sprache auf diese Entführung kam. Sie fühlten sich erniedrigt, nackt und verletzlich und wollten die Erfahrungen nicht bekannt werden lassen. Häufig werden Schamgefühle durch Ängste maskiert. Scham ist beispielsweise die Emotion, die die Fähigkeit zu sexueller Intimität am wirkungsvollsten verhindern kann. Scham blockiert ebenso die wichtigste Voraussetzung für Intimität, nämlich Augenkontakt.

Wenden wir uns noch einmal dem Thema Schuld zu. Ebenso wie

das Schamgefühl tritt das Schuldgefühl relativ spät in der kindlichen Entwicklung in Aktion. Dennoch wird dem Schuldgefühl eine wichtige sozial regulative Funktion zugewiesen. Viele Forscher behaupten, daß das Schuldgefühl »ein Schlüsselfaktor in der Entwicklung persönlicher und sozialer Verantwortlichkeit« sei. Schuldgefühle seien die Grundlagen des Gewissens und werden deshalb zusammen mit dem Schamgefühl als »moralische Emotion« gesehen. Die biologischen Wurzeln des Schuldgefühls scheinen in der Hemmung aggressiver Impulse zu liegen, und es scheint die Unterdrückung inzestuöser Verhaltensweisen zu begünstigen.

Des weiteren besteht ein Zusammenhang zwischen Schuldgefühlen und Ärger und Wut. Während die Gefühle Ärger und Wut Mittel der Selbstbehauptung und Selbstdurchsetzung darstellen, ist das Schuldgefühl eine Emotion, die die soziale Verpflichtung im Handeln betont. Dominieren Ärger und Wut, wird das Handeln asozial, dominiert hingegen die Schuld, wird es selbstlos. Der Zusammenhang zwischen Schuld und Wut wird deutlich, wenn Sie an Menschen denken, die sehr deprimiert sind und sich extrem schuldig fühlen. Diese berichten ständig von ihrer Schuld und ihrer Unfähigkeit, das Leben zu meistern. Und in Verbindung mit einem klagenden Unterton kann es durchaus vorkommen, daß durch die Schilderung der Schuldgefühle eine erhebliche Wut aufkocht, nicht nur beim Zuhörer! Hinter der Selbstanklage versteckt sich oft ein großes Arsenal an Ärger und Wut, die in den Schuldgefühlen gebunden sind, weil der Ausdruck von Wut vom Zensor mißbilligt wird.

Neuere Untersuchungen zum Zusammenhang von Schuldentwicklung und Erziehungsstil gehen davon aus, daß machtausübendes Erziehungsverhalten, das auf Unterwerfung und der Züchtigung durch moralische Schuld beruht, die Verinnerlichung moralischer Normen eher verhindert als fördert. Zwang und Gewalt in der Familie führen zu einer Moral, die nichts mit Gewissensbildung, aber viel mit Angst und Strafe zu tun hat. Die Verinnerlichung moralischer Normen wird eher durch Erziehungspraktiken gefördert, bei denen die Eltern dadurch disziplinierend wirken, daß sie den Kindern die negativen Konsequenzen ihres Verhaltens für andere Personen verdeutlichen, und bei denen die Eltern häufig Zuneigung in Bereichen außerhalb der moralischen Disziplinierung zum Ausdruck bringen.

So offensichtlich die Schuldgefühle prosoziales Verhalten gewährleisten, so offensichtlich können Schuldgefühle quälende psychische Beeinträchtigungen nach sich ziehen. Im übrigen sind die Schuldgefühle nicht das einzige Regularium des Sozialverhaltens, und daß prosoziales Verhalten alleine durch die Vermeidung von Schuldgefühlen aufrechterhalten wird, scheint mehr als fraglich. Hier ist es hilfreicher, die Wurzeln für prosoziales Verhalten wie Hilfeleistung, Unterstützung, Empathie und gegenseitiges Verstehen darin zu suchen, daß Menschen sich eher an der Befriedigung obengenannter Grundbedürfnisse orientieren: Lustgewinn und Unlustvermeidung. Ich hatte eingangs davon gesprochen, wie sich Fremdzwänge im Laufe der Zivilisation in Selbstzwänge verwandelten und das Schuldgefühl gegenüber einer Verletzung verinnerlichter Moralvorstellungen quasi das emotionale Instrument des Zensors darstellt, um die Selbstzwangapparatur aufrechtzuerhalten. Und wer hat ein Interesse daran, daß Menschen sich schuldig fühlen, ausgenommen bei kriminellen Delikten? Es sind die normsetzenden Schichten der Gesellschaft, deren Macht- und Einflußbereiche durch Schuldgefühle abgesichert werden. Betrachtet man die moralischen Vergehen bei Personen des öffentlichen Lebens, die bestimmte moralische Normen repräsentieren, wie sexueller Mißbrauch bei Priestern, Korruption bei Politikern oder die um sich greifende Wirtschaftskriminalität bei Managern, so ist es um ihre moralische Glaubwürdigkeit und Integrität schlecht bestellt. Gerade diejenigen, die Herrschaftsansprüche anmelden, sind am anfälligsten für Vergehen. Und ihre gesellschaftliche Position verdanken sie darüber hinaus auch noch denjenigen, die moralisch vergleichsweise integer sind, die die Drecksarbeit machen und sich nach den Vorschriften richten. Deshalb ist die Frage berechtigt, wer denn ein Interesse daran hat, daß sich Menschen schuldig fühlen müssen.

Die Einschränkungen, die Schuldgefühle nach sich ziehen, sind erheblich. Menschen mit Selbstbehauptungsproblemen haben gelernt, ihre aggressiven Impulse zurückzuhalten, oder können diese nur gegen den massiven Widerstand ihrer Schuldgefühle ausdrücken. Einmal dem Chef die Wahrheit ins Gesicht sagen, nicht mehr klein beigeben, auf die Pauke hauen und die Sau rauslassen, wäre das nicht lohnenswert? Und die Erfahrung zeigt, daß die befürchtete Strafe in solchen Fällen meist nicht eintritt. Im Gegenteil, häufig reagiert die Umwelt positiv auf einen plötzlichen Wutausbruch; gespürt und geahnt haben es alle, daß etwas nicht stimmt. Anstatt sich durch Schuldgefühle lähmen zu lassen und in der eigenen Durchsetzungsfähigkeit zu behindern, ginge es darum, herauszufinden, was die Bedürfnisse im Moment sind und wie sie angemessen und erfolgreich befriedigt werden können. Schuldgefühle als Behauptungsproblem machen Sie zu einem kompetenten Untertanen, den man wegen seiner Selbstbeherrschung auch noch bewundert. Ich plädiere hier nicht für eine ungezügelte Katharsis im Sinne von »herauslassen, was herauswill«, ich plädiere für eine sozial angemessene Aktion nach der Maßgabe des Erfolgs.

Schuld kann als Schuldkomplex auftreten, wenn sie mit einem bestimmten Ereignis oder einer Erinnerung verbunden ist. Solche Schuldkomplexe sind nicht selten mit dem Tod eines nahestehenden Menschen verknüpft. Untersuchungen bei KZ-Überlebenden haben gezeigt, daß die Überlebenden über Jahre unter starken Schuldgefühlen litten. Sie machten sich Vorwürfe, daß sie am Leben geblieben sind. Kinder aus Scheidungsfamilien fühlen sich häufig schuldig am Weggang eines Elternteils. Bowlby (1983) nimmt an, daß die Ursprünge dieser bedrückenden Schuldgefühle nicht nur in feindseligen Wünschen begründet liegen, wie die Psychoanalyse es sagt, sondern auch in der Art, wie Eltern mit einer Trennung umgehen. Tadelnde Bemerkungen und unachtsame Vorwürfe können von den Kindern so aufgenommen werden, daß sie sich als Selbstvorwürfe in der Seele einnisten. Obwohl der Selbstvorwurf das Ereignis nicht ungeschehen machen kann, kleben wir bisweilen regelrecht an ihm. Die Lehre von der Erbsünde hat sich offenbar tief in unsere psychische Organisation hineingegraben, so daß die Empfänglichkeit für Selbstvorwürfe aller Art ein menschliches Schicksal zu sein scheint, aus dem uns nach christlicher Lehre nur noch der Tod retten kann. Eigentlich ist dies ein seltsamer Gedanke, weil Selbstvorwürfe außer einer Entlastung für die Umwelt keinen offensichtlichen persönlichen

Nutzen haben. Es sei denn, man hat sich für die Märtyrerrolle entschieden, für eine Opferrolle, die alle Schuld auf sich zieht und dadurch die anderen Menschen vor ihrer Verantwortung bewahrt.

Die Neigung zum schlechten Gewissen ist ein weiterer Aspekt, wie Schuldgefühle unsere Lebensqualität einschränken können. Eine gewisse Überempfindlichkeit gegenüber Schuldgefühlen ist solchen Menschen eigen, sie reagieren schon mit Schuld, wenn es noch kein reales Vergehen gegeben hat. Der Vater sucht beispielsweise seine Hausschuhe und fragt die Familienmitglieder, ob jemand sie gesehen hat. Derjenige mit der Neigung zum schlechten Gewissen wird sich möglicherweise schuldig fühlen, obwohl keine wirkliche Anklage formuliert wird. Er wird sogar der erste sein, der antwortet: »Ich habe sie nicht.« In geschäftlichen Dingen ist eine solche Neigung noch fataler, wenn der Chef seine Abteilungsleiter zusammentrommelt, um ihnen zu sagen, daß die Bilanzen negativ ausgefallen sind. Vielleicht wird der eine mit Schuldgefühlen reagieren und der andere hat den Schuldigen schon ausgemacht. Im Geschäftsleben ist diese Art der Schuldzuschreibung allerdings weit verbreitet. Vielleicht ist es sogar ein menschliches Grundbedürfnis, jemanden für unglückselige Ereignisse verantwortlich machen zu können. Anstatt neue Formen des Umgangs mit Fehlern zu suchen – die moderne Managementtheorie spricht von einer Fehlerkultur –, könnte man doch neben dem »Mitarbeiter der Woche« einen »Schuldigen der Woche« benennen. Dies würde die anderen Mitarbeiter mehr entlasten, als sie darauf zu verpflichten, ihre Fehler kundzutun, wodurch sie letztendlich doch wieder mit Vorwürfen bombardiert werden. Jedem Betrieb seinen Märtyrer, man könnte ihn gut bezahlen, und niemand müßte sich sonst mit quälenden Schuldgefühlen herumschlagen.

Eine weitere soziale Angst ist die Publikumsangst. Wenn eine Person sich in einem sozialen Kontext hervorhebt oder hervorgehoben wird, ist dies meist ein gefundenes Fressen für den Zensor. Die Ansprache vor Gästen, das Referat im Seminar, das Aufsagen eines Gedichtes, das Vorrechnen einer Mathematikaufgabe vor der Klasse, sportliche Vorführungen und ähnliche Situationen erzeugen bei den meisten Menschen Ängste. Sie stehen im Rampenlicht, alle Augen sind auf sie gerichtet, und dadurch sind sie einer impliziten oder expliziten Bewertungsprozedur unterzogen. Unausweichlich demonstriert der Zensor seine Macht: »Werde ich alles richtig machen, habe ich auch nichts vergessen, was wird wohl meine Frau dazu sagen?« und so weiter. Diese vom Zensor angeregten Fragen erzeugen eine bestimmte Streßphysiologie. Der Körper antwortet dabei nicht so sehr auf die reale Situation, sondern auf die phantasierten Peinlichkeiten. Ein blasses Gesicht, eine unsichere Stimme und eine verkrampfte Körperhaltung, erhöhte Herzfrequenz, Atembeschleunigung und Schweißausbrüche tun ihr übriges, um dem Auftritt eine richtig quälende Note zu verleihen. Der Sprecher stottert, fummelt in seinen Unterlagen herum, vergißt, was er sagen wollte, oder lacht nervös. Erschwerend kommt hinzu, daß die physiologischen Veränderungen wahrgenommen und entsprechend negativ bewertet werden, wodurch der Streß noch mal zunimmt, und der Zensor freut sich. Gelänge es dagegen, sich einzugestehen, daß ein solch öffentlicher Auftritt natürlicherweise auch beunruhigend sein kann – die Zuhörer haben übrigens meist mehr Verständnis dafür als wir mit uns selbst –, wäre der erste Schritt getan. Häufig reduziert sich die Publikumsangst, wenn man seine Rede damit beginnt, die eigenen Unsicherheiten und Zweifel mitzuteilen, doch das würde unter Umständen den Zensor wiederum auf den Plan rufen, der vom Eingeständnis eigener Schwächen gerade in der Öffentlichkeit herbe enttäuscht sein dürfte. Ich denke aber, das könnte man ihm durchaus zumuten.

Im persönlichen Erleben publikumsängstlicher Menschen können zwei Faktoren beobachtet werden: Emotionalität und Besorgtheit. Die Personen berichten über einen nervösen Spannungszustand, einen zugeschnürten Hals und andere Erregungssymptome. Sie sind in doppelter Hinsicht besorgt, denn sie erwarten zum einen die Bewertung ihrer Handlungen und zum anderen eine mögliche soziale Zurückweisung. Leistungsangst und soziale Angst wirken hier gemeinsam. Ein Mißerfolg ist deswegen so bedrohlich, weil er in der Öffentlichkeit geschieht. Bei der Publikumsangst kommt noch hinzu, daß eine Bewertung der eigenen Person unabhängig von der Qualität eines Vortrages oder Aufführung und unabhängig vom Leistungsergebnis vorgenommen werden kann. In einem Falle sagt das Publikum beispielsweise, jemand sei zwar qualifiziert, aber als Redner eine Zumutung. In einem anderen Falle sagt man, es sei ein Genuß, jemandem zuzuhören, auch wenn er nichts Wesentliches mitzuteilen hätte. Das Ausmaß der Angst hängt auch vom Kontext ab. Ein Lehrer mag vor seiner Klasse souverän und sicher seine Arbeit verrichten, wenn er aber vor dem Kollegium oder den Eltern einen Bericht geben soll, wirkt er unsicher und alles andere als souverän. Viele Studenten sind in der Lage, vor einem kleinen Publikum ein Referat zu halten, aber nicht in einem prallgefüllten Hörsaal. Hinzu kommt, daß die befürchtete Bewertung um so schwerer wiegt, wenn im Publikum für den Betreffenden wichtige Menschen sind, denen man zudem öfter unter die Augen treten muß. Es ist auch nicht ohne Bedeutung, wie sich das Publikum verhält. Wenn keiner eine Miene verzieht, wenn eisiges Schweigen herrscht oder die Hörer teilnahmslos im Raum herumblicken, empfindet der Vortragende soziale Nichtbeachtung oder Desinteresse, was durchaus im Widerspruch stehen kann zu seinem persönlichen Anstrengungsaufwand. Immerhin gibt es Menschen, die in einer solchen Situation die Gründe für ein solches Verhalten in der Undankbarkeit des Publikums sehen. Andere, die mehr leiden, kreiden sich dieses Verhalten selber an – eine Begründungspraxis im übrigen, die viele Lehrer anwenden, wenn die Schüler wieder einmal unaufmerksam sind. Wenn dieselben Schüler dann auch noch sagen, der Unterricht sei so langweilig, dann ist Selbstvorwürfen Tür und Tor geöffnet. Natürlich kann man alles besser machen, so daß pubertierende Schüler aufmerksam zuhören, doch man ist nicht jeden Tag in Topform und wird nicht als Entertainer bezahlt. Um immer alles besser zu machen, ist das Lehrergehalt zu niedrig.

Ist ein Publikum dagegen aufmerksam, hält den Blickkontakt, lächelt wohlwollend und zeigt sich vom Vortragenden sichtbar beeindruckt, so verfliegt die Publikumsangst und macht einem freudigen Gefühl von Kompetenz und Zuversicht Platz. Gute Vortragende werden auch vom Publikum gemacht. Wenn im Publikum diese Miesepeter sitzen, die eigentlich gar nicht kommen wollten, wenn diese Miesepeter auch noch klüger sind und alles besser wissen und zudem mit Lob und Wohlwollen geizen, wenn es sich nicht um ihre eigene Person handelt, dann kann man noch so gut sein, es wird nicht landen. Ich möchte an dieser Stelle eine Lanze für diejenigen brechen, die sich trauen und sich einer Öffentlichkeit aussetzen. Freßt sie nicht auf, laßt sie nicht hängen, sondern holt das Beste aus ihnen heraus, indem ihr ihnen euer Wohlwollen zeigt!

Die schüchterne Reaktion ist dagegen durch die Abwesenheit von erwartbarem Sozialverhalten gekennzeichnet. Der Schüchterne meidet Blickkontakt, hält Abstand und setzt sich in eine Ecke, um außerhalb der »Schußlinie« zu sein. Er spricht wenig und leise und macht lange Pausen. Dabei wirkt er ernst, zurückhaltend und begrenzt seine Bewegungen. Zugleich zeigt er die Merkmale eines höflichen Menschen, der die Belange seiner Mitmenschen respektiert, feinfühlig auf soziale Hinweise achtet und bemüht ist, verständnisvoll zuzuhören. Die schüchterne Person ist besorgt über ihre soziale Kompetenz und hegt Selbstzweifel. Sie nimmt die Situation und die damit verbundene Gefährdung der eigenen Person gedanklich vorweg, sie fürchtet eine Bedrohung des Selbstwertes. Häufig wird eine soziale Situation als fremdartig wahrgenommen. Schüchternheit tritt auf bei Anlässen wie Schul- oder Arbeitsplatzwechsel, Begegnung mit Fremden oder wenn man als Lehrer zum ersten Mal vor einer Schulklasse steht. Ist die Umgebung formell oder man hat es mit angesehenen Leuten zu tun, führt dies noch zu einer Verstärkung. Zimbardo (1977) berichtet, daß etwa 85 Prozent aller Schüchternen sich intensiv mit sich selbst beschäftigen. Jemand, der sich selbst als soziales Objekt betrachtet, wird sich leicht hervorgehoben und beobachtet fühlen. Dieser Mensch hat eine strenge Selbstkritik hinsichtlich des eigenen Sozialverhaltens entwickelt. Eigentlich glaubt der Schüchterne, sozialen Anforderungen nicht genügen zu können, und seine Selbstachtung ist gering. Wenn beispielsweise die zur Begrüßung ausgestreckte Hand ignoriert oder ein Lächeln mit einem steinernen Gesicht beantwortet wird, so macht es einem vor allem dann etwas aus, wenn man über eine geringe Selbstachtung verfügt. Schüchternheit führt auch zu einer Reduzierung von Sexualerfahrungen. Bei einer Befragung von 260 Psychologiestudenten zeigte sich, daß drei Viertel der schüchternen Frauen sich als unberührt ausgaben, gegenüber nur 38 Prozent der nicht Schüchternen. Bei den Männern lag das Verhältnis bei 59 zu 38 Prozent. Außerdem waren die Häufigkeiten verschiedener sexueller Aktivitäten bei Schüchternen erheblich geringer, und der Spaß bei der Sache soll weniger ausgeprägt gewesen sein (Zimbardo 1977). Befragungen bei Prostituierten ergaben, daß etwa 60 Prozent der Freier als schüchtern eingeschätzt wurden. Diese Männer sind daran erkennbar, daß sie sich erst einmal eine Weile umsehen, vielleicht um den Häuserblock gehen und Ermutigung brauchen. Im Sexualverhalten sind sie unterwürfig, höflich und lassen sich sehr leicht zufriedenstellen. Dabei wirken sie nervös und besorgt über das, was sie getan haben. Auch hier führt die erhöhte Selbstaufmerksamkeit dazu, sich für alle möglichen Ereignisse verantwortlich zu machen. Aufgrund dieser kritischen Selbstaufmerksamkeit kommt es zu einem festgefügten Bild von der eigenen Person, die sozial beeinträchtigt ist. Ausgelöst und verstärkt wird die Schüchternheit dadurch, daß eine andere Person das Individuum als schüchtern abstempelt. Dominierende kulturelle Werte, individuelles Erfolgsstreben, hohe Ansprüche und reduzierte Zuneigung begünstigen das Entstehen von Schüchternheit.

Buss (1986) unterscheidet zwischen einer sich in den ersten Lebensjahren entwickelnden Schüchternheit und einer zweiten Lebensphase, die ungefähr mit dem fünften Lebensjahr beginnt. Das kleine Kind zeigt Unbehagen in fremdartigen Situationen, wenn sich beispielsweise ein Fremder nähert und die Mutter nicht da ist. Ein schüchternes Kleinkind ist leicht emotional erregbar und verfügt über ein geringes Geselligkeitsbedürfnis. Die Schüchternheit des Kleinkindes scheint temperamentsabhängig zu sein. Die sich später entwickelnde Schüchternheit beruht dagegen auf der Wahrnehmung der eigenen Person als sozialem Objekt. Durch die Hereinnahme eines öffentlichen Blickes werden alle sozialen Handlungen einer kritischen Bewertung unterzogen und entsprechend interpretiert. Diese Hereinnahme des öffentlichen Blickes ist zunächst eine Orientierungshilfe in ungewissen sozialen Situationen. Da bei schüchternen Kindern meist ein soziales Grundvertrauen fehlt, wird dieser Mangel durch die Orientierung an phantasierten Handlungsmaßstäben ersetzt.

Wenn wir eingangs von der Angst vor der Vergeltung gesprochen haben, so ist jetzt deutlich geworden, daß eine erhöhte öffentliche Selbstaufmerksamkeit soziale Ängste hervorrufen kann, die sich als Scham, Schüchternheit, Schuld oder Publikumsangst niederschlagen. Vergeltung meint in diesem Zusammenhang keine reale Strafe, sondern eine imaginierte. Die Vorstellung, in bestimmten Situationen zu versagen, den Erwartungen nicht zu entsprechen, erzeugt Katastrophenphantasien, Phantasien der Bestrafung und der Erniedrigung. Der innere Zensor nimmt die Niederlage vorweg und zeichnet ein schwarzes Bild negativer Konsequenzen. Selbst wenn wir wissen, daß beispielsweise bei einem mißlungenen Vortrag oder einer schlechten Präsentation des Geschäftsberichtes weder die Kündigung droht noch das zynische Gelächter des Publikums, sind die imaginierten Folgen meist existentieller Natur, so als ginge es um Leben oder Tod. Die Bedrohung, die wir subjektiv erleben, wenn unser Selbstbild durch andere Menschen nicht bestätigt wird, kann so erheblich sein, daß wir alles tun, um andere nicht zu enttäuschen. Dies wiederum führt zu einer äußerst anstrengenden Lebenshaltung, deren primäres Ziel darin besteht, das Bild vom eigenen Selbst mit den konkreten Handlungen immer wieder in Übereinstimmung zu bringen, anstatt das Bild von sich selber zu korrigieren. Wenn jemand beispielsweise glaubt, er sei ein begnadeter Sänger, obwohl es berechtigten Zweifel daran gibt, wird er alles daransetzen, beim nächsten Geburtstagsfest, wenn die Gäste fordern, er möge doch ein Ständchen singen, dieses Bild zu bestätigen. Solange die Resonanz positiv ausfällt, gibt es keinen Grund zur Sorge. Doch wenn erste Zweifel laut werden, gerät unser Sänger unter Druck. Er ist gezwungen, sich mit diesem Feedback auseinanderzusetzen.

Gehen wir davon aus, daß wir es mit verschiedenen Sängern zu tun haben, die sehr unterschiedlich auf eine solche Situation reagieren. Sänger X wird versuchen, die Kritik dadurch abzuwehren, daß er den Kritikern musikalische Unkenntnis unterstellt und ihnen die Kritikfähigkeit abspricht. Er entwertet die anderen, um sein Selbstbild aufrechterhalten zu können und um die Stimme des Zensors ruhigzustellen. Sänger Y gerät in eine tiefe Selbstwertkrise, indem er durch die Kritik seine nagenden Zweifel an seinen musikalischen

Fähigkeiten bestätigt sieht. Er fühlt sich in gewisser Weise ertappt, er schämt sich und entwertet sich selbst. Der Sänger Z hört sich die Kritik aufmerksam an und verwendet diese als Anregung, seine sängerischen Potentiale weiter zu entwickeln oder sich mit seinen Begrenzungen zu arrangieren. – Bei Sänger Z ist die Bedrohung des Selbstwertes am geringsten, weil er sich zum einen durch die Kritik nicht grundsätzlich in seiner Person angegriffen fühlt und zum anderen bereit ist, sein Selbstbild entlang der Rückmeldungen zu korrigieren. Sänger Z muß keine Vergeltungsmaßnahmen befürchten, weil er sein Selbstbild elastisch und flexibel hält, so daß nicht jede Irritation zur emotionalen Katastrophe führen muß.

Übung 4: »Das ist meine Existenz«

Damit sich Idealselbst und Realselbst annähern können, schlage ich eine kleine Übung aus der Gestalttherapie vor, die gut geeignet ist, sich dem Fluß der Selbstwahrnehmungen zu überlassen und eine akzeptierend-wohlwollende Grundhaltung einzuüben. Dabei geht es vor allem darum, sich selbst Achtung und Respekt entgegenzubringen, auch wenn nicht alles so läuft, wie es sich der Zensor vorstellt. Das Gefühl für die eigene Würde trotz Scheitern und Niederlagen ist eine wesentliche Voraussetzung dafür, ein stabiles Selbstwertgefühl aufzubauen.

Die Übung »Das ist meine Existenz« können Sie überall durchführen, wo Sie sich für ein paar Momente auf sich selbst und Ihre Wahrnehmungen konzentrieren können. Richten Sie einfach Ihre Aufmerksamkeit auf die Eindrücke, die Ihr Bewußtsein streifen und Ihre Sinne berühren: sehen, schmecken, riechen, hören, empfinden, spüren, tun etc. Sie werden feststellen, daß das Wahrnehmen ein höchst aktiver Vorgang ist, den Sie selber steuern können. Formulieren Sie Wahrnehmungssätze leise oder laut oder schriftlich, denen Sie die Formulierung »das ist meine Existenz« anhängen. Ich gebe Ihnen ein Beispiel: »Ich blicke auf den Bildschirm meines Computers, das ist meine Existenz ..., ich atme tief durch, das ist meine Existenz ..., ich höre, wie sich die Haustüre öffnet, und ärgere mich über die Störung, das ist meine Existenz ..., ich überlege, ob ich meinen Ärger ausdrücke, das ist meine Existenz ...« Nach einer Weile werden Sie feststellen, daß eine gewisse Gelassenheit sich breitmacht und eine Akzeptanz für das, was ist, nicht für das, was sein soll. Bisweilen wird sich der Zensor zu Wort melden mit den Satzanfängen: »Eigentlich müßte ich ..., ich sollte doch ..., das möchte ich nicht spüren ...« und ähnlichem. Geben Sie diesen Sätzen auch die Möglichkeit, sich zu formulieren. Dadurch können Sie die Aktivitäten des Zensors erforschen, ohne sich gleich unter Handlungsdruck stellen zu müssen.

Diese Übung entfaltet ihre Wirkung dann, wenn Sie sie häufig wiederholen.

Das Lächeln des Verzeihens

Scheinbar fällt es uns leichter, anderen zu verzeihen als uns selbst. Die Nachsicht, das Verständnis für die kleineren und größeren Mißgeschicke unserer Mitmenschen, läßt uns großherzig sein, einfühlend und ist bisweilen derart ausgeprägt, daß wir uns beim Fauxpas unserer besten Freundin zu dem Satz hinreißen lassen: »Das ist halb so schlimm, das macht nichts.« Wir wissen im gleichen Moment, daß dieser tröstlich gemeinte Satz keine Wirkung zeigt, solange die andere Person in ihrem Gram gefangen ist. »Ich bin untröstlich«, heißt es dann, und wir versuchen erneut, die Schuldgefühle unseres Gegenübers zu entlasten. Allerdings verhält es sich weit schwieriger, wenn wir zu uns selber sagen: »Das ist halb so schlimm.« Dann nämlich setzt sich ein Mechanismus in Gang, der dafür sorgt, daß das Mißgeschick zunächst unentschuldbar bleibt. Wir gehen in Deckung, wir beugen uns der unbarmherzigen Kritik des Zensors und verstecken uns vor weiteren Attacken mit dem inneren Satz: »Das passiert mir nicht noch einmal.« Ich mache einen Fehler, das ist meine Existenz, könnte man gemäß der Übung im vorherigen Kapitel sagen und es erst einmal damit bewenden lassen. Und sich voll und ganz annehmen auch in den Schuldgefühlen, in der Angst vor dem Gesichtsverlust, in der Sorge, vom anderen nicht mehr geliebt zu werden. Dies kann jedoch nur gelingen, wenn Sie bereit sind, von den rigiden und strengen Normen, von Ihren Idealvorstellungen Abstand zu nehmen; wenn Sie sich nicht mehr daran messen, wie Sie sein sollen, sondern wie Sie sich im Moment wahrnehmen. Ein Raucher, der sich immer wieder dafür beschimpft, daß er raucht, wird feststellen, daß die Beschimpfung keinerlei Veränderung bewirkt, im Gegenteil, der Zensor genießt die Sucht, weil sie Sie nötigt, sich mit ihm zu beschäftigen.

Jemanden verzeihen können setzt voraus, daß Sie sich in die Gefühle und Gedanken des anderen hineinversetzen können, daß Sie in seine subjektive Welt eintauchen und ihn innerhalb seines Bezugssystems verstehen. Auch wenn Sie die Motive nicht unbedingt gut heißen und schon gar nicht das Verhalten, welches aus ihnen hervorgeht, können Sie dennoch plausibel nachvollziehen, warum Ihr Gegenüber tut, was er tut. Ein guter Freund hat beispielsweise Hals über Kopf seinen Job gekündigt. Es war eine unvernünftige Entscheidung, weil dadurch Ansprüche auf Arbeitslosengeld zunächst verlorengingen. Aufgrund seiner insgesamt schwierigen finanziellen Lage war die Entscheidung eigentlich ein Desaster. Im Gespräch mit ihm wurde deutlich, daß die Kündigung eine Vorgeschichte hatte, in der sein Vorgesetzter durch ständige Kritik und Herabsetzung vor Kollegen ein Arbeitsklima stiftete, das unerträglich wurde. Dieser Freund, ein arbeitsamer, aber unterwürfiger Mensch, ließ die Demütigungen jahrelang über sich ergehen. Er bot sich geradezu dafür an, als Müllhalde seines Chefs mißbraucht zu werden. Der Vorgesetzte seinerseits war ein chronisch unzufriedener Mensch mit einer starken Neigung, andere zu dominieren und sie für seine Unzufriedenheit leiden zu lassen. Er war zynisch und machtbesessen. Allerdings hatte er seine Mitarbeiter fest im Griff, die Erfolgsbilanz konnte sich sehen lassen, und es gab keinen Grund, mit den Mitarbeitern in dieser Weise umzugehen. Selbstverständlich hätte der Freund über die Jahre das klärende Gespräch mit seinem Chef suchen können, vielleicht wäre dann die leidvolle Trennung nicht nötig gewesen. Er hätte schon vor längerer Zeit sich um eine neue Arbeitsstelle kümmern oder sich der Solidarität und Loyalität seiner Kollegen vergewissern können. Das alles wären denkbare Alternativen. Doch die Entscheidung ist nun einmal gefallen, und alles »hätte«, »sollte«, »müßte« ist überflüssige Klage über die vergebenen Chancen. Aus der Perspektive des Freundes ist die Entscheidung nachvollziehbar, vor allem dann, wenn man seine Zurückhaltung in Konfliktsituationen, seine Vorsicht, seine Unterwürfigkeit mit in Betracht zieht. Er konnte nicht anders, seine Not zwang ihn förmlich, dem Chef seine Kündigung auf den Tisch zu knallen, um damit seinem Leiden ein Ende zu bereiten. Es war das erste Mal in zehn Jahren, daß er die Beherrschung verlor und etwas tat, das seinem strengen Zensor in keiner Weise entsprach. Neben der Erleichterung über seinen mutigen Schritt hatte er große Schuldgefühle, er machte sich Sorgen, wer nun seine Arbeit verrichten sollte, ob er nicht zu ungerecht gehandelt habe und was die Kollegen jetzt von ihm denken würden. Noch immer war er loyal zum Betrieb, und sein Pflichtgefühl ließ ihn mehr an die liegengebliebene Arbeit denken als an die finanziellen Folgen seiner Entscheidung.

Das empathische Mitgehen mit den Motiven und der Vorgeschichte seiner Entscheidung beruhigte ihn. Er konnte sie zwar nicht als eine richtige Entscheidung betrachten – was sie de facto auch nicht war, er hatte nur Nachteile –, aber als eine notwendige. Notwendig wurde die Kündigung, um ein unerträgliches Leiden zu beenden, und die Art und Weise entsprach seinem Wesen, er konnte offenbar nicht anders. Dieses »Nicht-anders-Können« oder »Gekonnt-Haben« ist der entscheidende Aspekt des Selbstverzeihens, nicht deshalb, weil man es immer wieder so macht, sondern weil es so gemacht wurde und nicht anders. Die Faktizität der Entscheidung braucht die Faktizität der Akzeptanz. Erst in einem zweiten Schritt ist es möglich, Ursachen, Hergänge und Wechselwirkungen zu rekonstruieren, um neue Handlungsalternativen zu eröffnen.

Die meisten Menschen hadern mit ihren Entscheidungen vor allem dann, wenn sie nicht den gewünschten Erfolg nach sich ziehen. Dann wird analysiert, kolportiert, nachgewiesen und mit Konjunktiven wie »hätte ich doch« oder »wäre ich nicht« terrorisiert. Diese Strategie führt zwangsläufig ins Jammern und Klagen und letztlich dazu, daß sich doch nichts ändert. Zu sich zu stehen, das Mißlingen als Herausforderung zu begreifen, das Scheitern als menschlich zu betrachten, sind möglicherweise angemessenere Haltungen, um Lernprozesse in Gang zu setzen, als das ständige Wehklagen über die eigenen Unfähigkeiten oder die Unfähigkeiten der anderen.

Einfühlendes Verstehen, Empathie, hat entwicklungspsychologische Wurzeln. Es ist verknüpft mit tröstenden und beruhigenden Interaktionserfahrungen während des ganzen Lebens. Selbstempathie gelingt, wenn genügend Empathie von seiten der Umgebung zur Verfügung gestellt wurde. An dieser Stelle muß ich noch einmal die Säuglingsforschung bemühen, deren bahnbrechende Untersuchungen neue Sichtweisen darüber eröffnen, wie Selbstregulation und gelungene emotionale Einstimmung zwischen Säugling und Pflegeperson zu einer stabilen Selbstentwicklung führen.

Daß der Mensch die Befriedigung seiner Bedürfnisse anstrebt, ist unbestritten, doch daß der Mensch zudem auch noch die Anerkennung dieser Bedürfnisse braucht, und zwar von Geburt an, um sich selbst als wertvoll betrachten zu können, ist eine wesentliche Ergänzung. Die Suche nach Anerkennung spielt sich immer in Interaktionen ab. Miteinander lächeln, nacheinander Töne erzeugen, die Bewegungen des Säuglings rhythmisch mit der Stimme begleiten, sind Erfahrungen, die alle Eltern machen. Die Bedeutung dieser Dialoge ist grundlegend für die Fähigkeit des Kindes, innere affektive und motivationale Zustände anzunehmen. In diesen Dialogspielen will der Säugling nämlich nicht nur interessante Reizereignisse austauschen und Spaß haben, sondern er will, daß die Pflegeperson seinen affektiven Zustand wahrnimmt und anerkennt. Er braucht die Botschaft: » Ich sehe, daß du spielen willst, daß du freudig erregt bist, du willst dich mit mir unterhalten, und ich freue mich darüber, so wie du dieses Bedürfnis zum Ausdruck bringst.«

Ebenso verhält es sich beim Fütterungsvorgang. Dort geht es nicht nur um die ausreichende Versorgung mit Nahrung, sondern noch viel mehr um die Art und Weise, wie sie gegeben wird: Wird das Fläschchen lieblos in den Mund gesteckt und der Säugling schweigend auf das Sofa gelegt, oder wird der Säugling auf den Arm genommen und beim Trinken angeschaut und wird gar mit ihm gesprochen: »Du bist aber hungrig, ja, trinke dich nur satt.« Die Pflegeperson legitimiert sozusagen den Hunger und den entsprechenden affektiven Zustand. Untersuchungen von Hoffmann (1993) unterstützen diese Annahme. Er beobachtete Kinder zwischen vier und zwölf Monaten in Situationen, in denen sie zum ersten Mal feste Nahrung mit einem Löffel erhielten. Nicht der Nahrung galt das hauptsächliche Interesse, sondern dem Löffel. Die Kinder versuchten, den Löffel in ihren Besitz zu bringen und mit ihm zu spielen und zu experimentieren. Dabei vergewisserten sie sich immer wieder der Reaktionen der Eltern. Positive Resonanz führte eher zu Initiative und Kreativität, negative Resonanz und elterliche Restriktion zu Aggressivität oder Passivität. Der Mensch lebt eben nicht nur vom Brot allein, sondern mehr noch von dem Gefühl des Teilens und Mitteilens von Gefühlen, Stimmungen und Motive. Das Teilen gemeinsamer Erfahrungen basiert auf der Fähigkeit, sich aufeinander einzustimmen.

Forscher (z. B. Dornes 1993) haben herausgefunden, daß Kinder zwischen acht und zehn Monaten in der Lage sind, der Blickrichtung eines Erwachsenen und ihrem Wechsel zu folgen. Beide Interaktionspartner blicken auf den gleichen Gegenstand. Interessanterweise blickt das Kind, wenn es das Gezeigte gesehen hat, wieder zurück zur Mutter, um sicherzustellen, daß beide das gleiche sehen. Auch wenn das Kind der Mutter etwas zeigen will, blickt es abwechselnd zum Gegenstand und wieder zurück zur Mutter, bis es sicher ist, daß ein gemeinsamer Wahrnehmungsfokus hergestellt ist. Darin drückt sich das Bedürfnis aus, die eigene Wahrnehmung mit anderen zu teilen, nicht nur in dem Sinne, daß sie beide dasselbe sehen, sondern auch, daß sie es gemeinsam sehen. Ein Teil der Interaktion richtet sich auf das Objekt, und der andere Teil richtet sich auf den Vorgang des Miteinanders.

Dieses Bedürfnis ist nicht nur auf die Säuglingszeit begrenzt. Bei einem Abendspaziergang mit der Liebsten beispielsweise ereignet sich folgende Begebenheit: Während beide Arm in Arm in ihren Gedanken versunken durch die sternenklare Nacht schlendern, entdeckt er plötzlich ein Glühwürmchen. Sofort gibt er sein Erstaunen weiter an die Partnerin und ruft: »Schau nur, ein Glühwürmchen!« Dabei geht es nicht nur um die Mitteilung einer Information, sondern vielmehr um die Mitteilung eines affektiven Zustandes und des Bedürfnisses, diese Erfahrung gemeinsam zu machen.

Konfrontiert man neun Monate alte Kinder mit einem interessanten, aber Unsicherheit erzeugenden Objekt, z. B. einem blinkenden, Laute von sich gebenden Fahrzeug, so schwanken sie zwischen Neugier und Furcht. Sie schauen im Wechsel zum Objekt und zur Mutter in der Hoffnung, aus ihren Reaktionen eine emotionale Orientierung darüber zu erhalten, ob das Objekt feindseliger oder wohlwollender Natur ist. Macht die Mutter ein furchtsames Gesicht, wird sich das Kind fürchten, lächelt sie, so beginnt es, neugierig auf das Fahrzeug zuzukrabbeln. Dieser Vorgang wird als »social referencing« bezeichnet und beschreibt die affektive Kommunikation zwischen zwei Menschen unter Bezugnahme eines Objektes. Die Fähigkeit, im Gesicht des anderen einen Affekt zu lesen und ihn auf die eigene Situation zu beziehen, entwickelt sich in Phasen. Im Alter von zwei Monaten können Kinder nur Teilkomponenten eines Gesichtes erkennen und somit die verschiedenen Emotionen, die sich über Mimik mitteilen, noch nicht unterscheiden. Zwischen zwei und fünf Monaten können sie zwar den Unterschied zwischen einem traurigen und fröhlichen Gesicht wahrnehmen, sie reagieren jedoch darauf selbst nicht emotional. Erst zwischen fünf und sieben Monaten beginnen sie damit, selber emotional auf die Emotionen der Umwelt zu reagieren. Ein freudiges Gesicht erzeugt ein Lächeln, ein trauriges Gesicht erzeugt eine traurige Mimik. Mit neun Monaten ist sicher, daß es sich dabei nicht um eine Imitation, sondern um ein wirkliches Affektverständnis handelt und die Kinder einen Zusammenhang zwischen den eigenen und den bei anderen wahrgenommenen Gefühlen herstellen. Das Kind kann nunmehr im Gesicht der Mutter, des Vaters lesen und die darin enthaltenen Emotionen auf sich beziehen.

Affektive Einstimmungen (»affect attunement«) erfolgen aber auch ohne Bezug auf äußere Objekte und sind elementarer Bestandteil kindlicher und elterlicher Kommunikation. Dabei helfen die Eltern einerseits, affektive Zustände verbal zu symbolisieren, sie anerkennend zu würdigen, und sie sind andererseits dabei behilflich, Affekte zu regulieren.

Beispiele:

Ein zehn Monate altes Mädchen hat gerade das letzte Stück eines Puzzles gelegt, wirft die Arme begeistert nach oben, und die Mutter kommentiert das Verhalten mit dem Satz: »Du bist ein tolles Mädchen!«, wobei der Tonfall die hochfliegenden Arme nachahmt und der Rest des Satzes ihr Niedersinken. Oder: Ein gleichaltriger Junge sitzt auf dem Fußboden und versucht nach seinem Spielzeug zu greifen. Seine Arme können es nicht ganz erfassen, und er streckt sie bis zum äußersten. Der Vater kommentiert die Bewegung mit einem langgezogenen »Uuuh«, das im Tonfall die Körperdehnung wiedergibt. – Es handelt sich hierbei nicht um nachfolgende Imitationen, sondern um eine Begleitung der kindlichen Handlungen auf der Ebene einer anderen Sinnesmodalität. Die Einstimmung bezieht sich weniger auf das äußere Verhalten des Kindes, sondern auf den Gefühlszustand, der dem Verhalten zugrunde liegt.

Die Empfänglichkeit für affektive Einstimmungen ermöglicht die Regulation von Emotionen auf beiden Seiten, im Guten wie im Schlechten.

Ein depressiver Säugling mit zusammengesunkener Körperhaltung, verlangsamter Motorik und Atmung und unbelebter Mimik ist durchaus in der Lage, auch nichtdepressive Erwachsene mit diesem Affekt zu infizieren (vgl. Dornes 1997). Ihre Interaktionen verlangsamen sich, ihr Gesichtsausdruck wird weniger lebhaft, und sie fühlen sich nach kurzer Zeit erschöpft. Der depressive Zustand des Kindes ist bei ihnen gelandet.

Umgekehrt kann es sein, daß eine Mutter beispielsweise besorgt ist, ihr Säugling könnte verhungern. Diese Phantasie teilt sich folgendermaßen mit: Um ihre Angst vor dem Verhungern zu mildern, wird die Mutter bei jeder sich bietenden Gelegenheit den Säugling füttern. Ein wechselseitiges »attunement« kann nicht stattfinden, weil die Angst der Mutter übermäßig in die Interaktion eingreift, der Säugling wird vermutlich aversiv, vermeidend, reagieren. Er wird sich verschlucken, erbrechen, die Nahrung verweigern, sich somit paradoxerweise der Gefahr des Verhungerns aussetzen. Er verinnerlicht die mütterliche Angst durch das invasive Fütterungsgeschehen. Dabei introjiziert der Säugling nicht absichtsvoll einen fremden seelischen Inhalt, sondern er paßt sich den elterlichen Phantasien an, die sich durch konkrete Handlungen mitteilen.

Es gibt verschiedene Varianten des »attunements«, der Art, wie Eltern ihre Kinder, jenseits von expliziten Geboten und Verboten, beeinflussen. Dabei sind die Phantasien der Eltern der wichtigste Motor. Dornes (1997) gibt hierfür ein beeindruckendes Beispiel:

Mutter und Kind spielen miteinander. Das Kind freut sich und zeigt die Freude durch lebhafte Bewegungen. Immer wenn das Kind die Mutter anstrahlt, antwortet sie zurückhaltend und gedämpft. Die Intensität ihrer Reaktionen paßt nicht zur Intensität der kindlichen Handlungen. Die Forscher fragen die Mutter, ob ihr die Zurückhaltung schon aufgefallen sei. Sie äußert die Befürchtung, daß sich ihr Sohn, wenn sie seine Affektlage trifft, nicht mehr genügend anstrengt, seine Initiative verliert und sich zu sehr auf sie konzentriert. Diese Äußerung wird verstehbar vor dem Hintergrund ihrer Partnerschaft. Sie berichtet davon, daß sie immer alles alleine entscheiden muß: ob sie ausgehen oder nicht, ob sie Geschlechtsverkehr haben oder nicht. Sie möchte nicht, daß ihr Sohn so wird wie ihr Mann. Bezeichnenderweise wird sie durch ihre Zurückhaltung genau dazu beitragen, daß ihr Kind passiv und abhängig wird. Das Kind lernt unter Umständen, daß die emotionale Kraft seiner Freude und Überschwenglichkeit nicht teilbar ist und auf kein großes Wohlwollen stößt. Es verliert den Zugang zur eigenen Vitalität und identifiziert sich schlimmstenfalls mit der Angst der Mutter, so passiv zu werden wie der Vater.

Für ein erfolgreiches »attunement« scheint wesentlich zu sein, daß es quasi nebenbei passiert, unbemerkt. Ein neun Monate alter Junge spielt mit Bauklötzen, die er aufeinandertürmt. Er ist konzentriert bei der Sache und freut sich über jeden Klotz, den er erfolgreich auf die anderen gestapelt hat. Der Vater kommt hinzu und legt ihm bekräftigend die Hand auf seinen Rücken und streicht mit seiner Hand im Tempo der Stapelbewegungen den Rücken hinauf. Das Kind dreht sich nicht einmal um und spielt weiter, als wenn nichts gewesen wäre. Instruiert man den Vater, beim nächsten Mal den Rhythmus des Streichens ein klein wenig zu verändern, so daß er nicht mehr zum Bewegungsrhythmus des Kindes paßt, so dreht sich das Kind um und blickt den Vater erstaunt an (Stern 1985). Kinder haben offenbar ein gut entwickeltes Gefühl für die Stimmigkeit von Interaktionen und bemerken schnell, wenn es zu Dissonanzen kommt. Die Genauigkeit der Einstimmung scheint ein Ziel für sich selbst zu sein und ist somit entwicklungsfördernd. Abweichungen werden bemerkt und führen zu Handlungen, die die Passung wiederherstellen, so wie die Atmung sich beschleunigt, wenn sich der Sauerstoff verringert.

Dieses »affective attunement« bleibt in seiner Bedeutung nicht nur auf die frühe Kindheit beschränkt. Einstimmungsprozesse spielen in jeder Situation eine Rolle, in der sich Erwachsene begegnen: beim Verkaufsgespräch, in Beratungen, im Mannschaftssport usw. Gute Beziehungen sind Ausdruck gelungener emotionaler Einstimmung aufeinander. Mitarbeiter erfolgreicher Teams berichten davon, daß häufig ein Blick genügt, und der andere weiß, was zu tun ist. Es braucht keine langen Diskussionen, weil man sich gut kennt, weil man weiß, einschätzen und respektieren kann, wie der andere in bestimmten Situationen reagiert. Auch hier spielt die Anerkennung des affektiven So-Seins des Mitspielers oder des Mitarbeiters eine zentrale Rolle. Das OP-Team beispielsweise kennt die Launen des »Chef-Chirurgen«, wenn er schwierige Operationen durchführen muß. Und der Chirurg kennt die Launen seiner Mitarbeiter. Alle stellen sich darauf ein, daß in Streßsituationen der eine oder andere sich zu übermäßig aggressiven Äußerungen hinreißen läßt, und alle wissen, daß, wenn der Patient wieder zugenäht ist, die unflätigen Äußerungen vergessen sind und man miteinander den Operationserfolg feiert.

Aber auch in bezug auf das eigene Selbst gibt es gelingende Einstimmung. Für die Ausführung einer bevorstehenden Aufgabe braucht es einen emotionalen Check. Wie bin ich heute drauf? Bin ich müde oder gut ausgeschlafen, habe ich Sorgen, die mich unkonzentriert sein lassen, habe ich Angst, zu versagen, bin ich optimistisch und gutgelaunt usw.? Die Beantwortung dieser Fragen bringen meinen emotionalen Zustand ins Bewußtsein und helfen mir, mich auf die bevorstehende Aufgabe einzustimmen. Allerdings ist dieser Check nur hilfreich, wenn ich anerkenne, was ist. Wenn ich mich damit beschäftige, wie ich heute gestimmt sein *müßte*, gebe ich dem Zensor die Oberhand, und mein Verhalten orientiert sich nicht mehr an meiner emotionalen Befindlichkeit. Als Ressource geht sie mir dann verloren. Nicht jeder Mensch ist zu jeder Zeit für jede Aufgabe optimal eingestimmt. Ich handele im Rahmen meiner Möglichkeiten, nicht im Rahmen meiner Maximalforderungen. Wenn etwas danebengeht, dann war das emotionale »Fit« zwischen der Aufgabe, den Beteiligten und meiner Stimmung nicht vorhanden. Und ich ziehe die Konsequenz daraus, beim nächsten Mal vielleicht doch früher ins Bett zu gehen, mich besser vorzubereiten und weniger Alkohol zu trinken. Es gibt keinen Grund, deshalb im Erdboden zu versinken, und außerdem war es nicht allein mein Versagen. Zu einer erfolgreichen Einstimmung gehören immer alle Beteiligten.

Sich selber anzunehmen mit allem, was ich bin und habe, scheint immer schwieriger zu werden, weil die Möglichkeiten, ein anderer sein zu können, einen besseren Job zu haben, eine schönere Wohnung, mit dem attraktiveren Partner zusammenzuleben, schlanker zu sein und klüger, so reichhaltig sind wie in keiner Epoche vor unserer Zeit. Die Lebensentwürfe von Menschen, die erfolgreich sind, werden in den Medien hochstilisiert, kunstvoll und schmackhaft aufbereitet und zur besten Sendezeit als erstrebenswert präsentiert. Die Glimmerwelt der Filmszene gehört ebenso zur Inszenierung idealer Lebensentwürfe wie die markanten Sprüche des Topmanagements, die die Machbarkeit von Erfolg propagieren, obwohl sie wissen, daß das Scheitern und das Mißlingen bedrohlich im Nacken sitzen. Hinter dem Glanz steckt nicht selten ein erbarmungsloser Kampf um Macht und Einfluß, um Einschaltquoten und der Versuch, die Gunst einer zahlungskräftigen Öffentlichkeit zu erhaschen. Immer mehr Menschen scheinen sich an den idealen Lebensentwürfen zu orientieren, indem sie sich Attribute ihrer Götter und Göttinnen aneignen, ihnen nahe sein wollen, mit ihnen verschmelzen, damit der Glanz auf sie übergeht. Andere wiederum versuchen ihr Glück mit Extremsportarten, in denen sie sich ihrer Einmaligkeit und Größe vergewissern können. Und ein Rest, den man schlechterdings als die Verlierer der Globalisierung bezeichnet, dümpelt arbeitslos oder psychisch krank in den maroden Versorgungsinstitutionen des Sozialstaates. Wer nicht mehr mithalten kann, muß ausgemustert werden, und damit diese Fachleute des Scheiterns Ruhe bewahren und dieses ganze verrückte Spiel nicht durcheinanderbringen, werden sie mit Wahlversprechen und Durchhalteparolen aufgemuntert. Wenn dann noch ein hohes Selbstideal mehr Anstrengung und Anpassung einfordert, ist der seelische Zerfall vorprogrammiert. Soziale Ausgrenzung, nicht mehr teilhaben können am kostenintensiven Treiben des Touristik-, Mode-, Sport- und Musikgeschehens, weil das Geld nicht ausreicht, in Verbindung mit dem Traum eines guten Lebens – diese Konstellation verursacht mehr psychosoziale Verelendung als eine schwierige Kindheit und eine problematische Familiensituation.

Ich habe ein großes Herz für die Alltagsgenies, die trotz postmoderner Hektik und finanzieller und familiärer Belastungen ihren Gleichmut bewahren, weil sie sich selber treu geblieben sind und genau überprüfen, was sie wirklich zu einem guten Leben brauchen. Es ist schon eine paradoxe Situation, daß die Menschen einerseits in ekstatischen Kauforgien ihr Selbst durch den Erwerb materieller Objekte aufwerten und vergrößern und andererseits mit den einfachsten sozialen Verrichtungen nicht mehr klarkommen. Menschliche Bindungen werden auf dem Altar idealer Lebensentwürfe geopfert, das Selbst mit Geldwert angereichert, um es im Falle des Scheiterns den hilfreichen und guten Agenten der Sozial- und Krankenversicherungsgeber zur Wiederaufbereitung anzuvertrauen. Die staatlichen Institutionen sollen das richten, was im Tanz um Effizienz, Produktivität und wirtschaftlichen Erfolg auf der Strecke geblieben ist.

Moralität im Sinne des tugendhaften Menschen ist nicht mehr gefragt, sie ist ein Relikt, eine Leerformel für die normsetzenden Schichten, ihr schlechtes Gewissen zu beruhigen, weil sie sich im Grunde genommen auch nicht mehr auskennen. Und vielleicht ist es auch gut so, daß die Moralität in ihrer Absolutheit verschwindet, denn im Namen der Moralität wurde seit Menschengedenken mehr Unheil und Zerstörung angerichtet als durch die Verfehlungen im alltäglichen Leben. Zumal die Idee des guten und rechtschaffenen Menschen Ideenreichtum und Innovationskraft beschneidet, die Kreativität in ein Verhaltenskorsett einschnürt und dem Selbst, das von Natur aus auf Expansion und Wachstum ausgerichtet ist, vorschreibt, wie es zu sein hat. Jede Weiterentwicklung ist verknüpft mit Regelverletzungen und Grenzübertretungen, die durchaus schmerzvoll sein können, die sich aber lohnen, wenn man bereit ist, die Konsequenzen anzunehmen.

Das Leben als eine Abfolge von Experimenten zu betrachten kann dabei hilfreich sein. Jeder Mensch ist ein Forscher, ein Wissenschaftler in seiner Lebenswelt. Entwicklung als Experiment zu betrachten: das Experiment der Einschulung, das Experiment der Pubertät, das Experiment der Partnerschaft, das Experiment des Jobwechsels, das Experiment der Freundschaft usw. kennzeichnen eine Lebensgrundhaltung, die idealen Projektionen zuwiderläuft. Der Ausgang bleibt ungewiß und läßt sich nur schwer vorwegnehmen. Da vieles in unserem Leben aus Versuch und Irrtum besteht, kann man sich getrost auf das Ausprobieren einlassen. Manche Experimente gelingen, sie führen zu einer Erweiterung des Wissens und Könnens, andere scheitern, und das Scheitern markiert eine natürliche Grenze ihrer Machbarkeit. Dabei bleibe ich mir selbst ein teilnehmender Beobachter, der die Erfahrungen auswertet und wohlwollend-kritisch analysiert, nicht als zensierende Instanz, die bei »Fehlern« insistiert: »Was hast du jetzt schon wieder gemacht?« Ich erforsche meine Motive und die Art und Weise, wie ich diese Motive in Handeln übersetze. Ich studiere meine Sehnsüchte und Wünsche und experimentiere mit unterschiedlichen Strategien ihrer Verwirklichung und spreche mir selbst für meine Forschungsbemühungen die volle Anerkennung aus.

Daß Gott mich dafür liebt, setze ich als selbstverständlich voraus, vor allem dann, wenn ich glaube, daß die Liebe einer höheren Macht meine Selbstliebe und das Vertrauen in das Unternehmen Leben festigt. Die Verfehlungen, die mir in dieser Unternehmung passieren können, nehme ich als notwendigen und förderlichen Bestandteil wahr, weil sie mir die begrenzenden Strukturen zur Verfügung stellen, sozusagen das stützende Geländer, innerhalb dessen ich mich sicher und frei bewegen kann.

Sich selbst verzeihen beinhaltet einen Gestus des Lächelns, weil das Lachen verbindet und eine strenge Miene ängstigt. Natürlich ist dieses Vorgehen mit Risiken verbunden. Es könnte sein, daß sich Menschen von Ihnen abwenden. Dafür wenden sich Ihnen aber andere Menschen zu, weil Sie plötzlich interessant geworden sind, weil Sie etwas Abenteuerliches ausstrahlen und ein gewisses Grundvertrauen signalisieren, daß das Leben eine durchaus vergnügliche, befriedigende und aufregende Forschungsreise darstellt.

Die Devise heißt, das Notwendige tun, das Machbare anzustreben und das, was Sie nicht verändern können, anzunehmen.

Im Taoismus ist die Lebenshaltung einer umfassenden Akzeptanz dessen, was ist, anschaulich und geheimnisvoll zugleich dargestellt. Ein wichtiger Grundgedanke des Taoismus besteht in der Vorstellung, daß das Leben einem ureigenen Prozeß folgt, der letztendlich nicht verstehbar oder gar unter Kontrolle zu bringen ist. Alan Watts (1983, S. 73) beschreibt unter Rückgriff auf Lao-tzu:

»Das große Tao fließt überall,
nach links und nach rechts.
Das Leben aller Dinge hängt davon ab,
und es läßt sie nie im Stich.
Was es vollbringt, nennt es nicht sein eigen.
Es liebt und nährt alle Dinge,
aber es spielt nicht den Herrn über sie.«

Das Tao ist in diesem Verständnis nicht als Gott zu betrachten, der als Herrscher, König, Kommandant, Architekt oder Schöpfer des Universums gilt, sondern als ein Prinzip, das dem Leben Kraft, Richtung, Rhythmus und Bewegung verleiht. Watts vergleicht das Tao mit dem Lauf des Wassers, spürbar, aber nicht denkbar; intuitiv faßbar, aber nicht analysierbar, selbst wenn wir die chemischen und molekularen Strukturen beschreiben können, ist es mehr und etwas anderes als die Summe seiner Teile. Man kann den Fluß nicht in einen Eimer füllen, ebensowenig wie den Wind in eine Tüte. Die Vorgänge des Lebens fragen nicht nach Gut oder Böse, und sie bewegen sich auch ohne unser Zutun. Sie entstehen aus sich selbst heraus, und während ich dasitze und nichts tue, wird es Frühling, und das Gras sprießt auf. Alle Lebensvorgänge sind aufeinander bezogen, und die kleinsten Dinge »gehen« notgedrungen »mit« der Sonne oder dem Mond. Ohne die Sonne wäre kein Licht in unseren Augen, und wäre das Auge nicht selbst sonnenhaft, könnten wir nichts sehen. Das ist das Prinzip des »gegenseitigen Erzeugens« im Sinne von Wechselwirkungen und zirkulären Abhängigkeiten und nicht im Sinne eines Ursache-Wirkung-Zusammenhangs. Jedes »Eigene« in der Welt kann sich nur in bezug zu jedem »anderen« verwirklichen, so wie das Selbst die Resonanz der anderen braucht, um sich zu entwickeln und zu erfahren. Individualität ist untrennbar mit der Gemeinschaft verknüpft. Sie bringen sich beide hervor in einem steten

Prozeß ihrer Wechselbeziehungen. »Alles fließt«, sagt Heraklit und meint den dauernden Wandel, die dauernde Bewegung in allen Lebensprozessen. Die Ordnung der Natur, die sich durch das Zusammen- und Gegeneinanderspiel von Kräften immer wieder neu konstituiert, ist keine erzwungene Ordnung, sie gehorcht nicht einem Gesetz oder Gebot, aufbauend auf Pflicht und Gehorsam, sondern einer Struktur, die offenbar keiner göttlichen Vorsehung folgt. Sie ist vollkommen in ihrer Unvollkommenheit, so wie der Mensch nach Ganzheit strebt, ohne sie letztlich erreichen zu können.

Wenn wir in diesem Zusammenhang von Chaos sprechen, ist damit gemeint, daß sich die Lebensprozesse selber steuern, und im Taoismus bedeutet die Ordnung der Dinge eben der Nicht-Gehorsam gegenüber irgend etwas anderem. »Es existiert aus und von sich selbst; es ist sui generis (selbsterzeugend), tzu-jan (so von sich aus)« (Watts 1983, S. 79).« Wir kennen Manifestationen dieser Ordnung, Gedanken, Sprache, Lebewesen, die Ordnung selbst bleibt jedoch im verborgenen. Das chinesische Li bezeichnet die asymmetrische, nichtlineare, nicht reglementierte Ordnung, die wir im fließenden Wasser finden, in den flüchtigen Formen der Wolken, in den Eiskristallen am Fenster. Die beschriebenen Phänomene gehen zwar aus molekularen, chemischen Prozessen hervor, sie werden von ihnen erzeugt, sie sind aber nicht in ihrer Entstehung auf diese Prozesse zurückzuführen. So wenig wie es möglich ist, das Phänomen Sprache auf die kausale Verbindung von Atmung, Kehlkopfbewegungen und neuronalem Erregungsmuster zu reduzieren. Die Wissenschaftler nennen diesen Vorgang »Emergenz« und beschreiben damit einen qualitativen Übersprung der Bestandteile eines Gegenstandes oder eines Ereignisses in eine neue Bedeutung. So konstituieren die Äste, die Blätter, der Stamm und die Wurzeln noch keinen Baum. Zum Baum wird dieses Ensemble erst durch die Bedeutungsgebung eines Beobachters, und selbst die kann eine erhebliche Vielfalt aufweisen. Der Bauingenieur, der eine neue Straße durch ein Waldstück plant, wird einen anderen Baum meinen als der Landschaftspfleger, der beauftragt ist, kranke Bäume zu retten. Der Obstplantagenbesitzer und Saftproduzent wird seine Bäume völlig anders betrachten und verwenden als der Hobbygärtner, der in seinem Garten zur Geburt seines Kindes einen Kirschbaum pflanzt. Das Wasser strengt sich nicht an, flüssig zu sein, erst der Mensch bemächtigt sich seiner Schönheit und seiner Kraft. »Es liegt auf der Hand, daß kein Tier und keine Pflanze auf dieselbe Weise gemacht ist, wie ein Tisch aus Holz gemacht ist. Ein Lebewesen ist keine Summe von Teilen, die zusammengenagelt, -geschraubt oder -geklebt sind. Seine Glieder und Organe werden nicht von weit hergeholt und um eine Mitte versammelt. Ein Baum ist nicht aus Holz; er ist Holz. Ein Berg ist nicht aus Fels gemacht; er ist Fels« (Watts 1983, S. 87).

Chuang-Tzu bringt es auf den Punkt:

»Wenn es kein anderes gibt, dann gibt es auch kein Ich. Wenn es kein Ich gibt, ist niemand da, der Unterschiede setzt. Dies ist wohl wahr. Aber was bringt diese Mannigfaltigkeit hervor? Es hat den Anschein, als gäbe es einen wirklichen Herrn und Meister, aber nichts deutet seine Existenz an. Man möchte wohl glauben, daß es ihn gebe, aber wir sehen seine Gestalt nicht. Er ist vielleicht wirklich, jedoch gestaltlos. Die hundert Teile des menschlichen Körpers mit seinen neun Öffnungen und sechs inneren Organen sind jeweils vollkommen an ihrem Ort. Welchem soll ich den Vorzug geben? Sind sie dir alle gleich wert? Oder sind dir die einen teurer als die anderen? Sind sie sämtlich Diener? Sind diese Diener nicht in der Lage, einander zu kontrollieren, sondern brauchen sie einen anderen als Herrscher? Sind sie abwechselnd Herrscher und Diener? Gibt es einen wahren Herrscher außerhalb ihrer?« (in Watts 1983, S. 88 f.)

Aus dieser Sicht der Dinge ergibt es sich logischerweise, das eigene Leben eben nicht mehr zwingen zu wollen, zurechtbiegen zu wollen gemäß der Vorstellung, das Leben funktioniere wie eine Maschine, die man perfekt programmieren könne. Leiden wird eben genau dadurch erzeugt, daß Menschen sich selbst oder einander bezwingen wollen. Statt dessen könnte man versuchen, den Lebensprozessen und den Kräften, die in ihm wirken, zu folgen, so wie das Segel nach dem Wind ausgerichtet ist, um vorwärtszukommen. Das Boot symbolisiert unser Selbst, das Segel unser Ich und das »Ich über dem Ich«, der Wind, symbolisiert die Kräfte in und um uns herum. Wenn das »Ich über dem Ich« befiehlt, das Segel nach einer bestimmten Navigationsvorschrift zu trimmen, wird das Selbst, das

Boot also, außerstande gesetzt, durch seine Bewegungen zu erspüren, woher und mit welcher Kraft der Wind weht. Wenn das Segel allerdings flexibel ist, dann wird es in der Lage sein, den Wind zu nutzen, und sich in die richtige Position bringen, damit das Boot sich auf dem Wasser vorwärtsbewegen kann.

Der Taoismus nennt dieses Prinzip »wu-wei«, das Tun im Nicht-Tun. Wu-wei bedeutet keineswegs Trägheit oder Faulheit, sondern eine höchst aktive Präsenz. Die Parabel von der Pinie und der Weide kann es verdeutlichen: Die Äste der Pinie sind unbeweglich und starr. Sie zerbrechen leicht, wenn beispielsweise die Last des Schnees zu groß geworden ist. Die Äste einer Weide hingegen sind beweglich, sie geben unter dem Gewicht des Schnees nach, und der Schnee kann von den Ästen abgleiten. Die Äste der Weide sind nicht schlaff, sondern federnd, elastisch. Auf das menschliche Handeln angewandt, setzt das Wu-wei voraus, daß man die Prinzipien, Strukturen und Wirkweisen der (Schwer-)Kraft kennt. Das bedeutet mitgehen, aufnehmen und nicht kämpfen und gegen Widerstände arbeiten oder sich aufreiben. Letzteres hat zur Folge, daß man sich und andere gängelt, zurechtweist und ständig auf der Hut ist, nicht das Falsche zu tun. Konfuzius berichtet vom Kaiser Shun, der nicht handelte und dennoch gut regierte. Er korrigierte sich selbst und nahm die ihm gemäße Stellung als Herrscher ein. Modernerweise würden wir sagen, er füllt seine Rolle und Position angemessen aus, indem er sich mit ihr identifiziert und er nicht anderen einen Platz zuweist. Er weist nur sich selbst einen Platz zu, er definiert seinen eigenen Platz, so wie die anderen den ihrigen definieren. Wie oft versuchen wir unseren Mitmenschen zu sagen, was sie zu tun oder zu lassen haben, anstatt uns auf das zu besinnen, was in unserer Verantwortung liegt.

Wenn Mitarbeiter eines Betriebes zu viel über die Chefetage sprechen, heißt das, daß die Chefs zuwenig miteinander sprechen und ihre Rolle und Position zu eigennützigen Projekten mißbrauchen.

Auch der Staat und die Regierung, die vorgeblich dem Wohl des Volkes dienen sollen, haben sich trotz markanter Sprüche wie »weniger Staat, weniger Bürokratie, schlanke Verwaltung« zu einem riesigen Kontrollapparat entwickelt, der durch immer neue Gesetze die Vielfalt sozialer und wirtschaftlicher Problemlagen immer mehr verkompliziert. Ein Lehrer, der in den siebziger Jahren in der Schule tätig war, kam mit einem kleinen Taschenbüchlein aus, in dem alles über Schulrecht und Lehrpläne enthalten war. Heutzutage flattern wöchentlich neue Erlasse und Dienstanweisungen in die Lehrerzimmer, und kaum ein Lehrer interessiert sich noch dafür. Produktive Arbeit wird durch die Fülle des administrativen Papierkrams behindert; die Dokumentation der geleisteten Arbeit scheint wichtiger zu sein als die Arbeit selbst. Neuerdings geistert das Modewort »Qualitätssicherung« durch die Institutionen: Qualitätszirkel werden zusammengerufen, Konzepte erstellt, Kontrollorgane implementiert, es wird auditiert und zertifiziert, dokumentiert, es werden Datenbanken angelegt, die die Mitarbeiter davon ablenken, ihre wirkliche Arbeit zu verrichten. Die Hoffnung, daß ein Mehr an Kontrolle die Qualität von Dienstleistungen erhöht, ist trügerisch. Wenn das Vertrauen fehlt, daß Mitarbeiter genügend Identifikation mit ihrer Tätigkeit aufweisen, nützen Überwachungssysteme wenig, weil im unterirdischen Leben von Institutionen andere Spielregeln gelten. So berichtet die Chefsekretärin eines großen Versicherers von den Seminaraktivitäten ihres Vorgesetzten. Um die Führungsqualitäten des Managements zu verbessern, wurden die leitenden Mitarbeiter regelmäßig zu Führungsseminaren geschickt. Dort konnte man unter freiem Himmel durch Stacheldrähte klettern, über heiße Kohlen laufen, um den Glauben an sich selber zu stärken, sich stundenlang blind durch unwegsames Gelände führen lassen und Steine aus einem Bach sammeln, deren Größe und Gewicht den Verantwortungsumfang eines Mitarbeiters symbolisierten. Der Vorgesetzte unserer Sekretärin war besonders fleißig und schien sich nur noch auf Führungsseminaren aufzuhalten, was den Unmut und die Belustigung der Abteilungsmitarbeiter nach sich zog, denn die Arbeit mußte ja erledigt werden. Waren die Mitarbeiter zunächst noch optimistisch im Hinblick auf eine Verbesserung des Führungsverhaltens, so trat bald Ernüchterung ein. Die Sekretärin brachte es illusionslos auf den Punkt: »Mein Chef war ein Arschloch, ist ein Arschloch und bleibt ein Arschloch!« Führungsseminare ohne Geführte bleiben im Ansatz stecken, weil eine gute Führung auf Vertrauen basiert, das man sich miteinander erarbeiten muß.

Menschlichkeit ist nicht trainierbar, sie ist ein Ergebnis von Erfahrungen, in denen Menschlichkeit gelebt wurde. Damit ist nicht Rechtschaffenheit gemeint, die nach einem Modell oder Ideal geformt ist, sondern jedwede Brüchigkeit und Widersprüchlichkeit, die dem menschlichen Dasein eigen ist. Ein »wahrer Mensch« ist nicht ein Muster an Tugend, Prüderie oder Rechtschaffenheit, sondern er weiß, daß Verfehlungen zur menschlichen Natur gehören. Mit Rechtschaffenen scheint das Zusammenleben schwierig zu sein, weil sie keinen Humor haben, weil sie die Assymmetrien des Lebens gewaltsam in lineare Regeln zwingen wollen. Li Chi (in Watts 1983, S. 126) schreibt dazu folgendes:

»Wahre Menschlichkeit setzt eine hohe Fähigkeit voraus, und der Weg dahin ist beschwerlich. Man kann sie nicht mit Händen aufheben, noch zu Fuß erreichen. Wer sich ihr mehr als andere nähert, darf schon ein ›wahrer Mensch‹ genannt werden. Ist es denn nicht schwierig für einen Menschen, durch reine Anstrengung diese Höhe zu erreichen? Wenn der Vornehme daher die Menschen mit dem Maß absoluter Rechtschaffenheit mißt, dann ist es schwer, wirklich Mensch zu sein. Wenn er jedoch mit dem Maß des Menschen mißt, dann werden die Besseren eine Norm haben ... Lange Zeit war es schwer, wahre Menschen zu finden. Nur der Edle kann diesen Zustand erreichen. Daher trägt der Edle den Menschen nicht nach, worin er selbst fehlt, und er beschämt die Menschen nicht um ihrer Verfehlung willen ... Einer, der nicht wahrhaft Mensch ist, kann weder Armut noch Wohlstand lange ertragen ... Der Edle geht durch das Leben ohne vorher festgelegten Handlungsplan und ohne Verbot. Er entscheidet nur für den Augenblick, was recht zu tun ist ... Die allzu Guten sind die Diebe der Tugend.«

An dieser Stelle möchte ich noch einmal die Idee der Einstimmung oder Passung vom Anfang des Kapitels aufgreifen, um deutlich zu machen, daß ein tugendhaftes Leben nur dem Zensor dient und nicht der eigenen Natur mit ihren Anlagen, Bedürfnissen und Strebungen. Sich der eigenen Natur bewußt zu werden, ihre Möglichkeiten und Begrenzungen auszuloten und sie den Gegebenheiten der Situation anzupassen, scheint ein moderater Weg zu sein, sich mit der Welt zu versöhnen, so wie sie ist. Die Gier nach einem anderen und besseren Leben nutzt nur denen, die mit Illusionen Geld verdienen. Dabei ist das Leben, wie J. Genet es einmal ausdrückte, »die Aneinanderreihung von Entillusionierungen«. Er spricht nicht von Desillusionierung, denn die würde uns deprimieren. Eine Ent-täuschung ist die Aufhebung einer Täuschung, sie ist eine Chance, die Augen zu öffnen für die reale Gegenwart, so bedrückend sie auch sein mag. Das Aufwachen beinhaltet eine Neueinstimmung auf die Erfordernisse der bevorstehenden Aufgaben. Dabei geht es nicht nur um das Herabnehmen der rosaroten Brille, sondern ebenso um das Herabnehmen der getrübten Brille, durch deren Gläser die Welt trist, grau und gefährlich erscheint. Und eigentlich ist es das Experimentieren mit den verschiedensten Brillen und Optiken, das die Sicht auf das Leben und die Welt erweitert und ihre ganze Fülle und Vielfalt ins Bewußtsein holt.

Von Ch`ing, einem Schreinermeister, wird folgende Geschichte erzählt: Ch`ing schnitzte einen Ständer zum Aufhängen von Musikinstrumenten. Das Ergebnis seiner Arbeit wurde besonders geschätzt, und manche, die den Ständer sahen, waren so entzückt, daß sie seine Arbeit als überirdisch betrachteten. Und natürlich wurde er gefragt, was das Geheimnis seiner Kunst sei. Ch`ing berichtet den Fragenden von seiner Arbeitsweise. Wenn er nämlich seine Schnitzereien begänne, dann achte er auf die Erhaltung seiner Vitalkraft. Er bringe sodann sein Gemüt vollkommen zur Ruhe, und wenn dieser Zustand drei Tage andauere, falle jeder Gedanke an einen Lohn von ihm ab. Nach fünf Tagen denke er nicht mehr an den Ruhm, nach sieben Tagen sei er sich nicht mehr seines Körpers bewußt und seiner Gliedmaßen. Wenn er dann keinen Gedanken mehr an sein Haus und seine Familie verschwende, gehe er in den Wald und suche einen geeigneten Baum. Dieser Baum entspräche der gewünschten Form. Vor seinem inneren Auge sehe er den Ständer, wie er fertiggestellt ist, und mache sich an die Arbeit. Nichts weiter. So setze er seine natürliche Fähigkeit zu der des Holzes in Beziehung, und das, was dabei herauskomme, sei ein überirdischer Ständer für Musikinstrumente (vgl. Watts 1983).

Welche Leichtigkeit im Tun, keine Anstrengung, kein Bemühen, so könnte Arbeit auch verstanden werden, und manche Hobbyhandwerker berichten von ähnlichen Erfahrungen. Mit der Geschichte gesellt sich eine weitere Metapher zum Leben als Forschungsreise, nämlich die Gestaltung des Lebens als ein Handwerk zu betrachten. Das Werkzeug sind Sie selbst, Ihre Gefühle, Gedanken, Ihre Sprache und Fähigkeiten. Das Produkt Ihres handwerklichen Könnens sehen Sie vor Ihrem inneren Auge: ein zufriedenes Lächeln, eine ausgelassene Stimmung, ein schönes Fest, ein geruhsamer Winterabend, eine leidenschaftliche Affäre, ein zärtlicher Kuschelabend vorm Fernseher, ein kulinarisches Mahl bei Kerzenschein. Sie bringen Ihr Gemüt zur Ruhe, vergessen alle störenden Gedanken und verwenden Ihre natürlichen Fähigkeiten auf die Erreichung Ihres Zieles. Kein Zensor, der mit Ihnen spricht, keine quälenden Ressentiments, Sie und Ihr Wunschbild verschmelzen zu einer Einheit, selbst die Gedanken an den Erfolg Ihrer Unternehmung treten in den Hintergrund, und Sie warten auf den richtigen Zeitpunkt. Versuchen Sie es. Auch wenn es beim ersten Male nicht funktioniert, können Sie bei jedem Vorhaben Ihre handwerklichen Fähigkeiten verbessern. Sie wissen, Scheitern ist erlaubt, ja willkommen, denn erst das Mißlingen macht Sie zu einem Menschen, der wahrhaft menschlich ist. Viel Erfolg und viele Niederlagen!

Scheitern ist erlaubt

Von Tobias von der Recke

> *Das Leben ist seinem inneren Wesen nach ein stän-*
> *diger Schiffbruch. Aber schiffbrüchig sein heißt nicht*
> *ertrinken ... Das Gefühl des Schiffbruchs, da es die*
> *Wahrheit des Lebens ist, bedeutet schon die Rettung.*
> *Darum glaube ich einzig an die Gedanken Schei-*
> *ternder.*«
>
> (Ortéga y Gasset, 1934,)

Lieber Peter,

es ist Mittwochnachmittag, und ich schenke Dir und Deinem Buch
die nächsten vier Stunden. Ich sitze im Biergarten (sollte ich nicht
meinen Schreibtisch aufräumen?) und trinke ein herrlich frisches
Bier, was meinen diätetischen Vorsätzen widerspricht und meine
Frau nicht beglückt.

Du siehst schon, ich habe wirklich auf Dein Buch gewartet!

Und jetzt mische ich mich in Deinen Gedankenfluß und trotze
der inneren Stimme, die fragt: »Hast Du wirklich was zu sagen?«

Dein freundschaftliches Einverständnis vorausgesetzt, entführe
ich Deine Leserschaft auf einen kleinen Umweg. Ich danke Dir für
Dein Vertrauen, daß es mir gelingen kann, am Ende wieder in Deinen Gedankenfluß zu münden, was man ja vorher nie so genau
weiß.

Aber unsere vielen wichtigen und schönen gemeinsamen Erfahrungen berechtigen zur Hoffnung. Ich denke schmunzelnd an einen
unserer gemeinsamen Workshops, als Du in einer kritischen Phase
einfach eingeschlafen bist und mir – offensichtlich voller Vertrauen –
die Schritte zur guten Lösung überlassen hast. Schon damals war ich
von Deinem erfolgreichen Umgang mit dem inneren Zensor tief beeindruckt.

Jetzt wende ich mich voller Tatendrang dem übernommenen Anspruch zu, »Verzeih dir selbst« noch einen kleinen, ergänzenden und abrundenden Beitrag zukommen zu lassen:

Liebe Leserinnen und Leser,
hier spricht der Zensor, nein, nicht Ihrer, sondern der Zensor Peter Uffelmanns. Stellen Sie sich bitte vor, der geschätzte Autor sei im Moment mit ganz anderen Dingen beschäftigt, so daß Sie sich etwa zwanzig Minuten ganz dem Zensor zuwenden können. Ich bemühe mich nach Kräften, Sie weder zu verwirren noch von Ihrer wachsenden verzeihlichen Haltung abzubringen. Und ich versichere Ihnen, Sie alsbald wieder den guten finalen Gedanken meines Freundes zu überlassen!

Das Ich (der Zensor) über dem Er (der Autor) möchte bei der Namengebung des Zensors gerne ein kleines Wörtchen mitreden; das schadet weder Ihrer inneren noch Ihrer äußeren Souveränität. Im Gegenteil, ich bin sehr an Ihrer Souveränität interessiert.

Ich werde Sie auch bestimmt nicht beschimpfen; wenn es denn nötig ist, überlasse ich das schon Ihnen. Und natürlich bin ich nicht ausnahmslos ein gebetener Gast (Sie können natürlich einfach weiterblättern), aber warum sollten Sie nicht von meinen Erfahrungen mit ungebetenen Gästen profitieren? Und soviel kann ich Ihnen verraten: Mit der Selbstverständlichkeit ungebetener Gäste sinkt die Wucht der Vergeltung, was im folgenden noch etwas näher auszuführen sein wird.

Dem Lächeln des Verzeihens schließe ich mich gerne an, und einige Bemerkungen zum »Abschied vom Zensor« werde ich mir schon aus Selbsterhaltungstrieb nicht verkneifen können.

Jetzt aber der Reihe nach:
Ich teile das Bestreben des Autors, die Macht des inneren Zensors zu zügeln, um das Leben in größerer Autonomie, Freiheit und Selbstbestimmung zu gestalten. Offensichtlich ist die Lebensphase zwischen 35 und 45 Jahren dafür eine gute Zeit (natürlich geht es auch früher oder später!). Das hängt damit zusammen, daß es im ausgehenden zwanzigsten Jahrhundert offensichtlich etwas länger dauert, bis wir erwachsen werden. Schon die unübersehbare Fülle an

Möglichkeiten eigener Identität verzögert definitive Entschlüsse für den eigenen Lebensentwurf. Sie wissen ja selbst: Jede verpaßte Möglichkeit kann sich später als innere Stimme zurückmelden, die da sagt: Hättest du damals mal … Und wer will das schon gerne hören? Auch durch lange Schul-, Universitäts- und Berufsausbildungen hat sich die Kindheit im Vergleich zu früheren Epochen deutlich verlängert; zumindest beruflich beginnt der »Ernst des Lebens« oft erst um die dreißig. Betrachtet man die privaten Karrieren unserer Zeitgenossen, mag man sich gelegentlich auch bei der Frage ertappen, ob es überhaupt noch zum Geist der Zeit paßt, wirklich erwachsen zu werden.

Auf jeden Fall dauert es ziemlich lange, bis wir unseren Platz gefunden haben, und den können wir bekanntlich auch nicht so verläßlich behalten wie vor hundert Jahren. Aber mit dem Gefühl, die eigene Identität jetzt mal so einigermaßen zusammenkonstruiert zu haben, wächst die Chance (und auch die Zweckmäßigkeit), von einigen alten Gästen, Zensoren, Mustern und Verhaltensweisen Abschied zu nehmen, auch wenn es uns allen schwerfällt.

Es ist die Zeit, in der wir aufhören können (und bitte nicht müssen), unsere Geschichte, unsere Eltern, das Schicksal oder wen auch immer für die Tragik unseres Seins verantwortlich zu machen. Es ist Zeit, die eigene »Grundausstattung« respektvoll zu würdigen und das Beste daraus zu machen. Allerdings gelingt das nicht – und hier ergänze ich den Autor und Kollegen –, indem wir uns kurzerhand unserer Wurzeln entledigen und mit unserem Vorleben samt aller, die dazugehören, einfach abschließen. Die Eltern auszutreiben war ja mal sehr modern, und es gab ungezählte Seminare, in denen jeder so richtig auf Mama und Papa losschlagen und sie anbrüllen durfte.

Die in den Seminaren gewonnene Freiheit blieb mittelfristig überschaubar, und der bleibende Groll auf die herzlosen Sorgeberechtigten garantiert eher eine bleibende Bindung als die wirkliche Befreiung von den Alten.

So sehr ich Ihre und meine Autonomie unterstütze – und natürlich sind wir unseres eigenen Glückes Schmied –, für uns allein können wir die Lösung nicht finden. Und wenn wir es partout auf eigene Faust probieren, nehmen wir uns in der Regel ein bißchen zu wichtig.

Ein guter Abschied vom Zensor ist nicht möglich, wenn wir ihm nicht aufrecht in die Augen schauen, und deshalb bin ich auch dafür, ihm wirklich einen Namen zu geben: Nennen Sie mich doch Mama, Pappi oder wie sie sonst so heißen, die Drangsalierer.

Natürlich sind Sie es selbst, die sich im Laufe der Jahre Ihren eigenen inneren Zensor zusammengebastelt haben, aber Sie haben es ja nicht im sterilen Laboratorium gemacht. Ihre Eltern, Ihre Geschwister und die ganze Sippe sind Pate gestanden, und in Ihrem Zensor leben sie alle weiter. Kollegen nennen so etwas »Schicksalsbindung«, und da ist viel dran, auch wenn das Wort mehr die Unentrinnbarkeit denn eine Lösung spüren läßt. Gemeint ist die kaum bestreitbare Tatsache, daß Sie mit Ihren Eltern und der Familie in Liebe, aber eben auch auf Gedeih und Verderb verbunden sind. Sie haben nicht wirklich die Freiheit zu entscheiden, ob Sie dazugehören wollen oder nicht. Sie sind und bleiben Mitglied dieser Sippe, wo und wie immer Sie Ihr Leben verbringen. Und ich bin der Überzeugung, daß ein waches Bewußtsein für diese Mitgliedschaft eine optimale Voraussetzung ist, sich selbst zu verzeihen.

Dafür lade ich Sie zu einer kleinen Übung ein, die meine Überlegungen mit einer Erfahrung verbindet.

Nehmen Sie hierzu jenes Blatt, das Sie im Anschluß an Übung 1 beschrieben haben, und legen es vor sich hin. Gestalten Sie die Rahmenbedingungen gerade so wie in Übung 1 empfohlen, atmen Sie ruhig, angenehm und in Ihrem Rhythmus. Lassen Sie Ihren Blick über all die Sätze auf dem Blatt vor Ihnen kreisen, und überlassen Sie es einfach Ihrem Unbewußten, Ihnen Fotografien von Personen kommen zu lassen, die sich mit diesen Sätzen verbinden. Lassen Sie sich ruhig Zeit, und achten Sie auf Ihre inneren Reaktionen, wenn Sie die Fotos in Ruhe betrachten. Wenn Ihr Unbewußtes alle Fotografien herangebracht hat, legen Sie sie in Ihrer Phantasie auf das Blatt. Schauen Sie das ganze Blatt noch einmal an, staunen Sie, wenn Sie mögen, atmen Sie tief durch und räkeln sich – was Ihnen angenehm ist. Vielleicht haben Sie jetzt oder später Lust und Gelegenheit, echte Fotos aus Ihren Kisten und Alben auszusuchen, die Sie auf dem Blatt zu einer Collage verarbeiten können. Wenn Sie sich nun das eine oder andere Foto betrachten, stellen Sie vermutlich fest, daß die darauf abgebildeten Personen auch nicht alles gut, richtig und schön gemacht haben.

Womöglich sehen Sie ein Bild des Vaters, der die Familie früh verlassen hat, um sein Glück mit einer anderen Frau zu suchen, jünger und attraktiver als Ihre Mutter.

Womöglich sehen Sie ein Bild der Mutter, die an ihrem Selbstwertgefühl stark gelitten hat und Sie (und Ihre Geschwister) brauchte, um ihrem Leben einen Sinn zu geben.

Womöglich sehen Sie ein Bild des Großvaters, dessen Leben in der Nazizeit viele offene Fragen aufwirft; womöglich haben Sie über Umwege sogar einiges erfahren, was ihn als ausgemachten Faschisten ausweist.

Womöglich sehen Sie ein Bild der Großmutter, deren große Liebe im Krieg gefallen ist. Später hat sie dann den Mann zweiter Wahl genommen, ihre große Liebe hat sie nie vergessen.

Womöglich sehen Sie auch Fotos, mit denen Sie gar nicht gerechnet haben: ein entfernter Verwandter, eine Patentante, ein väterlicher Freund oder eine Sandkastenbekanntschaft.

Lassen Sie alle Fotos, wo sie sind (Zensur findet nicht statt!). Nehmen Sie sich noch einen Moment Zeit und schauen Sie mal, ob vielleicht eine wichtige Person gar nicht vorkommt (wiederum zu Ihrer Überraschung?). Wenn sie wirklich wichtig ist, und das spüren Sie selbst am besten, nehmen Sie sie noch dazu. Für unsere Zwecke ist eine gewisse Vollständigkeit durchaus zweckmäßig. Eltern sind übrigens immer wichtig, falls Sie gerade denken, auf Mutter und/oder Vater getrost verzichten zu können.

Vor Ihnen liegt jetzt gewissermaßen das soziale Netzwerk des inneren Zensors. Und was soll die ganze Versammlung verwandter Gäste, die Sie gar nicht einladen wollten? Langsam, aber natürlich haben Sie Anspruch auf eine gute Begründung.

Als Zensor dieses Buches ist mein Herz bei denen, die sich einfach nicht so leicht verzeihen können! Gewissermaßen breche ich dem Scheitern des Verzeihens eine Lanze. Ich geselle mich zu den Unverzeihlichen und versuche einen Weg zu weisen, wie es in überschaubarer Dosis und Geschwindigkeit vielleicht doch noch gelingen könnte.

Der lieber nicht so liebevolle Umgang mit sich selbst ist mir durchaus vertraut, und ich kann Ihnen versichern: Wer sich nicht so leicht verzeiht, hat gute Gründe, noch etwas zu hadern, mit sich selbst garstig zu sein und in Sachen Glück etwas bescheiden zu bleiben. Und von solchen Gründen soll im folgenden die Rede sein.

Nehmen Sie nur einmal folgendes Konzept: »Ich freue mich lieber nicht so viel, dann ist die Enttäuschung auch nicht so groß!« Dieses Konzept fordert seinen Preis, aber es besticht durch seine Plausibilität, und wer oft genug auf die Nase gefallen ist, wird das nächste Rendezvous ein wenig hinauszögern, um es schließlich in entsprechend bescheidener Haltung ja nicht zu weit kommen zu lassen ...

Auch Frau Meier ist ein hervorragendes Beispiel, wenn sie sich beim Backen eines Kuchens vorstellt: Heute könnte ein Bus vorbeifahren und vor unserem Haus einen Unfall haben. All die Reisenden haben dann großen Hunger, und ich habe nur einen einzigen Kuchen ...

Immerhin hat Frau Meier einen liebenden Gatten, der sich ruhig verhält und seiner Frau gelegentlich frischen Tee bringt. Und die Geschichte geht auch ganz gut aus.

In Wirklichkeit ist es oft schwerer, und die Welt ist voller Geschichten, in denen die Menschen ihrem »Schicksal« lieber treu bleiben und dafür aufs Glück verzichten, wie etwa in der folgenden:

Anneliese ist 46 Jahre alt und leidet seit Jahren an Krebs. Ihre Prognose wird aussichtslos, als Metastasen in der Lunge gefunden werden. Wegen begleitender psychosomatischer Beschwerden geht sie in eine psychosomatische Klinik. Dort verschwinden nach wenigen Wochen sämtliche Krebszellen wie durch ein Wunder, von den Ärzten bekommt sie eine günstige Prognose attestiert. Vier Wochen später wird sie nach einem sehr schweren Suizidversuch geschlossen psychiatrisch aufgenommen.

Es ist, als könne sie sich die wiedergewonnene Gesundheit nicht verzeihen, aber ich weiß nicht genau, was ihr innerer Zensor sagt oder fordert.

Wie sind solche Geschichten zu erklären? Erschöpfend kann und will ich solche Phänomene gar nicht auf ihre letzte Ursache zurückführen. Es ist ohnehin die Frage, ob es diese Ursache gibt. Und auch wenn es sie geben sollte: Was hilft uns diese Erkenntnis? Aber ich steuere gerne einige Gedanken bei, die für mögliche Lösungen zweckmäßig sein könnten, und Lösungen sind mir letztlich doch lieber als Probleme.

Offensichtlich ist die Liebe in den Lebensgeschichten ein zentraler Punkt, die Liebe zwischen Mann und Frau und die Liebe zwischen Eltern und Kindern. Über die Liebe entstehen Bindungen, aus denen wir uns nicht einfach davonstehlen können und die unsere Souveränität um so mehr beeinträchtigen, je mehr wir sie zu verleugnen versuchen.

Da ist etwa Klaus von seiner Frau verlassen worden, und im Kreise seiner Freunde sagt er: »Bin doch froh, daß ich die endlich los bin!« (Sollten Sie gerade in einer ähnlichen Lage sein, empfehle ich Ihnen Udo Lindenbergs Lied »Ich lieb' dich überhaupt nicht mehr«.) Mit dieser Haltung bleibt Klaus, gekränkt und zornig, gut an die Frau gebunden. Bleibt er dabei, wird er nicht frei für ein neues Glück. Die Wahrscheinlichkeit wächst, daß er alleine bleibt oder in einer nächsten Beziehung auf ähnliche Weise verlassen wird. Der innere Zensor bekommt dann ganz schön viel Macht und erhebt seine Stimme: »Du bist eben nicht für die Liebe geboren!« Und was will man dem noch entgegensetzen?

Eine Lösung besteht nur darin, daß Klaus den tiefen Schmerz zulassen und um seine verlorene Frau trauern kann. Er kann sich innerlich vor sie stellen und sagen: »Ich habe dich sehr geliebt.« Das tut natürlich zunächst mehr weh als der gekränkte Rückzug an den Männerstammtisch, aber letztlich entsteht dadurch Freiheit, und die Aussichten auf eine neue, glückliche Bindung steigen.

Prinzipiell ähnlich verhält es sich zwischen Eltern und Kindern. Kinder lieben ihre Eltern, aber es bleibt nicht aus, daß sie in ihrer Liebe und Sehnsucht auch Enttäuschungen und Verletzungen erleben. Diese Schmerzen nehmen sie natürlich persönlich, und über solche Erfahrungen entwickeln sich im ungünstigen Fall Sätze des inneren Zensors wie »Du bist eben nicht liebenswert!«. Mit Sätzen wie diesem bleiben Kinder kindlich an ihre Eltern gebunden und in ihrer persönlichen Freiheit stark eingeschränkt.

Den inneren Zensor wirklich verabschieden heißt vor diesem Hintergrund, sich den alten Schmerzen noch einmal zu stellen und sie einzugestehen. Man kann dann den Eltern innerlich z. B. sagen: »Es hat sehr weh getan«, oder: »Du hast mir sehr gefehlt«. Wenn diese Sätze authentisch sind und mit den Gefühlen von damals, nämlich Liebe und Sehnsucht, übereinstimmen, kann jetzt auf die chronische Anklage verzichtet werden. Und wer die Eltern nicht weiterhin für alle Pleiten und Pannen verantwortlich macht, kann mit dem, was er bekommen hat, sein eigenes Leben in größerer Freiheit gestalten. Aber natürlich sind solche Sätze leichter geschrieben als innerlich nachgesprochen. Wer es versuchen will, kann folgende kleine Übung machen:

Stellen Sie sich (in Ihrer Phantasie, vor Ihrem geistigen Auge) mal vor den Elternteil, der Sie am meisten enttäuscht hat, den Sie am schmerzlichsten vermißt haben oder der Sie am meisten verletzt hat. Sammeln Sie Ihre ganze Enttäuschung, Ihren Ärger und Ihre Wut, ballen Sie die Fäuste und fangen Sie an, mit beiden Fäusten auf Ihr Gegenüber einzutrommeln. Brüllen Sie Ihre Gefühle ungebremst und unzensiert heraus, und trommeln Sie mit Ihren Fäusten weiter. Und jetzt achten Sie einmal darauf, was nach der Wut und dem Zorn kommt! Oft kommen ein paar oder auch mehr Tränen, die Sie bitte offenen Auges fließen lassen; atmen Sie tief und regelmäßig. Schauen Sie Ihrem Gegenüber weiter in die Augen, verschränken Sie nicht Ihre Arme vor dem Gesicht. Möglicherweise kommen jetzt auch alte und große Schmerzen über die Brust nach oben, tiefe Sehnsucht, womöglich auch Liebe. Ich weiß, diese Mischung ist hart, und es ist schwer. Aber wenn Sie die Schmerzen nehmen und anschauen, dann wächst etwas daraus. Nur wenn Sie die Schmerzen wieder wegpacken und verleugnen, bleiben sie unaufgelöst und werden Sie weiter behelligen. Natürlich bleibt Ihnen diese Möglichkeit, solange Sie möchten.

Wenn Sie mit Ihren Schmerzen, mit der Enttäuschung und der Sehnsucht in gutem Kontakt sind, kommt Ihnen, wie Sie so dastehen, womöglich auch der Impuls, etwas zu tun. Wenn er kommt, geben Sie ihm einfach nach, selbst wenn es eine innige Umarmung ist. Trauen Sie Ihrem inneren Gefühl, und bleiben Sie mit ihm in

Kontakt. Da ist eine gute Kraft, im Herzen wird es jetzt weicher und frei, und der innere Zensor legt sich schlafen. Es ist, als hätte er seine Schuldigkeit getan, indem er mit seinen nervenden und auch quälenden Sätzen immer wieder darauf hingewiesen hat, daß noch etwas ansteht. Wenn Sie jetzt, immer noch innerlich, Mutter und/oder Vater anschauen, werden Sie merken, daß die jetzt ganz freundlich gucken. Letztlich sind sie sehr für Ihr Glück, unabhängig davon, welche Schmerzen sie selbst in sich tragen und was sie in ihrem Leben daraus gemacht haben.

Fall Sie schon lange mit Ihrer Vergangenheit hadern, wäre das jetzt eine Möglichkeit der Veränderung. Wenn Ihnen das zu romantisch, kitschig oder abwegig klingt (»von wegen, ich werde mich vor meinen Vater stellen und so ein Quatsch«), nehmen Sie es einfach, wie es ist. Lassen Sie die letzten Absätze ein paar Tage wirken, und vertrauen Sie auf das gute Wissen Ihres Unbewußten: Es bringt anstehende Themen immer wieder mal auf den Tisch (»willkommen, alte Kameraden!«), und jedes Mal können Sie ganz frei und neu entscheiden und dabei natürlich auch ganz eigene Lösungen entwickeln.

Ziel bleibt, die eigene Freiheit zu erweitern, und paradoxerweise wird die Freiheit größer, wenn man die Grenzen klarer vor Augen hat. So wächst die innere Freiheit, wenn man mit seiner Abhängigkeit und Sehnsucht in gutem Kontakt ist. Wenn man seine Sehnsucht nicht wahrhaben will und verleugnet, ist die Gefahr groß, in alten Bindungen gefangen zu bleiben.

Wahrscheinlich kennen Sie dafür selbst genügend Beispiele, zwei weitere will ich Ihnen gerne erzählen.

Da war ein Ehepaar, das keine Kinder kriegen konnte, was für beide sehr schmerzhaft war. Weil sie den Schmerz (oder war es sogar eine Schmach?) der Kinderlosigkeit nicht ertragen konnten, entschieden sie sich zur Adoption der kleinen Anna, die mit vier Monaten zu ihnen kam. Annas leibliche Mutter war drogenabhängig und hatte ihre Tochter deshalb zur Adoption freigegeben. Die Adoptiveltern taten nun so, als wäre Anna ihre eigene Tochter, um den Schmerz der eigenen Kinderlosigkeit auszublenden. Anna nahm bis zum 15. Lebensjahr eine durchweg positive Entwicklung, begann aber dann, über Mitschülerinnen mit Drogen in Kontakt zu kommen. Wegen manifester Heroinabhängigkeit mußte sie schließlich in einer psychiatrischen Klinik aufgenommen werden. Und das, wo die Adoptiveltern im Wissen um die Vorgeschichte alles getan hatten, um genau dies zu vermeiden. Im Dienste dieses Zieles hatten sie Anna gegenüber sogar die Adoption verheimlicht. Die gute Lösung des Dilemmas liegt darin, daß die Adoptiveltern ihre Kinderlosigkeit mit allen Schmerzen annehmen. Daraus kann eine große »Adoptivelternliebe« für das Kind entstehen, das nicht das Glück gesunder und zur Verfügung stehender Eltern hatte. Zu dieser Liebe gehört, Anna über die wahre Geschichte in Kenntnis zu setzen. Darüber wird sie frei, die Liebe der Adoptiveltern für ihr eigenes Leben zu nehmen und etwas daraus zu machen. Und trotzdem behält sie die Freiheit, den Lebensweg der leiblichen Mutter nachzugehen, aber sie kann sich jetzt eben freier entscheiden, während sie im Beispiel wie von Geisterhand geradezu in die Karriere der Mutter gedrängt wurde.

Da war eine Mutter, die mit 27 von einem gesunden Sohn entbunden wurde. Als der Sohn drei Monate alt war, verließ der leibliche Vater die Familie, wurde in den folgenden Jahren mehrfach psychiatrisch behandelt und hat aus mir nicht bekannten Gründen bis heute keinen so rechten Stand im Leben. Die Mutter richtete nun ihre ganze Liebe auf den Sohn, der an Mutters Seite gut gedieh, allerdings in der Pubertät spürbar an Kraft und Motivation einbüßte. In der ambulanten Beratung stellte sich heraus, daß der Sohn – durchaus altersentsprechend – der »Affenliebe« seiner Mutter schon lange überdrüssig geworden war und nun mit aller Kraft versuchte, seinen eigenen Weg zu finden und zu gehen. In diesem Ablösungsprozeß unternahm er nun viel, was die mütterliche Sorge eher verstärkte als minderte: Die schulischen Leistungen wurden zunehmend schwächer, stunden- und nächtelang saß er vor seinem Computer, und auch seine sozialen Kontakte erfüllten die Mutter mit wachsender Sorge. Ihre zentrale Angst war, der Sohn könnte trotz ihrer 17jährigen Bemühungen in die Fußstapfen des Vaters treten und wie er im Leben versagen. Die Lösung liegt hier darin, daß die Mutter wieder mit den Schmerzen in Kontakt kommt, einen Partner gewählt zu haben, der dem Leben nicht gewachsen war. Mit ihm hat sie einen Sohn, und er konnte die Verantwortung nicht übernehmen und ging. Dem Sohn gegenüber hat die Mutter dann Schuldgefühle, die sie in der Folge alles 150prozentig machen läßt. Sie kompensiert den Schmerz über die mißlungene Liebe, die zerplatzte Illusion der ganzen Familie und die jahrelange Einsamkeit als Frau mit der völligen Hingabe für den Sohn. Bleibt sie dabei, bleibt sie unfrei und erhöht die Wahrscheinlichkeit, daß ihr Sohn genau das tun wird, was sie immer verhindern wollte. Wenn sie ihren Schmerz annimmt, kann sie ihre Einsamkeit betrauern und wird frei für einen neuen Mann an ihrer Seite. Ihrem Sohn kann sie dann sagen – und das ist keine leichte Übung: »Du darfst so werden wie dein Vater.« Dann kann sich auch der Sohn frei entscheiden, und die Wahrscheinlichkeit steigt, daß er aus seinem Leben etwas macht.

Gemeinsam ist beiden Geschichten, daß die Protagonisten zentralen Entsagungen ihres Lebens gegenüber unverzeihlich sind, weil sie mit so großen Schmerzen verbunden sind. Und wenn das so ist, so ist es verzeihlich, wenn sich selbst zu verzeihen erst einmal aufgeschoben wird. Ich habe ein großes Herz für diese Unbarmherzigkeit mit sich selbst, auch wenn sie wie in den Beispielen einen hohen Preis fordert.

Denn erstens haben wir gesehen, daß Verzeihen kein schmerzfreier Prozeß ist, und zweitens gilt es jetzt auszuführen, daß es noch einen wichtigen Grund gibt, in puncto Glück etwas bescheiden zu bleiben (vorläufig wenigstens).

Wer sein Glück wirklich nimmt, riskiert die »unerträgliche Leichtigkeit des Seins«, und der ironische Mißbrauch Milan Kunderas Romantitels hat für unsere Zwecke eine tiefe Bedeutung. Betrachten Sie mit mir einen Moment Familie Kennedy, deren Schicksalshäufung erst 1999 durch drei weitere tragische Todesfälle durch die Weltpresse ging. Wenn wir einmal von genetischen Spekulationen über diese Inflation von Schicksalsschlägen über mehrere Generationen absehen (und ich halte es für höchst unwahrscheinlich, daß ein Gen das ganze Phänomen erschöpfend zu erklären vermag), macht es Sinn, Beziehungsaspekte in der Familie für Hypothesen heranzuziehen. Zentrale Hypothese ist, daß es für Kinder immer schwer ist und unter Umständen auch unmöglich wird, dem Schicksal der Eltern zu entrinnen, um das eigene zu gestalten. Mit anderen Worten: Wenn meine Eltern (mein Vater, meine Mutter) schon so viel gelitten haben, sehe ich zu, daß es mir auch nicht allzu gutgeht. Natürlich ist dies keine zu einem bestimmten Zeitpunkt bewußt getroffene Entscheidung. Aber wenn man Familien – und nicht nur die Kennedys – betrachtet, scheint die Geschichte der Familienmitglieder oft exakt solchen unbewußten Entscheidungen zu entsprechen. Und J. F. Kennedy jr. hat bekanntermaßen eine ganze Menge unternommen, um seinem Vater in den Tod zu folgen. Gewissermaßen hat er sich sein Überleben nach der Ermordung seines Vaters nicht verziehen und hat auf seine Weise Sehnsucht und Liebe zum Vater bewahrt und gelebt. Die Erfüllung dieser Liebe schien letztlich ausschließlich mit seinem eigenen Tod möglich zu sein.

Die Kraft dieser Hingabe und tiefen Loyalität ist auch unter Überlebenden aus Konzentrationslagern bekannt und beschrieben. Das eigene Überleben wurde oft als derart schuldhaft erlebt, daß es gestorbenen Familienmitgliedern gegenüber quasi als unverzeihliches Vergehen gleichkam. So haben sich zahlreiche Überlebende tragischerweise nach ihrer Befreiung das Leben genommen oder dies zumindest versucht.

Auch auf der Seite der Täter läßt sich sehen, wie das Schicksal auf die nächste Generation weiterwirkt bzw. die nächste Generation dieses Schicksal auf die eigenen Schultern nimmt. Ich kenne einen Mann, dessen Vater im Krieg Mitglied einer bekannten SS-Fallschirmjägertruppe war. Dieser Vater und zwei seiner Kameraden waren die einzigen Überlebenden der ganzen Truppe. Einige Jahre nach dem Krieg erhängte er sich im eigenen Haus, letztlich vollkommen überfordert, die Kriegserlebnisse, das Ausmaß der Gewalt, seine eigene Beteiligung und schließlich sein glückliches Überleben zu verarbeiten. Seine beiden Söhne führen kein glückliches Leben; die Schuldgefühle und die großen Schmerzen des Vaters scheinen sie in sich aufgenommen zu haben, mehrfach waren beide selbst in suizidalen Krisen. Mein Bekannter: »Die letzten siebzehn Jahre habe ich mein Leben für dies und das hergegeben und für Angelegenheiten anderer investiert.« Alle diese Projekte inklusive einer langjährigen intensiven Beziehung sind letztlich gescheitert, und er steht vor einem Trümmerhaufen und einem Berg von Schulden. Als ich ihm von »Verzeih dir selbst« erzähle, erwidert er prompt, dies sei genau der zentrale Punkt, und alles, was damit zusammenhängt, sei ihm rational vollkommen klar. »Aber ich kann es eben nicht!«

Die vielen Kindheitserinnerungen an den unglücklichen Vater, der nie in der Lage war, seine eigene Leidensgeschichte zu kommunizieren, bewirkten im Bewußtsein seiner Söhne frühe Fluchttendenzen. Entsprechend früh verließen sie ihr Elternhaus in der festen Absicht, der unerträglichen Atmosphäre in der Familie zu entfliehen und das Glück auf eigene Faust zu suchen. Diese Flucht von zu Hause und der damit verbundene Trotz sind verständlich und nachvollziehbar. Unbewußt bleiben beide in ihrem Trotz aber dem Schicksal der Eltern und insbesondere des Vaters auf tiefe Weise verbunden. Dieses Schicksal wirkt scheinbar wie eine Fessel und blockiert letztlich jeden Versuch, wirklich glücklich und erfolgreich zu werden. »Verzeih dir selbst« hieße in diesem Fall, innerlich noch einmal zu den Eltern zurückzugehen und sich dem Schmerz und den Entsagungen der Kindheit zu stellen. Nur dann wird es möglich, dem Vater die Last seines Lebens wieder zurückzugeben (und die Verantwortung für sein Leben und sein Tun liegt bei ihm und nicht bei seinen Kindern) und frei im eigenen Leben zu werden. Behalten die Kinder die Last auf ihren Schultern, dann opfern sie ihr eigenes Glück dem früh verstorbenen Vater und bleiben ihm zu einem hohen Preis verbunden, ohne Aussicht, die Verstrickung zu lösen.

In der Übernahme der Verantwortung durch die Kinder liegt nun immer auch ein Stück Anmaßung, die Kindern eigentlich nicht zusteht. Aber diese Anmaßung entsteht unter anderem aus Liebe zu den Eltern und aus der Sehnsucht, elterliches Leid zu tilgen. Diesen Anspruch aufzugeben und das Leid, die Schmerzen und die Verantwortung bei den Eltern zu lassen, ist eben nicht einfach, und viele Menschen bleiben bis ins hohe Alter dabei. Verbunden mit der Anmaßung liegt in diesem Verzicht auf Glück gelegentlich auch ein besonderer Status, den viele nicht aufgeben wollen. Und im Verzicht auf Glück erspart man sich immerhin drohende Schuldgefühle, es sich schöner zu machen als die Eltern. So gibt es Menschen, die ihren

Verzicht dann auch mit einer bestimmten Moral verknüpfen und im Verzicht wenigstens der Aussicht treu bleiben, sich im Leben nicht die Hände schmutzig zu machen. Ich persönlich glaube allerdings nicht an diese Vision. Das Leben besteht auch aus Fehlern, Scheitern und Schuld, und dies einzugestehen macht freier.

Wer die alten Lasten auf seinen Schultern behalten und dafür mit einem Teil seines Glücks bezahlen will, ist immer frei, dies zu tun; wie gesagt, ich habe auch dafür ein großes Herz, weil es eben so viel mit Liebe zu tun hat. Allerdings sei im Falle eigener Kinder angemerkt, daß diese es den Eltern wieder gleich tun könnten, und auf diese Weise geht das Leid von Generation zu Generation. In der Tat lassen sich in Familien Mehrgenerationen-Traditionen beschreiben, die, von außen betrachtet, nur ein gewisses Maß an Glück zuzulassen scheinen. Es gibt Familien, in denen selbst die Sterbedaten im Plan der Tradition festgelegt scheinen, was Außenstehenden den Eindruck der Unentrinnbarkeit aufdrängt. Die Kennedys sind dafür nur ein berühmtes Beispiel.

Ich glaube nicht an die Unentrinnbarkeit. Aber wie die Treue zur Tradition der eigenen Familie hat auch die Lösung ihren Preis: Es gilt, die Leiden und das Schicksal der Vorfahren anzuschauen und zu achten, aber den Anspruch aufzugeben, das Schicksal *anstelle* der Vorfahren zu lösen. Um frei zu sein, muß man das Schicksal bei denen lassen, die es erlebt haben, auch ganz unabhängig davon, welche Rolle sie in diesem Schicksal gespielt haben. Für viele ist die Aufgabe dieses Anspruchs keine leichte Übung, man muß nämlich seine Allmachtsphantasien beschneiden und schrumpft wieder auf die Kinderrolle. Manche mögen sich so eine Kränkung nicht zumuten.

Also, die Lösung ist nicht immer ganz einfach, und ich ermutige Sie, die Ambivalenzen bei diesem Thema offen zuzulassen. Erst im guten Tanz mit diesen Ambivalenzen entstehen häufig gute Perspektiven.

Eine kleine Hilfe für den neuen Dialog mit den »Alten« kann sein, wenn man ihnen innerlich einfach in die Augen schaut: Gerade Vorfahren mit besonders schwerem Schicksal (schwere Krankheit, früher Tod, Suizid z.B.) leiden zusätzlich, wenn sie sehen, daß ihre Nachkommen an ihrem Schicksal weiterleiden. Und ihr Schicksal hat sich wenigstens gelohnt, wenn sie sehen, daß die Nachkommen das Leben nehmen und glücklich werden.

Aber natürlich ist dieses In-die-Augen-Schauen schwer, gerade wenn man an der Not der Eltern als Kind tatsächlich stark zu leiden hatte.

Dies führt mich zu einem weiteren Stolperstein auf der Abschiedsreise vom inneren Zensor.

»Verzeih Dir selbst« wirft ja die Frage auf: Wer ist eigentlich »selbst«? Bin ich damit gemeint oder nur das, was ich über mein Selbst denke, oder ist es das, von dem ich denke, daß ich es sein müßte, und wer soll dann wem verzeihen?

Um sich selbst verzeihen zu können, ist die Frage nach dem Selbst in der Tat unverzichtbar. Und wo Verzeihen nicht gelingt, hat dies auch meistens mit dieser Frage zu tun.

Buchtitel wie »Das geteilte Selbst« (Ronald D. Laing, 1987) oder »Verrat am Selbst« (Arno Gruen, 1986) verheißen schon, daß eine gesunde Selbstentwicklung ein durchaus mühsames Unterfangen darstellt. Beide Autoren haben sich ausführlich mit dem Selbst auseinandergesetzt und ihre Studien zu guten Teilen im Spannungsfeld zwischen Wahnsinn und Normalität betrieben. Mit ihren Ergebnissen haben sie vielen zu denken gegeben, insbesondere jenen, die sich, auf der »normalen« Seite des Tisches sich erlebend, in Praxen und Kliniken um »unnormale« Patienten kümmern (vgl. auch Arno Gruen, Der Wahnsinn der Normalität, 1987).

Angehörigen dieser sehr besonderen Berufsgruppen sei diese Lektüre wärmstens empfohlen.

Für unsere Zwecke reicht es, der Frage nachzugehen, wie stark unsere Entwicklung von den Bedürfnissen, Zwängen, Erwartungen, Traditionen, Ängsten unserer umsorgenden Kultur geprägt war. Inwieweit ist es uns gelungen (war es uns erlaubt), den eigenen Gefühlen zu trauen und mit der »inneren Stimme« in Kontakt zu bleiben? Betrachtet man Lebensentwürfe von Menschen, so auch die in diesem Buch zitierten, scheint es doch häufig so, daß viele ihr Selbst verraten haben, um in ihrer Familie überleben zu können, die Liebe der Eltern nicht zu verlieren oder an deren Macht teilzuhaben.

Es ist durchaus nicht allen Menschen vergönnt gewesen, vorbehaltlos auf dieser Welt erwartet worden zu sein. Um seiner selbst willen als kleines Kind geliebt zu werden, verbessert fraglos die Ausgangsposition für ein Leben in Freiheit und Autonomie, aber wem wurde das schon ohne Einschränkungen zuteil? Als Optimist zweifle ich gar nicht daran, daß sich die überwiegende Mehrheit der Eltern auf die Geburt ihrer Kinder freut und dem Nachwuchs mit Liebe und Fürsorge begegnet. Schon die Geburt eines Kindes erfüllt allerdings häufig noch ganz andere Zwecke:

Sie ist beispielsweise ein Versuch, die schon in die Jahre gekommene Beziehung mit neuem Glanz und neuen Hoffnungen auszustatten.

Sie erfüllt womöglich den Anspruch nach einem so lange ersehnten Stammhalter.

Sie mag verknüpft sein mit den unterschiedlichsten Visionen der Eltern, was aus dem kleinen Sproß so alles werden soll.

Und nicht selten dient sie Mutter und /oder Vater zur Kompensation der eigenen Schwächen und Unzulänglichkeiten. In ihrem eigenen Selbstwert beeinträchtigt, verbindet sich mit dem leibhaftigen Nachwuchs die Hoffnung, daß die Wunden im elterlichen Selbst endlich heilen.

Die Liste der Möglichkeiten läßt sich erweitern, den angeführten Beispielen gemeinsam ist die Tatsache, daß dem kleinen Kind eine (oder auch mehrere) Funktion zukommt, die außerhalb seines noch gar nicht vorhandenen Selbst liegt. Es bekommt Verantwortung, die über sein eigenes Leben hinausgeht, und die elterliche Liebe gerät in Wechselwirkung mit der Art und Weise, wie das Kind dieser Verantwortung nachkommt und die ihm – in der Regel unbewußt – zugedachte Funktion übernimmt. Bezogen auf die Selbstentwicklung des Kindes bedeutet dies, daß das Kind früh lernt, sich an den Reaktionen der Eltern zu orientieren, und im Ringen um deren Liebe dazu neigt, den eigenen Empfindungen eher zu mißtrauen. »Man wächst damit auf, daß man gehorsam sein muß, nicht aber damit, daß man selbst – und für sich selbst – denken und fühlen kann« (Gruen, 1987, S. 83).

Und genaugenommen: Schon die Geburt selbst, von den Erwachsenen immer wieder als ein Höhepunkt des Lebens beschrieben, ist doch aus Sicht des Säuglings selbst schon eine kaum verzeihliche Zumutung. Neun Monate klappte die paradiesische Rundumversorgung mit allem Drum und Dran und dann dies! Plötzlich muß man sich selbst um Sauerstoff- und Nahrungszufuhr kümmern. Dann verwechseln die Eltern Hunger mit Blähungen und Blähungen mit Müdigkeit, und wenn es schlimm kommt, besorgen sie sich Fachliteratur und Elternzeitschriften, deren Ratschläge sie beherzigen und an ihrem armen Wurm ausprobieren. Nein, von Anfang an hat man's nicht leicht …

Und dann geht es hinein in den Strudel heutiger Stimulationen, aus dem man irgendwann gestärkt und überdies mit einer eigenen Identität, einem eigenen Selbst hervorgehen soll: ein wirklich gewaltiges Unternehmen!

Und ich verschone Sie jetzt mit Kommentaren und Analysen, die belegen, wie schwierig es in der »Spätmoderne« ist, eine eigene und stabile Identität zu entwickeln.

Ich postuliere an dieser Stelle: Scheitern ist unverzichtbarer Bestandteil in diesem Ringen um Identität, und um Mensch zu werden und zu bleiben, müssen wir Scheitern ins Leben integrieren.

Leider ist dies nicht modern! Die Zeit, in der wir leben, suggeriert Erfolg und Glück als Norm. Liebe, Gesundheit, Karriere und ein langes Leben sind die Themen, deren Realisierung und Bestand uns unablässig und normativ vorgepredigt werden. »Positiv denken«, »erfolgreich verkaufen«, »glücklicher lieben« oder »gesund alt werden« sind die entsprechenden Slogans für die postmoderne Gemeinde, und die Propheten ungebrochenen Glücks haben ein gutes Auskommen. Die Verlockung leid- und schuldloser Existenz und schmerzfreien Erfolges ist freilich groß, und dieser Verlockung aufzusitzen ist menschlich und somit auch verzeihlich.

Es ist ja prinzipiell auch nichts Falsches an den Visionen der Propheten, nichts ist gegen gelungene Liebe, beruflichen Erfolg, gesunden Lebensstil und eine positive Weltsicht einzuwenden. Nur: Es funktioniert eben nicht pausenlos, und wer das für sich behauptet, scheint mir einen wesentlichen Teil menschlicher Existenz auszublenden. Wer mit dieser Ausblendung gut leben kann, vor dem ziehe ich meinen Hut, wer indes die Ausblendung zum Programm macht und propagiert, macht denen das Leben noch schwerer, die nicht ausblenden können. Und damit hat derlei Propaganda in meinen Augen etwas Mißhandelndes. Das zeigt sich zum Beispiel darin, daß es mittlerweile Selbsthilfegruppen für Menschen gibt, die sich nach der Lektüre des Buches »Positiv denken« noch schlechter fühlen als vorher. War das Leben schon vorher schwer genug, müssen sie jetzt auch noch eingestehen, daß sie es nicht (einmal) geschafft haben, die einfachen Schritte eines erfolgreichen Propheten nachzuvollziehen.

Ich bin überzeugt, daß die psychosoziale Branche (Psychiater, Psychotherapeuten, Kliniken, Ambulanzen, Beratungsstellen etc.) und auch die boomende Esoterikszene ihre gewaltige Nachfrage dem Widerspruch von suggeriertem Glück und subjektivem Leid verdanken. Entsprechend sind die Fachbücher verfaßt: Weder in einschlägigen Ratgebern noch in psychotherapeutischen oder psychiatrischen Lehrbüchern ist Scheitern vorgesehen. Für Mißlingen gibt es kein Konzept, schließlich ist alles machbar. Auch für die, die in der Branche arbeiten, bedeutet dies oft großes Leid: In ihren Ohnmachtserfahrungen fühlen sie sich allein gelassen, noch zu unerfahren. Sie gleichen Kindern, die die Schuld bei sich suchen, wo sie quält, aber nicht zu finden ist. Sie absolvieren eine Weiterbildung nach der anderen (wenn sie nicht vorher das Handtuch werfen) und sitzen der fatalen Hoffnung auf, der Ohnmacht nach dem nächsten Seminar doch noch Herr zu werden. In den »Alles-ist-machbar-Kulturen« macht das gesunde Empfinden von Ohnmacht und Hilflosigkeit dem leidvollen Gefühl Platz, es wieder nicht geschafft zu haben.

Innere und äußere Kündigung, übersprungsartiger Aktionismus oder auch gerade in psychiatrischen Kliniken anzutreffender Zynismus sind die mittelbaren Folgen dieses Dilemmas. Für Professionelle wie für ihre Klienten entsteht eine Atmosphäre, die eher krank macht denn heilt.

Ähnliches läßt sich für organmedizinische Institutionen beschreiben. Der Heilbarkeitsmythos verdrängt die Ohnmacht und macht sie zum individuellen Problem derer, die gesunderweise an den Grenzen der Machbarkeit scheitern. Und die nicht gesundenden Patienten fühlen sich schuldig, weil sie dem Dogma der Medizin nicht gehorchen.

Das Ausschalten und Tilgen menschlicher Hilflosigkeit treibt dabei immer wieder sonderbare Blüten. In einer jugendpsychiatrischen Abteilung hatte sich ein Patient nach mehrmonatiger stationärer Behandlung das Leben genommen. Der Wunsch des Mitarbeiterteams, an der Beerdigung teilzunehmen, wurde seitens der Leitung nicht explizit verboten. Es wurde aber mit dem Hinweis abgeraten, zu große emotionale Beteiligung täte der Professionalität Abbruch.

Wer sich selbst verzeihen möchte, muß mit sich selbst in Kontakt sein, in Kontakt zu den eigenen Gefühlen. Wer mit seinem Schmerz, seiner Trauer, seiner Sehnsucht, seiner Liebe und seiner Freude in Kontakt ist, hat eigentlich automatisch eine selbstverzeihliche Haltung. Wer abgespalten von seinen inneren Gefühlen lebt, um sich der Gunst anderer Menschen zu unterwerfen, äußeren Statussymbolen nachzulaufen oder an der Macht über andere teilzuhaben, der ist im Grunde unverzeihlich. Er verzeiht sich nämlich nicht die eigene erlebte Hilflosigkeit und wird sie auch überall draußen bekämpfen, wo er sie bei anderen Menschen antrifft. Und daraus entstehen Aggression und Gewalt, die unsere Menschheitsgeschichte ebenso durchziehen wie Versuche, friedvoll und (selbst)verzeihlich zusammenzuleben.

Um meine Gedanken in einem Satz zusammenzufassen, will ich sagen: Verzeih dir selbst, wenn du dir (noch) nicht verzeihen kannst!

Vielleicht können Sie diese Botschaft mit etwas liebevollem Humor verbinden, der es erleichtert, auch über uns selbst zu lachen. Und Lachen mindert die Angst, die ihrerseits Hauptquelle unserer (»falschen«) Bescheidenheit im Leben ist. Unsere Angst, in der äußeren Realität zu versagen, zwingt uns von Kindheit an, den eigenen Gefühlen mehr oder weniger zu mißtrauen und sie der erfolgreichen Anpassung an die äußere Realität zu opfern.

Lachen nimmt dieser Angst die Wucht und gibt uns die Freiheit, einfach zu scheitern, ohne unterzugehen. In der Integration der realistischen Möglichkeit, daß unsere vielfältigen Bemühungen gelegentlich einfach in die Hose gehen, liegt etwas tief Menschliches. Die ganz normale Hilflosigkeit, verbunden mit unserer Abhängigkeit von liebevollen Menschen, die uns in unserer Ohnmacht halten, ist so gesehen etwas Großes. Und wenn wir die Hilflosigkeit ins Leben hineinnehmen, können wir Kraft aus ihr schöpfen.

Also scheitern Sie nach Herzenslust, und denken Sie daran: Es gibt nichts Schlimmeres als den Anspruch, pausenlos erfolgreich sein zu müssen. Und es gibt doch eigentlich nichts Langweiligeres als Menschen, die pausenlos erfolgreich sind, oder?

Und das gilt eben auch für all die wichtigen Versuche, sich selbst zu verzeihen.

Und damit entlasse ich Sie ins letzte Kapitel, eine Abschiedsszenerie für den Zensor.

Dankbar sein und Abschied nehmen vom Zensor

Das letzte Kapitel eines Buches ist das vermeintlich schwerste. Alles, was man hätte anders sagen können, scheint noch einmal auf. Der Zensor meldet sich zurück und stellt kritische Fragen. Hast du dich auch verständlich machen können? Hast du auch alle Aspekte des Themas abgehandelt? Wird das Buch überhaupt gelesen? Zweifel über das Gelingen steigen auf, und es gibt keine Garantie. Gleichfalls ist mit dem bevorstehenden Abschluß eine gewisse Traurigkeit verbunden, eine Traurigkeit, wie sie Eltern haben, die ihre erwachsenen Kinder aus dem Haus gehen sehen. Der Text, der in einer intimen Auseinandersetzung mit Fragen der Schuld und des Verzeihens stattgefunden hat, wird einer Öffentlichkeit präsentiert, die sich um den Schaffensprozeß nicht kümmern muß und die es sich leisten kann, mit dem Buch das zu tun, wonach ihr gelüstet. Da heißt es loslassen ohne Wenn und Aber. Und das ist gut so.

Abschiednehmen vom Zensor vollzieht sich hier in einem doppelten Sinn. Zum einen geht es um den Abschied vom Zensor beim Leser, und zum anderen geht es um den Abschied vom Zensor beim Autor.

Bisher habe ich viel Kritisches zum Zensor gesagt und ihm letztlich schlechte Noten gegeben. Bisweilen habe ich ihn verteufelt und ihm seine Existenzberechtigung abgesprochen. Während des Schreibens habe ich ihm keine Möglichkeit gegeben, sich zu verteidigen oder gar in den Text hineinzumischen. Ich habe ihn ausgemustert, als ein Relikt behandelt, das vom Aussterben bedroht ist, und er hat es mir noch nicht einmal übelgenommen.

So möchte ich ihn nicht verabschieden, einfach weggeworfen, sondern seine Tätigkeit und Funktion würdigen, damit ich ihm einen guten Platz zuweisen kann – wie einem alten Mann, der aufgrund seiner langen Erfahrung von den Jungen um Rat gefragt wird. Immerhin hat der Zensor auch seine positiven Seiten. Er hat sich in

Situationen eingemischt, die gefährlich waren, er hat Orientierung gegeben bei moralisch strittigen Entscheidungen und letztlich häufig vor unglücklichen Entscheidungen bewahrt. Er war immer präsent, immer gegenwärtig, und seine Treue und Verbindlichkeit verdienen die volle Wertschätzung. So möchte ich ihm einen würdevollen Abschied aus dem aktiven Berufsleben ermöglichen und mit ihm ab und an auf ein Gläschen über alte Zeiten plaudern.

Da das gute Leben auf Illusionen gründet, erinnert der Zensor daran, wie es wirklich ist. So sind depressive Menschen gar nicht auf unrealistische Weise pessimistisch, sondern liegen mit ihrer pessimistischen Einschätzung weitestgehend richtig. Es sind, wie gesagt, eher die sogenannten »normalen« Menschen, die auf unrealistische Weise optimistisch sind. Die »Normalen« halten sich im Gegensatz zu den »Depressiven« für kompetenter, moralischer und wertvoller, und zu Unrecht glauben sie, daß sie die Dinge unter Kontrolle haben. Sie erwarten weniger Mißgeschick für sich selbst als für andere. Sie sind deshalb gesünder, weil sie den Blick vom Elend, den Schwächen, den Gefahren und der eigenen Hilflosigkeit abwenden und mit einem verfälschten Selbstbild eine rosige Zukunft konstruieren (Schwarzer 1993).

So birgt die Tätigkeit des Zensors immer ein Fünkchen Realismus in sich, und wenn positive Illusionen und unrealistischer Optimismus überhandnehmen, weil sie dysfunktional für die Bewältigung der anstehenden Aufgaben sind, dann kann der Zensor ruhig regulierend eingreifen.

Nichtsdestoweniger haben wir uns zu Anfang des Buches aufgemacht, ein freieres und selbstwertbezogenes Leben zu führen, und die Hypothese vertreten, daß der Zensor ein solches Leben behindert. Nun genügt es nicht allein, Barrieren und Hindernisse wegzuräumen und darauf zu hoffen, daß alles wie von selber besser wird. Ein wichtiger Aspekt zur Erreichung unserer Ziele ist die Entschlossenheit und Beharrlichkeit, mit der wir uns auf den Weg machen. Wir haben uns mit Beseitigen, Wegräumen, Bewältigen von Problemen beschäftigt, aber noch nicht damit, was unsere Ziele sind und wie wir sie erreichen können. Dieses »hin zu einem Ziel« unterscheidet sich grundlegend von einem »weg von einer Belastung«.

Das »hin zu« beinhaltet eine positive Besetzung eines Handlungszieles sowie die Schritte und Strategien zur Erreichung desselben.

Wenn man nicht weiß, wohin man will, kommt man auch nicht ans Ziel, es sei denn, man möchte nur so durch die Welt schlendern und mal hier oder dort ein Päuschen machen und sich auf nichts festlegen. Selbst das ist allerdings ein Ziel, auch wenn es nicht unbedingt bewußt ist. Man kann nicht keine Ziele haben. Jedoch hat es sich als hilfreich erwiesen, die Art und Weise, wie Menschen sich Ziele setzen, Pläne dazu machen und die Zielerreichung überprüfen, begrifflich genauer zu unterscheiden. Ob ich mir wünsche, einen Sechser im Lotto zu gewinnen, oder mir vornehme, meine Lebenspartnerin zum Essen einzuladen, unterscheidet sich erheblich. Eine Absicht, einen Wunsch zu haben bezieht sich demzufolge auf das Ergebnis einer Handlung, während Intentionen sich auf das Handeln selbst beziehen. Die Intention, mit dem Rauchen aufzuhören, ist mit der Handlung verknüpft, beispielsweise morgen nur noch die Hälfte der Zigaretten zu rauchen. Die Betonung liegt also nicht auf dem Ergebnis, sondern auf dem Verhalten, welches zu dem Ergebnis führt.

Die Sozialpsychologie setzt somit eine Unterscheidung zwischen dem Ziel und Ergebnis einer Handlung, dem Verhalten, das zu einem Ziel führt, sowie den Plänen und Handlungsstrategien, die die Verhaltensintentionen konzipieren. Betrachten wir beispielsweise zwei Ziele unter diesem Gesichtspunkt wie: »Ich beabsichtige, die Stelle zu wechseln«, und: »Morgen werde ich mein Kündigungsschreiben aufsetzen«. Beide Ziele liegen offenbar auseinander und erfordern unterschiedliche Zwischenschritte. Sie können kontinuierlich angeordnet, komplex oder schwierig zu erreichen sein. Es kann sich dabei um Nahziele oder Fernziele handeln. Innerhalb eines Zielbereichs (z. B. Stellenwechsel) gibt es ein Fernziel und eine Reihe von Zwischenzielen (z. B. Bewerbungen schreiben, Zeitungsannoncen lesen, Kollegen fragen etc.), die zeitlich und logisch auf das Fernziel ausgerichtet sind. Jedes Nahziel orientiert sich funktional an den höhergeordneten Zielen. Das ergibt eine Zielhierarchie, eine Liste aufeinander aufbauender Ziele, die nacheinander zu erreichen sind. Wenn das Kündigungsschreiben am nächsten Tag

aus Zeitmangel nicht aufgesetzt werden kann, so stellt dies das Fernziel keineswegs in Frage. Andererseits läßt sich ein Fernziel nicht erreichen, wenn die untergeordneten Zwischenziele nicht bewältigt
worden sind. Ohne Kündigungsschreiben keine Kündigung, es sei
denn, man verhält sich so betriebsschädigend, daß der Betrieb von
sich aus kündigt. In manchen Fällen kann ein solches Zwischenziel,
nämlich »sich betriebsschädigend verhalten«, durchaus nützlich
sein, um sofort nach der Kündigung Arbeitslosengeld beziehen zu
können.

Ein weiterer Aspekt ist die intentionale Kraft oder die Motiva-
tionsenergie, die ein Mensch in die Realisierung seiner Ziele investiert. Aus der Motivationspsychologie wissen wir, daß es einen
linearen Zusammenhang gibt zwischen dem ansteigenden Zielniveau und erfolgreicher Leistung. Wer schwierige Ziele verfolgt und
genügend investiert, leistet auch mehr. Dabei ist von untergeordne-
ter Bedeutung, ob man sich die Ziele selber gesetzt hat oder ob sie
fremdbestimmt waren. Wichtiger ist, daß es sich um spezifische,
konkrete, quantifizierbare und schwierige Ziele handelt. Das Ziel:
»Du sollst jetzt möglichst neun von den zwölf Aufgaben in zehn
Minuten lösen« setzt eine größere Leistung in Gang als das vagere
Ziel: »Löse so viele Aufgaben, wie du kannst«.

Natürlich kann die leistungssteigernde Wirkung fremdgesetzter
Ziele nur dann funktionieren, wenn der Betreffende die Ziele auch
akzeptiert. Je stärker wir uns mit Zielen identifizieren und je an-
spruchsvoller wir dabei vorgehen, desto größer ist die Wahrscheinlichkeit, das Ziel zu erreichen. Wenn man beispielsweise von einem
Arbeiter die Erledigung einfacher Routineaufgaben verlangt, also
die Handlungsziele niedrig ansetzt, werden die Aufgaben zwar bei
genügender Identifikation mit Erfolg erledigt, es findet aber keine
Leistungssteigerung statt (Schwarzer 1993). Schwer zu erreichende
Ziele sind allerdings nicht die einzige Voraussetzung für eine hohe
Anstrengungsinvestition. Zur positiven Einschätzung eigener Fä-
higkeiten gehört zusätzlich eine hohe Kompetenzerwartung, den
Aufgaben zumindest theoretisch gewachsen zu sein. Je höher die
Kompetenzerwartung ist, desto wahrscheinlicher ist der Bewälti-
gungserfolg und desto mehr steigt die Leistung. Daher kann eine

sorgfältige Auswahl von Zielen als Mittel dienen, Kompetenzerwartungen zu verändern.

Allerdings macht es wenig Sinn, sich abstrakte Fernziele zu setzen wie beispielsweise »Ich möchte jeden Tag glücklich sein«, wenn die Kompetenzerwartungen noch nicht einmal ausreichen, um den ersten Schritt zur Zielerreichung anzugehen: nämlich zu definieren, was ich unter »glücklich« verstehe. Ein weiterer Aspekt ist die Differenzierung von Zielen in Fern- und Nahziele. Die Kompetenzerwartung steigt nämlich mit der Konfrontation mit Nahzielen. Das heißt, sich zunächst um den ersten Schritt zu kümmern und diesen erfolgreich zu vollziehen. Jemand, der seinen Zensor loswerden möchte, kann ihn nicht ohne weiteres in die Wüste schicken, sondern muß versuchen, ihn zu identifizieren, ihn kenntlich zu machen, seine Handlungen zu untersuchen, das Zutrauen in die eigenen Fähigkeiten zu stärken, sich ausmalen, wie ein Leben ohne diesen Zensor aussehen würde usw. Dabei ist der Zielerfolg abhängig von eindeutig positiv formulierten und überprüfbaren Absichten. Ein publikumsängstlicher Mensch, dem bei öffentlichen Auftritten die Knie schlottern, der schweißnaß gebadet ist, ohne auch nur ein Wort von sich gegeben zu haben, wird wenig Erfolg haben, wenn er beabsichtigt, weniger oder keine Angst mehr vor öffentlichen Auftritten zu haben. Er müßte zunächst einen emotional positiven Zustand formulieren, den er erreichen möchte, z. B. locker und entspannt vorm Rednerpult zu stehen und mit Stolz in das Publikum zu schauen. Dann wäre der nächste Schritt zu überlegen, wie er in diesen Zustand gelangen könnte. Vielleicht wäre es hilfreich, sich zunächst in Situationen ohne Publikum zu begeben, darin mit Stolz und Gelassenheit aufzutreten, um in einem dritten Schritt mit diesem Stolz und der Gelassenheit sich vor ein kleines Publikum zu stellen und nur so lange zu sprechen, wie das positive Gefühl anhält.

Die Erwartung von Selbstwirksamkeit, also erfolgreich diese Schritte vollziehen zu können, ist dort größer, wo kleine, aufeinander aufbauende Schritte geplant sind, als in Situationen, die durch ein fernes Ziel, nicht aber durch Wege und Handlungen dorthin gekennzeichnet sind. In einem interessanten Experiment wurde dieses Konzept untersucht. Fettleibige Klienten sollten ihr unerwünschtes

Eßverhalten im Rahmen eines Selbstkontrollprogramms durch eigengesteuerte Verhaltensänderungen in den Griff bekommen. Über eine Zeitungsanzeige wurden Versuchspersonen angeworben, die mindestens 25 Prozent Übergewicht hatten. Insgesamt meldeten sich 66 Personen im Alter von 17 bis 71 Jahren mit einem Übergewicht zwischen 26 Prozent und 138 Prozent. Sie wurden nach Zufall verschiedenen Gruppen zugewiesen. Eine Gruppe, die lediglich vor und nach dem Untersuchungszeitraum von vier Wochen gewogen wurde, diente als Kontrollgruppe. Eine andere Gruppe hatte die Aufgabe, nach einem festgelegten Plan genau zu beobachten, wieviel Nahrung sie zu sich nahm. Zwei Gruppen erhielten darüber hinaus den Auftrag, pro Woche ihre Nahrungsaufnahme um 10 Prozent ihres Ausgangswertes zu verringern. Eine Fernzielgruppe wurde auf diese Zielsetzung verpflichtet, während die Nahzielgruppe eine noch genauere Zielsetzung für vier Zeiträume pro Tag erhielt, nämlich die Verringerung der Nahrungsaufnahme um 10 Prozent vom Frühstück bis zum Mittagessen, vom Mittagessen bis zum Abendessen, vom Abendessen bis 21.00 Uhr und von 21.00 Uhr bis zum Morgen. Alle Versuchsgruppen hatten ein Zählwerk am Unterarm, mit dem die Zahl der Bissen registriert werden sollte. Als Maßstab für die Veränderung galten das Eßverhalten und das Gewicht. Für die Kontrollgruppe, die nur gewogen wurde, gab es keine Veränderungen, die Selbstbeobachtungsgruppe änderte zwar nicht ihr Gewicht, dafür aber das Eßverhalten. Die beiden Gruppen mit zusätzlichen Aufgaben zur Selbstbeobachtung erreichten erhebliche Verbesserungen. Sie hatten nach vier Wochen ungefähr vier Pfund abgenommen und ihr Eßverhalten verändert. Die Nahrungsaufnahme verringerte sich am Schluß der Untersuchung um 30 Prozent bis 40 Prozent. Zwischen der Nahzielgruppe und der Fernzielgruppe gab es keine Unterschiede, obwohl zu erwarten war, daß die Nahzielgruppe bessere Ergebnisse würde erzielen können. Die Ursache dafür lag in der Nichteinhaltung der Fernzielbindung. Sie hatten nämlich entgegen dem Versuchsplan sich selbst Nahziele gesetzt und ebenfalls täglich und noch häufiger überprüft, ob sie wirklich unter der erwünschten 10-Prozent-Grenze lagen (vgl. Schwarzer 1993). Wie lange die Gewichtsreduktion und das veränderte Eßverhalten anhielten, wurde nicht untersucht.

Wenn anspruchsvolle Ziele die Leistung fördern, bleibt zu fragen, über welche Mechanismen diese Wirkung hervorgerufen wird. Ziele scheinen die Erzeugung von Strategien zu provozieren, bisweilen auch Strategien der Zielverhinderung, indem der Zensor die Realisierbarkeit in Frage stellt oder berechtigte Zweifel an den Kompetenzen hegt. Realistische Ziele fördern Erreichungsstrategien, unrealistische Ziele Strategien der Vermeidung, der Aufschiebung oder des Boykotts. Infolgedessen sind Nahziele realisierbarer als Fernziele. Bei einem Zensor, der genügend Vertrauen in die Fähigkeiten aufbringt und der Ziele als realistisch einstuft, wird mehr Anstrengung investiert, genauer geplant und länger durchgehalten.

Menschen scheinen unterschiedliche Stile zu entwickeln, sich Ziele zu setzen. Die einen wollen auf andere einen intelligenten Eindruck machen und bilden sich regelmäßig weiter, sie gehen ins Theater oder lesen kluge Bücher. Die anderen möchten herausfinden, was den Sinn ihres Daseins ausmacht, und besuchen regelmäßig Selbsterfahrungsgruppen oder buchen Esoterikseminare. Die einen bevorzugen konkrete, scheinbar oberflächliche Ziele, die anderen dagegen abstrakte, umfassende Ziele. Die »erdnahen« Ziele sind z. B. immer witzig sein, sich nichts gefallen lassen, fleißig arbeiten, sich gut benehmen, verschwiegen sein etc., die »himmelnahen« Ziele sind z. B. andere mit Würde behandeln, meine Beziehung zu Gott vertiefen, positiv denken usw.

Die täglichen Gedanken, die uns beschäftigen, können nach ähnlichen Kriterien eingeteilt werden. Der eine denkt zum Beispiel oft an die Erledigung von Alltagsgeschäften wie: Ich muß heute noch einen Brief zur Post bringen, oder: Sonntag gehe ich ins Kino. Der andere denkt mehr an Sachen wie: Was bedeutet eigentlich Liebe? oder: Warum gibt es soviel Krieg in der Welt? Die Sozialwissenschaftler haben diese Denkgewohnheiten in zwei Kategorien eingeteilt: die »Low-level Thinker« und die »High-level Thinker«.

Nun wäre zu erwarten, daß die höheren Ziele zu mehr Anstrengungsleistung führen, indem die Menschen mit »himmelnahen« Zielen ihr Leben aktiver und erfolgreicher bewältigen. Dem ist aber nicht so. Zielformulierungen auf einem hohen Niveau ziehen negative Emotionen nach sich. Diejenigen, die sich hochtrabenden Zielen und Denkgewohnheiten verpflichten, sind häufiger in schlechter Stimmung und mieser gelaunt als diejenigen, die ein niedriges Zielniveau aufweisen und sich mehr Gedanken machen über die Bewältigung ihrer Alltagsaufgaben. Eine emotional stabile Frau gab als ihre Ziele an: »Weniger Tiefgefrorenes essen, täglich frühstücken, mehr Wasser trinken und ohne Salz kochen.« Dagegen sagte jemand mit schlechter Stimmung: »Auf allen Gebieten gut Bescheid wissen, ein guter Kontaktmensch sein, die Erwartungen erfüllen, immer Verständnis für andere aufbringen.« Warum der zweite so häufig schlechte Stimmung hat, liegt auf der Hand. Bei solchen Zielen kommt wenig Freude auf.

Das Streben nach einem hohen, abstrakten Zielniveau erfordert viel mehr Anstrengung, es enthält umfassende Werthaltungen und bleibt unklar. Der Mangel an eindeutigen Nahzielen in Verbindung mit dem hohen Schwierigkeitsgrad verhindert Erfolgserlebnisse und positive Rückmeldungen. Insbesondere bei Zielen, die mit hohen Wertvorstellungen verknüpft sind, scheint das Scheitern vorprogrammiert zu sein. Ohne die Rückmeldung über einen Handlungserfolg werden die Kompetenzerwartung geringer und die Anstrengungen weniger. Wer ein edler Mensch sein will und sich zum Ziel setzt, die Welt, die Frauen oder die Männer verstehen zu wollen, hat sich etwas vorgenommen, was er nie vollkommen erreichen kann. Es ist viel leichter, die anstehenden Telefonate abzuarbeiten oder ein Essen aus der Speisekarte auszuwählen. Die »Himmelnahen« erleben somit immer wieder ein Scheitern ihrer Bemühungen, erzeugen Streß und können sich an den kleinen Dingen des Lebens kaum erfreuen. Sie sind geneigt, sich immer wieder über Gott und die Welt Gedanken zu machen, wobei sie sich an der Diskrepanz zwischen Ist und Soll wund reiben. Die »Erdnahen« dagegen scheinen sich besser von den Problemen dieser Welt und den eigenen ablenken zu können, indem sie sich auf das besinnen, was die Situation gerade erfordert. Hier geht es keineswegs um Intelligenzunterschiede oder gar um die Vorstellung, daß die Dummen glücklicher sind, sondern um unterschiedliche Strategien der Denkgewohnheiten und der Art und Weise, Ziele zu setzen. Im übrigen bedeutet das nicht, daß alle Menschen strikt nach diesen Kategorien unterteilt werden können. Wer vage und hochgesteckte Ziele im sozialen Bereich formuliert, ist genauso in der Lage, konkrete Ziele im beruflichen Leben anzustreben. Wer heute eine Absicht präzise bestimmt, kann unter Umständen morgen darunter leiden, nicht zu wissen, was er will, oder im »Traumschloß« nach den Sternen greifen.

Zielgerichtetes Verhalten unterscheidet sich von Handlungen, die impulsiv und gewohnheitsmäßig ausgeführt werden, wie z. B. beim Klingeln des Telefons den Hörer abnehmen, das Auto bei Rot anhalten oder einem nacheilenden Bankkunden die Türe aufhalten. Zielgerichtetes Verhalten bezieht sich auf neuartige und folgenreiche Handlungen, die Entscheidungsprozesse voraussetzen, Planungen beinhalten und gegebenenfalls Alternativwahlen notwendig machen wie den Kauf eines Neuwagens, den Wechsel des Arbeitsplatzes, eine Psychotherapie beginnen, sich von seiner Partnerin trennen usw. Meist benötigt man eine längere Zeit reiflicher Überlegungen, um das Für und Wider abzuwägen, und man prüft die Wahrscheinlichkeit, ob man das angestrebte Ziel auch erreichen kann. Dazu gehören Willensakte, die uns in unserer Absicht energetisch aufladen und die nötige Kraft zur Verfügung stellen, auch gegen Widerstände unsere Ziele zu verfolgen. Die Willensakte wiederum beginnen mit einer Phase, in der wir uns mit der Bildung einer Zielintention beschäftigen. Widersprüchliche Impulse, Bedürfnisse und Bestrebungen ringen in einer inneren Auseinandersetzung darum, welche von ihnen die Oberhand gewinnen sollen.

Die eingefleischten Ehemänner unter Ihnen kennen vielleicht die Einkaufsszenarien, wenn sie mit ihren Ehefrauen ein neues Kleid kaufen wollen. »Soll ich jetzt das blaue Kleid nehmen oder das braune, nein, das blaue ist zu sexy, aber das braune zu bieder. Ach, das rote von vorhin hat am besten gepaßt, aber es ist zu teuer, Liebling!« Neben dem versteckten Appell, vielleicht doch ein paar Mark mehr für das rote Kleid lockerzumachen, setzt sich gewöhnlich eine Priorität durch. Natürlich kann es sein, daß der Zensor Ihre Frau in ihrer Ambivalenz gefangenhält, weil er wieder einmal an allem etwas auszusetzen hat, aber wir gehen davon aus, die Entscheidung ist gefallen. Ob aus dieser Entscheidung eine in diesem Falle entsprechende Kaufhandlung folgt, steht auf einem anderen Blatt und ist Gegenstand der sogenannten Volitionsphase. Hier geht es um jene Handlungen, die eine getroffene Entscheidung nach sich zieht. »Der Geist ist willig, aber das Fleisch ist schwach«, heißt ein beliebtes Sprichwort, das sinnfällig macht, daß zwar eine Absicht gebildet wurde, sich aber Widerstände auftun, die der Realisierung entgegenstehen. Es genügt eben nicht, sich zu einer Entscheidung durchzuringen, sondern man muß auch wissen, welche Schritte notwendig sind (Planung), um die Entscheidung in die Tat umzusetzen (Handeln).

Die Absicht, das Rauchen aufzugeben, könnte in einem konkreten Handlungsentwurf dazu führen, am nächsten Tag alle Zigaretten wegzuwerfen oder sich mit einem Nikotinpflaster den Rücken zu bekleben. Das bedeutet, daß wir eine Unterscheidung treffen müssen zwischen einer Zielintention (»ich möchte das rote Kleid haben«) und einer Ausführungsintention (»ich gehe zur Kasse und bezahle«). Mit der Zielintention kann ein bestimmter Endzustand angestrebt werden wie zum Beispiel: »Ich möchte Bürgermeister werden«, oder ein globales Verhalten wie zum Beispiel: »Ich will gesünder leben«.

Für eine bestimmte Zielintention hat man zum Beispiel wochenlang gegrübelt und sich nach vielen Überlegungen durchgerungen. Feuer und Flamme ist man deshalb zwar nicht, aber eine Entscheidung ist getroffen. Die Intentionsstärke ist hier niedrig. Sie hängt davon ab, wie stark das Ziel gewünscht wird, wie realisierbar das Ziel sich darstellt und welche Fähigkeiten und Ressourcen zur Verfügung stehen, um das Ziel zu erreichen. Selbst wenn die Intentionsstärke sehr hoch ist, kann es passieren, daß man sich in der Planung aufreibt. Soll ich auf tierisches Fett verzichten, um mich gesünder zu ernähren, oder genügt es, frisches Obst und Gemüse zu mir zu nehmen? Soll ich einen Kochkurs belegen oder weniger Alkohol trinken? Wenn ich mein Geld anlegen will (Zielintention), soll ich Aktien oder Rentenpapiere kaufen (Ausführungsintention)?

Um einer übergeordneten Zielintention den Weg zu bahnen, wird es notwendig sein, eine Reihe von Ausführungsintentionen zu überlegen, die unter Berücksichtigung der Bedingungen vorschreiben, wann was getan werden muß. Man kann sich vorstellen, wie der Ehemann umworben wird, damit er die hundert Mark mehr für das rote Kleid bezahlt, ohne daß es unbedingt zur Kaufhandlung kommen muß.

Gollwitzer (1993) hat untersucht, ob Menschen eher zum Ziel gelangen, wenn sie sich im Vorfeld mit Ausführungsintentionen beschäftigt haben. Er fragte Studenten, was sie sich für die Ferien vorgenommen haben (Zielintention). Anschließend wurden die Studenten gefragt, ob sie schon genau wüßten, wo, wann und wie sie das tun wollten (Ausführungsintention). Von denen, die die zweite Frage bejahten, hatten 62 Prozent nach den Ferien ihr Vorhaben in die Tat umgesetzt, während nur 23 Prozent derjenigen ohne konkrete Vorstellungen zum Ziel gekommen waren. Ähnliches wird von der Raucherentwöhnung berichtet. Sich vorzunehmen, mit dem Rauchen aufzuhören, reicht längst nicht aus, um es tatsächlich zu tun, selbst wenn ein großer Leidensdruck und damit eine hohe Intentionsstärke gegeben ist. Vielmehr ist man gezwungen, das Vorhaben zu planen, indem man sich fragt, was man mit den restlichen Zigaretten tun möchte, wie man sich eine rauchfreie Umwelt gestaltet, wem man aus dem Weg geht usw. Wichtig ist hierbei, daß Menschen, wenn sie sich mit Ausführungsintentionen beschäftigen, eine optimistischere Grundstimmung haben als jene, die sich einzig mit der Bildung von Zielintentionen beschäftigen.

Allerdings gibt es Situationen, in denen sich ein Erfolg nicht gleich einstellt, obwohl genügend Intentionsstärke und Ausführungsintentionen vorhanden sind. Manche Menschen reagieren dann mit Resignation und Ohnmacht, andere wiederum strengen sich noch mehr an, ein bestimmtes Ziel zu erreichen. Die ersten bezeichnet Kuhl (1983) als lageorientiert und die zweiten als handlungsorientiert. Für die Lageorientierten kann das Auto, welches nicht mehr anspringt, dazu führen, daß sie lange grübeln, sich mit apokalyptischen Folgekosten beschäftigen, dem versäumten Termin nachhängen oder aufgeregt auf und ab gehen. Für die Handlungsorientierten hat eine solche Situation eher Herausforderungscharakter, sie würden ein anderes Auto anhalten, den Abschleppdienst bestellen oder ausdauernd versuchen, den Schaden selber zu reparieren. Bei leistungsängstlichen Schülern hat man beispielsweise herausgefunden, daß diese in ihrer Lageorientierung bei Prüfungen sehr stark mit ihren Ängsten beschäftigt sind, die Aufgaben nicht bewältigen zu können. Diese Angst bindet all ihre Energie, sie kommen ins Grübeln und konzentrieren sich weitgehend auf ihren emotionalen Zustand. Die leistungsstarken Kinder haben zwar auch Angst, aber sie beschäftigen sich nicht mit ihrem inneren Zustand, sondern mit der Aufgabe, die sie zu lösen haben. Durch ihren Optimismus und ihre Kompetenzerwartung sind sie handlungsorientiert und handeln eher nach dem Motto: »Wenn ich mich anstrenge, schaffe ich es schon!«

Die Unterscheidung in Lage- und Handlungsorientierung ist vor allem hilfreich, wenn es darum geht, in schwierigen Situationen, in denen Entschiedenheit und Handeln gefragt sind, den Blick von den Stimmungen und Gefühlen abzuwenden und sich darauf zu konzentrieren, was man im Moment tun kann, um die Aufgabe zu bewältigen. Handlungsorientierte Menschen wissen im übrigen schneller, wann sich eine Anstrengung nicht lohnt, wenn eine Sache aussichtslos ist und für welche Ziele es sich lohnt, Einsatz zu bringen. Deshalb kann eine erhöhte Selbstaufmerksamkeit bei der Erfüllung gesteckter Aufgaben dazu führen, daß man sich mehr mit seiner Versagensangst beschäftigt als mit den Möglichkeiten, die Aufgabe oder das Problem zu lösen. Der Zensor wird erst in dem Moment hilfreich, wenn eine Aufgabe abgeschlossen ist und er zufrieden sein kann mit den gezeigten Leistungen. Wenn Sie es schaffen, ihn milde zu stimmen, dann muß er nicht immer ein vernichtendes Urteil fällen, sondern kann wohlwollend kritisch anmerken, was ihm gefallen hat und was nicht.

Sprechen Sie mit ihm und machen Sie ihm klar, daß er aufgrund seiner Güte und Erfahrung durchaus in der Lage ist, Positives über Ihre Fähigkeiten und Fertigkeiten zu verlautbaren. Lassen Sie ihn wissen, daß Sie seine Erfahrung, seinen Realitätssinn schätzen. Gönnen Sie ihm Pausen, wenn es darum geht, ein Ziel zu finden und daraufhin zu arbeiten. Machen Sie ihn darauf aufmerksam, daß er am wirkungsvollsten ist, wenn er die Qualität Ihrer Handlungen an den Ergebnissen mißt und nicht an den Anstrengungen, die zu den Ergebnissen führen. Geben Sie Ihrem Zensor einen Platz, von wo aus er einfühlsam und geduldig Ihre Schritte verfolgen kann, ohne sich einzumischen oder gar deutlich zu machen, daß er alles besser weiß. Sie wissen genau, daß er Vertrauen haben kann in Ihre Versuche, das Beste aus einer Situation zu machen, und wenn Sie auch nur eine ausreichende Anstrengung unternommen haben, kann er sich getrost zurücklehnen im Wissen, daß Sie es beim nächsten Mal besser machen.

Wenn ich mich an dieser Stelle mit dem Willen beschäftige, dann tue ich es vor dem Hintergrund einer zunehmenden wissenschaftlichen Beschäftigung mit diesem Phänomen. Vor allem die Psychologie hat sich darauf kapriziert und zeigt interessante Ansätze. John Erpenbeck (1993) spricht gar von einer »Auferstehung des Willens« und verbindet ihn mit einem Begriff von Freiheit, wie ihn Kant (1912, S. 33) trefflich formuliert hat, nämlich als den ». . . Ausgang des einzelnen aus seiner selbstverschuldeten und von den politischen und religiösen Mächten geförderten Unmündigkeit«. Kants Freiheitsbegriff gründet in der Überzeugung, daß der Mensch als ein aus der Vernunft handelndes Wesen alles, »was über die mechanische Anordnung seines tierischen Daseins hinausgeht, gänzlich aus sich selbst herausbringe und keiner anderen Glückseligkeit oder Vollkommenheit teilhaftig werde, als die er sich selbst frei von Instinkt, durch eigene Vernunft geschafft hat« (Kant 1912, S.19). Der Wille als die Fähigkeit, Zustände, Beziehungen usw. »von selbst anzufangen«, beinhaltet verschiedene Aspekte, nämlich etwas zu intendieren (Antriebswille), etwas zu kontrollieren (Entscheidungswille) und etwas Neues zu initiieren (Schöpfungswille). Ich will etwas essen, zielt auf einen anderen Willensaspekt als die Aussage, ich will mit dem Auto, nicht mit dem Zug fahren. Und der Satz, ich will ein Gedicht schreiben, meint ein Drittes, das sich von den beiden Erstgenannten abhebt.

Im ersten Fall des Antriebswillens, der mit dem Begriff der Intentionsstärke verwandt ist, geht es darum, durch ausreichende Zuwendung, Bestätigung, Anstrengung, Konzentration, geistige Energie und Ausdauer Willenskräfte zu erschließen. Die Neigung des Zensors, in seiner alten, unterdrückenden Rolle Intentionen sozusagen »im Keim zu ersticken«, könnte ausgetauscht werden durch eine unterstützende Grundhaltung. Beispielsweise spüren Sie früh nach dem

Aufstehen einen Impuls, die Turnschuhe anzuziehen und zu joggen. Meist verhindert der innere Einwand, man sei ja noch zu müde und draußen sei es kalt oder morgen sei auch noch ein Tag, daß Sie sich tatsächlich auch gegen den Widerstand aus dem Bett erheben und Ihrem Impuls folgen. Vielleicht hat man Ihnen jahrelang eingebleut, Sie seien zu willensschwach. Möglicherweise reden Sie sich schon seit dreißig Psychotherapiesitzungen ein, unter Antriebsarmut, Unzuverlässigkeit und Phlegmatismus zu leiden, und ihr Psychotherapeut nickt sie verständnisvoll an. Sie fühlen sich bestätigt und haben genügend Gründe, weiterhin Ihren Impulsen zu mißtrauen. Da Sie gewohnt sind, über Ihre mangelnden Anstrengungen zu klagen, was übrigens reine Energieverschwendung ist, bleiben Sie letztlich doch im Bett liegen. Leider ohne Genuß. Sie könnten genausogut Ihre Willensrichtung vom Joggen abziehen und in den Schlaf investieren.

Etwas nicht zu tun bedeutet noch lange nicht, willensschwach zu sein, sondern nur, daß sie andere Intentionen bevorzugen. Dann haben Sie den Willen zum Schlaf, auch wenn Sie das Gefühl haben, über diesen Willen nicht frei entscheiden zu können. Antriebswille heißt nichts weiter, als einem inneren Impetus zu folgen und sich mit diesem zu identifizieren. Wenn Sie sich mit diesem Gedanken anfreunden können, dann realisieren Sie im Beispiel »joggen vor dem Frühstück«, welche Beharrlichkeit, Entschlußkraft und Durchsetzungsfähigkeit Sie besitzen, Ihrem Bedürfnis nach Schlaf zu folgen.

Im Falle des Entscheidungswillens wird die Sache etwas schwieriger. Joggen oder schlafen heißt die Alternative. Wie kommen Sie nun zu einer Entscheidung? Sie könnten sich natürlich eine halbe Stunde damit beschäftigen, die Entscheidungssituation rational zu durchdringen, den Nutzen Ihrer Entscheidung zu überprüfen und das Risiko bei einer Fehlentscheidung zu minimieren. Sie könnten sich Verfahrensregeln ausdenken, um Ihre Entscheidung gründlich vorzubereiten, um letztlich eine Entscheidungsstrategie zu konzipieren, die Ihnen den letzten Entschluß erleichtert. Allerdings müßten Sie bei diesem Aufwand damit rechnen, daß Sie längst hätten frühstücken und zur Arbeit fahren müssen. Manchmal genügt eine schlichte Entscheidung, auch wenn sie wenig durchdacht ist, vor allem dann, wenn die Konsequenzen keine erheblichen Nachteile beinhalten.

Im Falle des Schöpfungswillens wird es wieder interessant. Der Schöpfungswille ist verknüpft mit Eigenschaften wie Offenheit, Flexibilität, Wissensfülle, Autonomie, Begeisterungsfähigkeit und Urteilsunabhängigkeit. All diese Fähigkeiten vereinen Sie, wenn Sie sich bewußt machen, daß die Stunde Schlaf, die Ihnen bleibt, wenn Sie auf das Joggen verzichten, Ihnen einen schönen Traum schenkt. In diesem Traum träumen Sie die Lösung eines Arbeitsproblems, das Sie schon lange belastet. Sie wachen auf und fühlen sich erleichtert, weil Sie mit einer guten Idee zur Arbeit fahren.

Auch wenn die Beschäftigung mit dem Willen persiflierend war, so hoffe ich gezeigt zu haben, um was es unter Umständen wirklich geht, nämlich das Zutrauen in jene Prozesse, die aus dem physischen und psychischen Geschehen hervorgehen. Sich dem Fluß seiner Wahrnehmungen und Empfindungen hinzugeben mit der Zustimmung des Zensors ermöglicht eine große Gelassenheit. Und nicht jedem Handlungsimpuls muß man gleich folgen. Hier ist eine liebevolle Art der Selbstbeobachtung hilfreich, ohne gleich jedwede Phantasie in die Tat umsetzen zu müssen. Wenn allerdings der Wunsch schon verboten ist, begeben Sie sich in eine ausweglose Situation. Je mehr Sie unterdrücken, desto mehr drückt der Wunsch mit aller Kraft zurück. Gönnen Sie ihm wenigstens eine Leinwand, auf der er sein Szenario entfalten kann, und prüfen Sie dann, ob es sich lohnt, diesen Film in die Realität umzusetzen.

Wenn man sich mit Fragen des Sollens, Müssens und Dürfens sowie mit Fragen des Könnens und Wollens beschäftigt, braucht es Aussagen über das Sein und das Werden. Wir können den Menschen als »Selbstfindling« beschreiben, der sich die Kräfte seiner Natur und seiner Umgebung zunutze macht, indem er »auf sich selber stößt« (Sloterdijk 1993), sich annimmt oder verwirft, sich bejaht oder verneint, sich in die Zukunft entwirft oder in der Vergangenheit verhaftet bleibt.

Was den Menschen menschlich macht, ist die Tatsache, daß er sich seiner selbst gewahr werden kann, daß er sich zum Objekt seiner

Beobachtung erklärt. Dieses Gewahrwerden kann auf sehr unterschiedliche Weise geschehen. Der eine spürt plötzlich, daß er da ist, der andere vermeidet die Erfahrung und definiert seine Existenz durch die Existenz der anderen. Dasein heißt dann, einen Namen zu erhalten, als der- oder diejenige angesprochen zu werden. Oder Dasein heißt, sich selbst einen Namen zu geben, indem man begreift, wer und wie man ist. Sloterdijk (1993) berichtet von einer mündlichen Überlieferung Ernst Blochs, in der er eines Tages, er war zehn Jahre alt, aus heiterem Himmel sein Ich gespürt hätte. Plötzlich wäre er sich bewußt geworden, daß er unwiderruflich er selbst sei, daß er lebend aus sich und seinem Körper nicht mehr herauskomme, wie ein Blitz sei es in ihn gefahren. »Solche schreckhaften Erleuchtungen treten nur episodisch auf – kein Diskurs, keine Übung führt hin zu der panischen Selbsterfahrung des Daseins. Das Ich stößt unvorbereitet auf sich selbst als voraussetzungslosen Fund. Der Selbstfindling erfährt sich in diesem Moment als das unheimliche Wesen, das schlechterdings kein Ding ist und das auch im Widerschein der Dinge nicht verstanden werden kann.« (Sloterdijk 1993, S. 16–17) Der Einbruch der eigenen Existenz in das Bewußtsein, meist in Situationen, die die Endlichkeit meiner Existenz ankündigen wie Krankheit, Tod oder seelische Krisen, ist nicht unbedingt gewollt oder beabsichtigt. Es ist so, daß der Mensch sich finden kann, ohne sich je gesucht zu haben. Plötzlich gibt es kein Entrinnen mehr, alle Fluchtwege sind versperrt, die Faktizität der eigenen Existenz bricht herein – und wenn es nur in dem Moment stattfindet, wo wir unseren Schlüsselbund verlegt haben und voller Panik eine verzweifelte Suche beginnen. Am Tisch sitzen, existieren, ein Buch lesen, existieren, die schweren Glieder nach körperlicher Betätigung spüren, existieren. Ich kann nicht daran vorbei oder darüber hinweg, Existenz kündigt sich nicht an, sondern ist einfach da. Ich habe mich nicht für sie entscheiden können, sie ist ein Vorkommnis, ich muß sie übernehmen oder zurückweisen. Ich muß sie mir aneignen oder anderen anheimstellen, sie zu übernehmen oder zur Adoption freizugeben. Es geht, wie Sloterdijk (1993) sagt, um eine »nachträgliche Einwilligung ins eigene Dasein«, um den »Mut zum Sein« und um die Beseitigung von Störungen der Selbstannahme. Und Mündigkeit meint in diesem Zusammenhang nicht nur »das selber anfangen«, sondern noch mehr die Fähigkeit, für sich selber zu sprechen, weil wir unmündig, das heißt nicht sprechend anfangen. Wollen die Menschen vom bloßen Dasein oder Vorhandensein zur mündigen Existenz gelangen, so müssen sie, zumindest im Sinne Kants, ihr Leben in eigene Regie nehmen und ihm eine Art Verfassung geben. Dieser Eintritt ins Leben mit der vollen Verantwortlichkeit ist zu jedem Lebenszeitpunkt möglich, und er ist umkehrbar, so daß jederzeit die Entscheidung zur Selbstverneinung möglich ist. Das heißt auch, die bevormundende Bestimmung zum Leben durch seine Erzeuger gutzuheißen und mit allen Folgen einverstanden sein zu können. »Das Datum der Mündigwerdung wäre folglich der Tag, an dem das Subjekt in voller Einsicht in Lebenskosten und -risiken, die Todesgewißheit inbegriffen, seinen Eltern rückwirkend Prokura erteilt.« Wäre diese Aneignung möglich, so »müßte es im Leben des Individuums einen Augenblick der vollendeten Balance zwischen Selbstbehauptung und Dankbarkeit geben« (Sloterdijk 1993, S. 276). Die Dankbarkeit wäre dann Dank für die eigene Existenz, der sich an jene richtet, die sich darum bemüht haben, daß das Individuum von sich selber zu sprechen gelernt hat. Die Dankbarkeit hat aber noch einen zweiten Adressaten, nämlich das eigene Selbst, das die Existenz im Sinne einer Selbstbejahung annimmt und wertschätzt für die kleinen und großen Leistungen des Aus-sich-selber-Kommens. Vielleicht ist der Mensch aber auch dieses »zweibeinige undankbare Tier«, wie Dostojewski seinen Mann im Kellerloch sagen läßt, ein Tier, das auf sich selber stößt, sich Großes vornimmt, oft nicht von der Stelle kommt und manchmal von allem genug hat. Diesen Pessimismus teile ich nicht, weil die Selbstannahme immer ambivalent bleiben wird, ein Ringen um Übereinstimmung mit den ureigensten Strebungen und Regungen. Die Selbstbejahung bleibt ein unfertiges Projekt, weil das Dasein für sich unfertig ist.

Die Störungen des Selbstbejahungsvermögens sind weder durch noch so ausgeklügelte Psychotherapien noch durch die Tröstungen der Religionen zu heilen, sie sind Bestandteil einer lebenslangen Suchbewegung. Ob man versucht, ein anderer zu werden, als einem das Dasein auferlegt hat, oder sich darum bemüht, sich selbst zu verwirklichen, ist unerheblich, weil sich das Dasein immer wieder verhüllt. Was bleibt, ist das unerschütterliche Vertrauen, daß ich so gewollt bin, auch wenn der Willensträger nicht ausfindig zu machen ist.

Erlösung und Erlösungsglaube, ob therapeutisch oder spirituell, sind Fiktionen, die den Menschen glauben machen wollen, daß das »realitätswunde Subjekt«, das durch die zivilisatorischen Verbildungen zum seelischen Schmerz gezwungen wurde, zur Gutheißung des eigenen Daseins gelangen könne. Wenn Menschen für ihre Zeugung und Erschaffung nur als Empfangende in Frage kommen, so sind sie auch für ihre Erlösung durch andere oder Gott angewiesen. Das bedeutet nicht, fremde Hilfe abzulehnen bei dem Versuch, zu sich selbst zu kommen, sondern die Hilfe dafür zu verwenden, sich selber kennenzulernen. Psychotherapie wäre demnach ein Spiegel uneingeschränkter Aufmerksamkeit für einen, dessen Dasein davongelaufen ist und der es nun wieder einholen will. Letztlich geht es hierbei nicht um Techniken, sondern um neue Lebensanläufe, um Neubeginne unter verbesserten Bedingungen.

Selbstbejahung schließt Weltbejahung ein, wie Selbstverneinung Weltverneinung einschließt. Fälschlicherweise wurde gerade die Psychotherapie darauf festgelegt, mit dem Patienten eine Reise in seine Vergangenheit anzutreten, um dort im Wiederauffinden eines schlechten Daseins die Selbstaufholung zu beginnen. Die Zielrichtung ist eine andere, um mit Sloterdijk (1993, S. 286) zu sprechen, »denn Psychotherapie ist keine Reise in die Vergangenheit, sondern eine Aufholfahrt des vergangenen Subjekts in seine Gegenwart. Dieses Aufholen läßt sich mit dem Begriff Vergegenwärtigung wiedergeben – ein paradoxes Unterfangen gewiß, denn wie sollen Individuen, die ohnehin nur in der Gegenwart zu existieren vermögen, noch einmal in die Gegenwart kommen?« Der Gegenwartsbezug und die Orientierung in die Zukunft sind die Eckpfeiler einer guten Therapeutik, weil der Satz: »Ich bin da!« nur im Hier und Jetzt gesagt und gefühlt werden kann. Viele Selbstaufholer, die sich in therapeutischen und esoterischen Gruppen aufhalten, verkennen ihre Geschichtlichkeit, denn sie dient vielen als Legitimation, ihr Dasein eben nicht einzuholen, sondern es dem schlechten Geschmack der Erinnerungen anheimzugeben.

Die Selbstverneinung aufzugeben würde bedeuten, das, was nicht stimmt, stimmig zu machen, das Orchester noch einmal von vorne beginnen zu lassen, das Liebesverhältnis zur Welt neu zu entfachen und aus einer Ja-Stimmung überzugehen in erwachsene Gesten der Selbstwahl. So heißt Selbstaufholung und Selbstbejahung eigentlich nur, ständig zur Welt kommen; es ist eine Art fortschreitende Geburt, und »je öfter man neu beginnen muß, desto besser weiß man Bescheid über Gründe, am Dasein Anstoß zu nehmen. Je mehr ein neuer Anfang gelingt, desto eher wird ein früheres Scheitern zum Anstoß einer neuen Geschichte« (Sloterdijk 1993, S. 293).

Ich hoffe nicht, Sie mit diesem kleinen philosophischen Ausflug gelangweilt zu haben. Der Gedanke, Selbstaneignung als Selbstaufholung zu begreifen, hat mir persönlich ausgezeichnet gefallen, und ich wollte Ihnen den Gedanken nicht vorenthalten.

Wollen, Können, Sollen, Dürfen, Müssen scheinen die essentiellen Zutaten unserer Existenz zu sein, wir kommen nicht über sie hinaus. Wollen wir etwas erreichen, fragen wir uns, ob wir es auch können und uns über das Dürfen hinwegsetzen werden. Wenn wir etwas müssen oder sollen, fragen wir, ob wir es auch wollen. Wenn wir etwas können, fragen wir, ob wir es auch dürfen. So brauchen wir eine ständige Rückversicherung, und unser Zensor wird nie schweigen. Worauf wir wirklich Einfluß haben, ist das Wohlwollen, mit dem der Zensor spricht, denn er ist unabdingbar an unsere Existenz geknüpft. Er lebt mit uns und stirbt mit uns. Vielleicht können wir ihn davon überzeugen, daß er dabei behilflich ist, uns selber einzuholen, uns in den eigenen Besitz zu nehmen. Dann könnte er sich tatsächlich zurücklehnen und seinen Lebensabend genießen.

Er könnte uns ebenso die Kraft geben, uns mit der Welt in Beziehung zu setzen, weil wir uns nur finden können, wenn wir der Welt begegnen. Mein Dasein ist eingebettet in meine Lebenswelt, meine Wohnung, meine Freunde, meine Familie, meinen Stadtteil, mein Land usw. Da-Sein ist immer Da-Sein für andere, die meinen Namen rufen und mich an dem Platz, den ich mir gewählt habe, bestätigen können.

Die Angst davor, sich selber frei wählen zu können, ob in der

Selbstbejahung oder in der Selbstverneinung, ist allzu verständlich, weil es in der freien Selbstwahl keine Ausflüchte mehr gibt, keinen Grund mehr, ein anderes Selbst zu wünschen. Selbstwahl, Selbstaufholung und Selbstaneignung legen das eigene Dasein unbarmherzig offen, und nicht jeder hält diesem Blick stand. Bei einem solchen Projekt gut oder tugendhaft sein zu wollen ist wenig hilfreich, weil sich dann der Zensor vom Selbst abwendet und ein zweites Ich konstruiert, das die Selbstverneinung wiederum vorantreibt. Die Phantasien der Erlösung sind ebenso hinderlich, weil sie das Dasein in eine unbestimmte Zukunft legen. Das Dasein passiert jetzt, in diesem Moment, und davon gibt es keine Erlösung, allenfalls die Zuversicht eines besseren Anfangs.

Literaturverzeichnis

Ainsworth, M. D.: Patterns of attachement. A psychological study of the strange situation. New York: Erlbaum 1978.
Antonovsky, A.: Health, stress and coping. London: Jossey Bass 1979.

Berger, P. L., Luckmann, T.: Die gesellschaftliche Konstruktion der Wirklichkeit. Eine Theorie der Wissenssoziologie. Frankfurt/Main: Fischer 1970.
Bowlby, J.: Verlust, Trauer und Depression. Frankfurt/Main: Fischer 1983.
Buss, A. H.: Self-consciousness and social anxiety. San Francisco und Los Angeles: Freeman 1986.

Collins, W. H., Read, S. F.: Adult attachement, working models and relationship quality in dating couples. In: Journal of personality and social psychology, 8/1990, S. 644-663.
Coopersmith, S.: The antecedentes of self-esteem. San Francisco: Freeman 1967.
Csikszentmihalyi, M.: Das Flow-Erlebnis. Jenseits von Angst und Langeweile. Stuttgart: Klett-Cotta 1975.

Damon, W., Hart, D.: The development of self-understanding from infancy through adolescense. In: Childhood Development, 53/1982, S. 841-864.
Dornes, M.: Der kompetente Säugling. Frankfurt/Main: Fischer 1993.
–: Die frühe Kindheit. Frankfurt/Main: Fischer 1997.

Edelstein, W., Nummer-Winkler, G., Noam, G.: Moral und Person. Frankfurt/Main: Suhrkamp 1993.
Elias, N.: Der Prozeß der Zivilisation. Frankfurt/Main: Suhrkamp 1978.

Epstein, S.: Emotion and self-theory. In: Lewis, M., Haviland, J. (Hrsg.): Handbook of Emotions. New York: Guilford 1993, S. 313–326.

Erpenbeck, J.: Wollen und Werden. Konstanz: Universitätsverlag 1993.

Flammer, A.: Erfahrung der eigenen Wirksamkeit. Bern: Huber 1990.

Foucault, M.: Die Sorge um sich. 3 Bde. Frankfurt/Main: Suhrkamp 1992.

Frankfurt, H. G.: The importance of what we care about. Philosophical essays. Cambridge, New York: Cambridge University Press 1993.

Gibran, K.: Der Narr. Lebensweisheit in Parabeln. Düsseldorf: Walter [14]1995.

Goffman, E.: Das Individuum im öffentlichen Austausch. Frankfurt/Main: Suhrkamp 1974.

Gollwitzer, P. M.: Abwägen und Planen: Bewußtseinslagen in verschiedenen Handlungsphasen. Göttingen: Hogrefe 1993.

Grawe, K.: Psychologische Therapie. Göttingen: Hogrefe 1997.

Gruen, A.: Der Verrat am Selbst. Die Angst vor Autonomie bei Mann und Frau. München: Deutscher Taschenbuch Verlag 1986.

–: Der Wahnsinn der Normalität. Realismus als Krankheit: eine grundlegende Theorie zur menschlichen Destruktivität. München: Deutscher Taschenbuch Verlag 1987.

Gueldner, J.: Behavior in Elevators. Unveröffentlichtes Manuskript 1965. Vgl. Goffman, E.: Das Individuum im öffentlichen Austausch. Frankfurt/Main: Suhrkamp 1974.

Habermas, J.: Geliebte Objekte. Frankfurt/Main: Suhrkamp 1996.

Hall, E. T.: The hidden dimension. New York: Doubleday 1966.

Hart, D.: The development of self-understanding in childhood and adolescence. Cambridge: Cambridge University Press 1982.

Hartshorne, H., May, M. A.: Studies in the nature of character. Bd. 1: Studies in deceit. New York: Macmillan 1928.

Heckhausen, H.: Emotionen im Leistungsverhalten aus ontogenetischer Sicht. In: Eggers, C.: Emotionalität und Motivation im Kindes- und Jugendalter. Frankfurt/Main 1985.

Hoffmann, J.: From initiative to experience: A contribution to the understanding of integration. Vortrag auf der 3. IPV-Tagung zu Fragen der psychoanalytischen Forschung am 12./13. März 1993 in London. Unveröffentliches Manuskript.

James, W.: The principles of psychology. New York: Holt 1890.

Kagan, J.: The second year of life: The emergence of self awareness. Cambridge: Cambridge University Press 1981.

Kant, I.: Gesammelte Schriften. Bd. VIII. Berlin: Preußische Akademie der Wissenschaften 1912.

Kittsteiner, H. D.: Die Entwicklung des modernen Gewissens. Frankfurt/Main: Suhrkamp 1995.

Kochman, Th.: Cross-cultural communication: Contrasting perspectives, conflicting sensibilities. Unveröffentlicher Aufsatz. Department of Linguistics, Northeastern. Illinois State College 1970.

Kohlberg, L.: Die Psychologie der Moralentwicklung. Frankfurt/Main: Suhrkamp 1997.

Kohut, H.: Die Heilung des Selbst. Frankfurt/Main: Suhrkamp 1978.

Krappmann, L.: Bedrohung des kindlichen Selbst in der Sozialwelt der Gleichaltrigen. Beobachtungen zwölfjähriger Kinder in ihrer natürlichen Umgebung. In: Edelstein, W., Nummer-Winkler, G., Noam, G.: Moral und Person. Frankfurt/Main: Suhrkamp 1993, S. 335-363.

Kruse, O.: Emotionsentwicklung und Neurosenentstehung. Stuttgart: Enke 1991.

Kuhl, J.: Motivation, Konflikt und Handlungskontrolle. Heidelberg: Springer 1983.

Laing, R. D.: Das geteilte Selbst. Eine existentielle Studie über geistige Gesundheit und Wahnsinn. Köln: Kiepenheuer und Witsch 1987.

Lichtenberg, J. D.: Psychoanalyse und Säuglingsforschung. Heidelberg: Springer 1983.

Mead, G. H: Geist, Identität, Gesellschaft. Frankfurt/Main: Suhrkamp 1988.

Papousek, M.: Frühe Phasen der Eltern-Kind-Beziehungen. Ergebnisse der entwicklungspsychologischen Forschung. In: Praxis der Psychotherapie und Psychosomatik, 34/1989, S. 109–122.
Petzold, H., Orth, I.: Zur Anthropologie des schöpferischen Menschen. In: Petzold, H., Sieper, R.: Integration und Kreation. Bd. 1. Paderborn: Junfermann 1993.
–: Integrative Therapie. 3 Bde. Paderborn: Junfermann 1993.
–: Supervision, Meta-Consulting & Organisationsentwicklung. Paderborn: Junfermann 1998.

Rehm, L. P.: A self-control model of depression. In: Behavior Therapy, 8/1977, S. 787-804.
Rudin, I.: Das Gewissen in katholischer Sicht. In: Das Gewissen. Studien aus dem C.-G.-Jung-Institut. Zürich 1958.
Rutter, M.: Bindung und Trennung in der frühen Kindheit. München: Juventa 1987.

Schwarzer, R.: Streß, Angst und Handlungsregulation. Stuttgart: Kohlhammer ³1993.
Sloterdijk, P.: Weltfremdheit. Frankfurt/Main: Suhrkamp 1993.
Stern, D.: The interpersonal world of the infant. A view from psychoanalysis and developmental psychology. New York: Basic Books 1985.

Taylor, S. E., Brown, J. D.: Illusion and well-being: A social-psychological perspective on mental health. In: Psychological Bulletin, 103/1988, S. 193–210.
Terr, L.: Life attitudes, dreams and psychic trauma in a group of normal children. In: Journal of the American Academy of Child Psychology, 22/1983, S. 221–233.

Watts, A.: Der Lauf des Wassers. Frankfurt/Main: Suhrkamp 1983.
Weil, S.: Schwerkraft und Gnade. München: Kösel 1952.

Youniss, J.: Soziale Konstruktion und psychische Entwicklung. Frankfurt/Main: Suhrkamp 1976.

Zimbardo, P. G.: Shyness. New York: Jove 1977.